빅픽처
경제학

● **일러두기**

본문 내용 중 일부 해설이 필요한 용어들을 "유용한 용어 해설"이라는 부록으로 정리하여 책 끝에 실었습니다. 그 각각의 용어가 맨 처음 제시되는 곳에 "*"표시를 해두었습니다. 필요하신 독자 분들께서는 참고 바랍니다.

빅픽처 경제학

위험한 글로벌 시대를 항해하는 기술

ⓒ 김경수 2020

초판 1쇄   2020년 2월 14일

지은이   김경수

출판책임	박성규	펴낸이	이정원
편집주간	선우미정	펴낸곳	도서출판 들녘
디자인진행	한채린	등록일자	1987년 12월 12일
편집	박세중·이수연	등록번호	10-156
디자인	김정호	주소	경기도 파주시 회동길 198
마케팅	정용범	전화	031-955-7374 (대표)
경영지원	김은주·장경선		031-955-7381 (편집)
제작관리	구법모	팩스	031-955-7393
물류관리	임칠용	이메일	dulnyouk@dulnyouk.co.kr
		홈페이지	www.dulnyouk.co.kr

ISBN	979-11-5925-506-9 (03320)	CIP	2020003300

이 도서의 국립중앙도서관 출판예정도서목록(CIP)은 서지정보유통지원시스템 홈페이지(http://seoji.nl.go.kr)와 국가자료공동목록시스템(http://www.nl.go.kr/kolisnet)에서 이용하실 수 있습니다.

값은 뒤표지에 있습니다. 잘못된 책은 구입하신 곳에서 바꿔드립니다.

BIG PICTURE

빅픽처 경제학

**위험한
글로벌 시대를
항해하는 기술**

김경수 지음

ECONOMICS

서문

“모두들 어디 간 거죠?” 1950년 여름 뉴멕시코주 로스앨러모스 국립연구소에서 일하는 과학자들이 즐겨 찾던 식당에서 이태리 출신의 엔리코 페르미(Enrico Fermi)는 반문했다. 점심식사를 하면서 동료들과 외계 지적 생물체의 존재를 주제로 담소하던 중 외계인의 흔적을 발견할 수 없었던 것에 대한 의문에서 던진 질문이었다. 후에 페르미 역설이라고 조어된 질문을 했던 그는 이론 물리학과 실험 물리학을 겸비한 뛰어난 통찰력을 가진 인물이었다. 문제의 본질을 한마디 질문에 담아 생각의 틀을 제시한 것이다. 지금까지도 많은 천체물리학자들과 대여과기(The Great Filter)를 제안한 물리학도 출신의 경제학자까지 나서서 페르미 역설을 풀려고 노력하고 있다.

사회과학으로서 경제학은 복잡한 사회·정치·경제 현상을 이기심, 다다익선, 수확체감의 법칙과 같은 최소한의 경제원리를 이용해 설명하며 디테일보다는 통찰력이 요구되는 분야다. 경제학을 업으로 40년 조금 모자라는 세월 동안 필자는 나름 노력을 하였음에도 언제나 부족함을 느낀다.

이 책의 집필은 필자가 2년간 일간지에 글로벌 경제를 주제로 기고하면서 비롯되었다. 3주마다 신문 한 면을 할애 받아 게재하는 것은 아는 것도 많지 않고 부지런하지도 못한 필자로서는 상당한 도전이었다.

연재를 하면서 자연스럽게 시사성 있는 주제를 다루게 되었는데 횟수를 거듭할수록 그동안 우리가 익숙했던 세계의 풍경은 뒤로 물러가고 점점 낯선 세상에 들어가고 있다는 느낌을 받았다. 브렉시트, 트럼프와 미국우선주의, 포퓰리즘, 무역전쟁, 저성장, 불평등, 거대기술기업의 폭발적 성장, 소셜미디어, 가상화폐, 인공지능 관련한 괴담 수준의 이야기 등등.

글로벌 경제의 중심부에서 시작된 변화는 단지 경제만이 아닌 사회, 정치 등 다양한 분야에서 일어나고 있으며, 그 이면에는 전후 70년간 이 시대를 이끌었던 가치에 대한 믿음의 변화가 자리하고 있다. 더욱이 이 변화는 한여름 소나기처럼 잠시 쏟아지다 그치는 것이 아니라 다른 시대로 이행하는 전조임을 필자는 확신한다.

전문가들은 자신의 영역에서 일어나는 변화에 주목하고 이슈를 제기한다. 자유주의는 지난 3년간 미 외교협회가 발간하는 〈포린 어페어즈〉 기고문에 가장 많이 등장하는 키워드인데, 이는 역으로 자유주의가 중대한 도전을 받고 있다는 증거다. 휴전에 들어간 미중무역전쟁이 글로벌 경제를 어떻게 재편할 것인지는 경제 · 국제정치학계를 넘어서 전 세계 산업 · 기업계의 초미의 관심사다. 거대기술기업의 등장과 함께 제2기계시대를 열고 가상화폐와 소셜미디어로 초연결사회를 만든 디지털혁명은 단지 경제학만이 아니라 인문학과 사회과학 연구자들 사이에서 그 함의에 대한 뜨거운 논란이 일어나고 있다.

이 모든 변화는 우리에게 친숙했던 세계가 남긴 유산에서 시작되었다. 이 변화들은 겉으로 보기에 별 상관이 없는 듯하지만 서로 연결되어 있으며 상호작용을 하면서 일정한 방향으로 움직이고 있다. 그리고 지난 세기 말 완성된 글로벌 경제의 통합과 중국의 부상, 2008년 글로벌 금융위기와 뒤이은 글로벌 경제의 대침체가 이 변화에 영향을 미치는 상수로 작용한다. 이것이 조각 퍼즐을 맞추는 작업을 마치고 필자가 본 전체 그림의 모습이다.

10년 전 토론토에서 개최되었던 한 G20회의에서 우리말로도 번역된 『금융의 제왕』의 작가 리와카드 아메드 씨를 만난 적이 있었다. 글로벌 금융위기를 빗대어 대공황의 원인과 과정을 마치 소설을 읽는 것처럼 재미있게 쓴 이 작가는 특정일의 날씨와 같이 사소하지만 책에 풍미를 더하는 많은 내용을 모두 구글에서 찾은 것이라고 말했다. 그보다 20년 가까이 앞서 일반인들은 인터넷의 존재조차 몰랐던 시절, 같은 내용으로 출간되었던 『황금족쇄』의 저자 배리 아이켄그린 교수는 자신이 들인 노력에 비해 책이 덜 읽힌 것을 무척 아쉬워한 바 있었다.

필자는 이 책을 많은 관련 서적, 논문과 보고서, 언론매체를 참조해 집필했다. 소설 읽는 재미까지 줄 수 없을지언정, 필자의 역량이 닿는 한 충실한 내용을 담고 나아가 필자의 주장이 다양한 출처로부터 제기되는 이슈와 현상과 일관성이 있음을 확인하고 싶었다. 이 책이 경제 현상에 대한 이해에 관심이 있는 독자들에게 도움이 되기를 바란다.

이 책은 많은 동료들의 가르침이 없었으면 불가능했다. 학계에 몸담고 있는 선후배 연구자들, 각종 컨퍼런스, 세미나에서 조우해 많은 대화를 나누었던 이름도 제대로 기억나지 않는 외국인 연구자들, 그리고 비록 긴 시간은 아니었지만 위급한 시기에 동고동락했던 한국은행 시절 동료들께 감사드린다. 덧붙여 세상의 문제를 깊이 생각할 수 있도록 배려해주신 문화일보사와 조해동 경제부장님, 기꺼이 원고를 읽고 세심한 조언을 해주신 고려대학교 김동원 초빙교수님, KAIST 최건호 교수님, 이종규 전 한국은행 경제연구원 부원장님, 홍승제 전 한국은행 국제국장님, 집필에 직접 도움을 주신 서강대학교 송의영 교수님, 성균관대학교 김영한 교수님, IMF 이재우 박사님, Manmohan Singh 박사님, 이 책을 집필하도록 격려해주신 고려대학교 강충구 교수님, 동국대학교 심종섭 교수님과 출간을 위해 많은 조언을 해주신 도서출판 들녘의 박성규 주간님께 감사드린다. 마지막으로 오류를 지적하고 이 책이 독자들에게 조금이라도 친근해 질 수 있도록 많은 헌신과 도움을 준 가족에게 감사한다.

2020년 2월 서울

차 례

황금구속복을 집어 던진 세계

그들은 너를 선택하지 않았어.
애당초 그럴 생각이 없었던 거지.
_Better Call Saul

⁂

2017년 3월 독일에서 개최된 G20 재무장관·중앙은행총재 회의에서 채택된 공동선언문에 보호무역에 대한 언급이 빠졌다. 그러나 불과 반년 전 개최된 G20* 정상회의에서는 보호무역주의를 반대하고 공동대응을 약속한 바 있었다. 언론보도에 따르면 미국이 반대한 것도 사실이지만, 보호무역주의 철폐를 선언문에 넣자고 강력히 주장한 나라도 실제로 몇 안 되는 것으로 알려졌다. 변화하는 국제사회의 기류를 단지 미국의 트럼프 대통령 탓으로만 돌릴 수 없는 대목이다.

지금 세계는 지난 사반세기에 걸쳐 이뤄온 세계화의 시계를 되돌리는 시도가 당초 세계화를 주도했던 미국과 영국에 의해 주도되는 아이러니를 보고 있다. 미국 국민은 미국우선주의를 내세운 트럼프 후보를 45대 대통령으로 선택했다. 영국 국민은 가입한 지 43년 만에 브렉시트(Brexit)─EU(유럽연합)*에서 탈퇴─를 결정했다.

2016년 7월 퇴임한 보수당의 카메론(Cameron) 총리를 이어받아 대처(Thatcher) 이후 두 번째 여성 총리가 되었던 테레사 메이(Theresa May)는 브렉시트*를 보수당의 정치적인 기회로 활용했다. 모든 영국인이 배경과 출신에 관계없이 같은 규칙에 따라 자신의 미래를 실현하기 위한 기회를 부여받는 영국을 건설하자고 호소했다. 가장 불공정한 문제는 부유하고 권력을 가진 자들과 국민들 사이에 존재하고 있으며 이제 정부는 국적을 떠나 세계시민으로서 누리고자 하는 자유주의적 권리의 이데올로기를 거부하고 불공정과 불의를 바로잡을 때가 되었다고 말했다. 앞으로 영국은 이민자들과 이민자들을 고용하는 몰염치한 기업으로부터 영국 국민을 보호하겠다고 선언했다.

그러나 메이는 브렉시트(Brexit)에 발목을 잡혔다. 영국 국민 앞에 자신이 내걸었던 약속을 성취하는 대신 같은 당 동료들과의 생존게임에 에너지를 소모하고 결국 3년 만에 총리직에서 내려왔다. 브렉시트는 2019년 말 후임 총리 보리스 존슨(Boris Johnson)이 총선에서 승리함으로써 비로소 가시화되었다.

EU 중심국 프랑스에서는 프랑스우선주의를 내건 극우 포퓰리즘 정당인 국민전선의 마린 르펜(Marine Le Pen) 대표가 프랑스우선주의를 외치며 2017년 4월 대선에서 EU 탈퇴 공약을 내걸었다. 비록 그해 5월 결선에서 신생 중도정당 앙 마르슈(En Marche!, 전진)의 에미뉘엘 마크롱(Emmanuel Macron) 후보에게 패했지만 언젠가는 브렉시트뿐 아니라 프렉시트(Frexit)도 가능할지 모르겠다.

특이한 것은 11명의 대선 후보 가운데 정당 이름을 걸고 나온 후보는 집권 사회당을 비롯해 단 2명이었다는 사실이다. 대신 '공화주의자들', '전진', '일어서라 프랑스', '저항하자' 등 정체성과 염원이 담긴 구호를 내걸었다. 프랑스 유권자들이 기존 정당에 대해 갖고 있는 부정적인 인식 때문이다. 실제로 4월 1차 투표에서 기성 양대 정당인 사회당과 공화당은 모두 탈락했다. 1958년 출범한 프랑스 제5공화국 사상 처음으로 비주류 정당 후보가 나란히 5월 결선에 올랐고, 유권자들은 프랑스의 전통 가치인 문화적 다원주의, 세계화, 톨레랑스(관용)이 수호자를 자임한 마크롱 후보를 선택했다. 그러나 마크롱은 다음 해 그의 사임을 요구하는 노란조끼시위로 궁지에 몰렸다.

※※

글로벌 경제는 1980년대 초 당시 지금은 모두 고인이 된 미국과 영국의 지도자였던 레이건(Ranald Reagan) 대통령과 대처(Margaret Thatcher) 수상의 주도로 오늘날 우리가 보는 모습의 골격을 갖추게 되었다. 선진국을 중심으로 민영화, 규제 완화, 자본 자유화가 이루어졌다. 글로벌 경제의 외연은 1990년대 초 공산권의 몰락에 따라 생겨난 체제전환국들과 1980년대 초 미국의 금리인상에 따른 여파로 국가부도 사태에 빠졌던 중남미 국가들이 잃어버린 10년을 청산하고 국제금융시장에 복귀함으로써 확장되었다. 신흥국(An emerging market country)은 이 당시에 조어된 말이다. 1995년 자유로운 무역을 촉진하기 위해 다자간 무역규범을 마련한 127개국으로 구성된 WTO(세계무역기구)가 출범하고 우리나라를 비롯한 아시아 금융위기(The Asian financial crisis, AFC)* 당사국들이 시장을 개방하는 경제개혁을 추진함으로써 인류 역사상 전례 없는 세계화가 일어났다.

"빌리, 발레할 때 기분이 어떠니? 모르겠어요. 그냥 좋아요. 새가 된 것처럼요." 영화 애호가라면 이 대사의 장면이 쉽게 떠오를 것이다. 뮤지컬로도 공연되었던 〈빌리 엘리엇〉(Billy Elliot, 2000)은 1984년 영국 북동부의 한 탄광촌을 배경으로 시작한다. 엄격한 자기 규율에 관한 수많은 명구를 남겼던 대처 당시 영국 수상은 다음 해 14만2천 명의 광부와 그 가족들을 상대로 영국 역사상 가장 격렬한 산업 분규 끝에 마침내 승리를 거두고 돈벌이가 안 되는 탄광의 문을 닫았다. 2013년 철(鐵)의 여인이 타계했을 때 〈파이낸셜타임즈〉는 추모와 비난의 글을 모두 실었다.

세계화가 본격적으로 추진되었던 1980년대 중반부터 20여 년간 세계경제는 물가안정 속에 오랜 호황을 누렸다. 대완화(The Great Moderation)*라고도 부르는 이 시기에 자유로운 시장과 건전한 통화에 대한 굳건한 믿음 위에서 경제정책이 수행되었다. 나아가 개도국의 경제위기는 시장경제가 실패해서가 아니라 잘못 운영한 데 따른 결과로 그 책임을 당사국으로 돌렸다.

세 번에 걸쳐 퓰리처를 수상했던 〈뉴욕타임즈〉의 토마스 프리드먼(Thomas Friedman)은 세계화를 황금구속복으로 묘사했다. 국가가 이 구속복을 입을 때 경제적 번영을 약속받을 수 있으나 대신 경제적 자주권의 희생을 감수해야 한다는 의미다(Friedman, 2000).

한편, 하버드대학의 경제학자 로드릭(Danny Rodrik)은 프리드먼과 다른 차원에서 세계화의 문제에 접근했다. 그는 자신의 저서 『세계화의 역설』(The Globalization Paradox, 2011)에서 현재와 같은 높은 수준의 세계화는 민주주의와 국가권력과 모두 공존할 수 없으며 민주주의 또는 국가권력과 양립할 수 있을 뿐이라고 진단했다. 세계화를 둘러싸고 '삼자택이(三者擇二)의 딜레마'(Trilemma)*에 당면한 것이다.

황금구속복을 입고 있을 때 정부는 시장 기능을 활성화하고, 건전 재정 등 안정적인 경제 여건을 조성하며, 더 많은 해외투자를 유치할 수 있도록 친기업 정책을 다른 나라 정부와 경쟁적으로 벌이게 된다. 여기에 사회복지와 같은 구성원들의 요구, 즉 민주주의가 들어설 여지는 크지 않다. 복지 재원은 국채를 발행하거나 세금을 걷거나 돈을 찍어 마련해야 하는데 그 정도가 지나치면 자본과 노동은 쉽게 해외로 빠져나갈 수 있기 때문이다.

한편, 국제규범이 마련되고 이를 준수하는 세계화라면 민주주의와 양립할 수 있다. 현재 164개 회원국의 세계무역기구(WTO)가 대표적인 예다. 영국을 제외한 27개국 4.5억 명으로 구성된 유럽연합과 그 가운데 19개국이 참여하는 공동통화지역인 유로존*은 또 다른 예다. 대신 황금구속복을 입고 초국가적 기구가 운영되는 규범을 따를 때 국가권력의 입지는 좁아질 수밖에 없는 것이다. 마치 단체여행을 떠날 때처럼.

세계화는 중국과 인도에서 에티오피아에 이르기까지 수십억 명이 굶주림에서 해방되고 선후진국 간 소득격차가 줄어드는 데 지대한 기여를 했다. 우리나라를 포함한 일부 신흥국들은 선진국 반열에 올랐다. 많은 다국적기업과 투자자들은 엄청난 수익을 올렸고 그때마다 새로운 슈퍼 리치가 출현했다.

그러나 세계화가 프리드먼이 약속했던 번영을 모든 이에게 가져오지는 않았으며 글로벌 시대가 필요로 하는 노동만이 누렸다. 노벨경제학 수상자 폴 크루그먼(Paul Krugman)은 평균적인 미국 노동자들의 위상이 1960년대 GM 자동차에서 2000년대에 들어와 월마트 직원으로 추락했다고 개탄했다.

⁂

2008년 글로벌 금융위기(The Global Financial Crisis, GFC)*는 자유로운 시장과 건전한 통화에 대한 굳건한 믿음이 깨지고 선진국의 위기도 개도국과 크게 다르지 않다는 좌절감에 빠지는 계기가 되었다. GFC에 뒤이은 대침체(The Great Recession)*에 글로벌 경제의 중심국들은 양적완화와 같은 비통념적 통화정책과 재정확대 그리고 자국산업보호조치로 대응했다. GFC 당시 세계경제정책공조의 장(場)이었던 G20는 유명무실하게 되었다. 자국의 이익을 희생하면서 대외약속을 지킬 나라는 없기 때문이다.

GFC를 계기로 세계경제성장률과 세계교역증가율 사이에 구조적 단절이 일어났다. GFC 이전에는 교역증가율이 경제성장률을 앞섰으나 이후 정반대의 추세가 일어난 것이다. 이 구조적 단절은 GFC 이전의 시기에서는 세계교역이 세계경제성장을 견인하였으나 GFC 이후 세계교역의 부진이 반대로 침체에 빠진 세계경제의 성장을 더욱 끌어내린 것을 의미한다. 2017~2018년 기간은 예전과 다른 모습으로 보이지만 실상은 글로벌 경제가 성장랠리로 잠시 반짝했기 때문이다.

IMF, WTO, 세계은행 등 국제기구는 이 현상을 보호무역주의와 중국의 기술 발전에 따른 글로벌 가치사슬(The global value chain, GVC)*이 위축되었기 때문인 것으로 해석했다. 그러나 맥킨지는 GVC가 위축된 것이 아니라 글로벌 경제가 지식경제로 전환하고 있는 데 따른 착시라고 분석했다. 이 주제에 관해 "26. 글로벌 가치사슬과 지식자본"에서 상세히 기술할 기회가 있겠지만 이와 같은 세계교역 패턴의 변화는 결국 세계화가 후퇴하고 있거나 또는 특정 지식을 보유한 노동이 많은 것을 가져가는 불평등 사회가 오고 있다는 함의를 가진다.

대침체기를 거치면서 소득불평등도 가시화되었다. 자본과 노동 간 소득 균형, 노동계층 내에서의 소득불평등 등 다양한 형태로 이 문제가 대두되었다. 특히 선진국에서는 소득불평등이 심각한 사회정치적 이슈로 부상했다. 이를 배경으로 이제 민주주의는 세계화 대신 국가권력과 손을 잡고자 하는 움직임이 일어나고 있다. 트럼프 대통령은 취임하자마자 오바마 정부가 주도한 12개국으로 구성된 다자간 무역협정인 환태평양동반자협정(TPP)을 폐기해 자신의 선거공약을 지켰다.

한편, 2018년 말 미국이 빠진 나머지 11개국이 참여하는 포괄적·점진적 환태평양동반자 협정(CPTPP)*이 발효되었다. 나라의 처지에 따라 선택지가 같을 수는 없다. 무역장벽이 높아질 때 소국들은 공동시장을 확보하는 데 더 큰 우선순위를 두고자 하는 것은 당연한 이치다.

특히 CPTPP는 참여국들이 지켜야 할 공동 규범의 범위가 포괄적이고 기준도 엄격하다. 로드릭의 삼자택이 관점에서 보자면 그만큼 국가권력의 입지가 줄어든 셈이다.

❈

세계화는 소수 엘리트가 주도하는 시대에서 일어났다. 그러나 이제 엘리트 시대는 기존의 엘리트를 배격하는 포퓰리즘*의 시대로 바뀌고 있다. 미국과 프랑스에서 출간된 『엘리트의 황혼』(*Twilight of the Elites*)이라는 같은 제목의 두 책은 대서양을 가운데 두고 두 나라에서 일어나는 변화를 일찍 감지했다.

〈더 네이션〉(*The Nation*)의 선임기자이기도 한 진보 저널리스트 크리스 헤이즈(Chris Hayes)의 『엘리트의 황혼』(*Twilight of the Elites*, 2012)은 2012년 출간 당시보다는 4년 뒤 기성 정치계로서는 이해하기 힘들었던 제45대 대통령 선거의 판도를 예단해 오히려 더 유명해졌다. 이 책에서 그는 모든 사람들에게 기회는 열려 있으며 보통사람들보다 뛰어난 능력을 가진 엘리트가 그에 합당한 대우를 받아야 마땅하다는 능력주의(Meritocracy)*는 단지 공허한 이론에 불과할 뿐이라고 주장한다.

능력주의는 사회주의체제가 와해된 1990년대부터 기존의 진보정치세력인 영국의 노동당이나 미국의 민주당에서 보편적으로 받아들여졌다. 적어도 능력주의에 관한 한 정당 색깔의 차이는 사라졌으며 뒤이어 소득의 격차가 크게 벌어지기 시작했다.

2000년대에 들어와 경제학계는 분배에 본격적인 관심을 가지게 되었다. 아마도 피케티(Thomas Piketty)의 『21세기 자본론』(Capitalism in the Twenty-First Century, 2014)이 가장 널리 알려진 연구일 것이다. 관련 연구와 조사에 따르면 2013년 미국 상위 1% 가구가 전체 세전소득의 20%를 점하고 있으며 이 수치는 1950~1980년의 두 배에 이른다. 그 가운데서도 상위 0.1%가 전체 소득의 10%를 차지하고 있다. 벌어지는 소득격차의 대부분은 중산층과 상류층 사이에서, 같은 상류층이라도 상류층과 초상류층 사이에서 일어나는 것이다.

헤이즈는 자신의 주장을 능력주의 철칙(The Iron Law of Meritocracy)— 당초 능력주의가 약속했던 기회의 균등은 결과의 불평등에 의해 압도되는 것이 불가피하다—이라는 조어(造語)로 함축했다. 이 철칙은 능력주의에서 성공한 사람들이 자신과 그 자식세대가 계속 번영할 수 있는 시스템이 작동되도록 노력하기 때문에 성립한다. 권력은 권력을 가진 사람들의 시야를 좁히기 때문에 엘리트들은 중산층의 어려움과 좌절을 이해하지 못하며 결국 상류층과 중산층의 간극은 멀어지게 되는 것이다.

그 결과 중산층은 능력주의가 제대로 작동한다고 믿는 엘리트들에 대한 신뢰를 접고 제도가 작동되는 시스템을 불신하게 되었다. 서브프라임 위기 당시 보통사람들이 직장을 잃고 집을 빼앗기는 것을 팔짱을 끼고 보기만 했던 정부가 납세자의 돈으로 망하는 대기업을 구제해주고 그 회사의 중역들이 엄청난 뒷돈을 챙기고나가는 것이 바로 그 증거라고 생각하는 것이다. 중산층은 더 이상 주류 언론을 신뢰하지 않는다. 대신 정치가 근본적으로 잘못되었다고 믿는 자신들을 대변해줄 수 있는 다른 매체를 찾게 된다. 비록 그 매체가 진실을 이야기하지 않을지라도.

자신을 사회지리학자로 부르는 작가 크리스토프 길루이(Christophe Guilluy)는 프랑스 사회의 분열을 주제로 여러 권의 책을 집필해 이름을 날렸다. 그는 15개 대도시에 거주하는 세계시민 상류층 엘리트인 보보스(부르주아 보헤미안)와 국민의 60%를 차지하며 이민자들이 고단한 삶을 사는 대도시 외곽, 중소도시, 농촌과 같은 주변부에 사는 그 밖의 사람들 사이의 단절을 중세 요새에 비유했다. 당초 2016년 원서로 출판되었던 영문판 『엘리트의 황혼』(*Twilight of the Elites*, 2019)에서 프랑스 사회는 불평등하고 다문화적인 미국과 하등 다를 바 없으며 세계화를 악(惡)으로, 세계화의 혜택을 보는 보보스를 악당으로 묘사했다. 이 책에서 그는 자유시장과 문화적 다양성을 지지하는 주장이 실은 악당들이 독점적 이익, 즉 지대를 취하고자 하는 핑계라는 것을 입증하는 데 전념하고 있다.

길루이는 엘리트들이 공익을 명분으로 자신들을 위한 정책을 밀어붙였으며 '열린사회의 거짓말'(The lie of the open society)을 해대는 위선자들이라고 비난했다. 이들은 세계화를 비난하지만 값싼 이민 노동자들을 확보할 수 있기 때문에 결코 반대하지 않으며, 도덕적 우위에서 다양성을 설교하지만 정작 자신의 자녀들은 사립학교에 보내며, 겉으로는 노동계층이 사는 지역의 삶에 대한 진정성을 칭송하지만 실제로는 집값을 부추겨 이들의 삶을 파괴하기 때문이다. 이 모든 담론 뒤에 숨은 위선은 가장 큰 수혜자인 상류층이 자신의 성을 쌓는 것을 감추기 위한 연막전술이라고 규탄했다.

이 책은 음모론적 시각에 입각한 일방적인 주장이라는 비판에도 불구하고 단지 프랑스만이 아닌 전 세계 하위계층의 두려움과 좌절을 이해하는 데 기여했다는 평가를 받는다. 1981년 미테랑(François Mitterrand)에서 시작해 올랑드(François Hollande)까지 집권했던 중도좌파 사회당은 2017년의 대선과 총선에서 모두 참패했다. 대선 결선에도 오르지 못했을 뿐 아니라 총선에서 280석의 다수당은 30석으로 오그라들었다. 마치 길루이가 예언한 것처럼 2018년 10월 유류세 인상에서 시작된 노란조끼운동은 대도시에서 프랑스 전국으로 확대되고 주변국으로 번졌다.

❧

시사해설 뉴스웹사이트 vox.com은 넷플릭스가 제작한 다큐프로그램 〈하원을 부숴라〉(Knock Down the House)가 보통사람이 진짜 미국을 대표할 수 있다는 희망을 보여주었다고 호평했다. 이 프로가 취재한 2018년 하원 중간선거 민주당 여성 후보들 가운데 유일한 당선자인 알렉산드리아 오카시오-코르테스(Alexandria Ocasio-Cortez)는 10선의 민주당 하원의원을 제치고 29세에 하원에 입성하는 기록을 세웠다. 오카시오-코르테스는 사회주의 단체인 미국민주사회주의자(The Democratic Socialists of America, DSA)의 일원이며 함께 당선된 팔레스타인 이민자 출신의 라시다 탈리브(Rashida Tlaib)도 DSA 멤버다.

2008년 금융위기 당시 시위자들의 구호였던 "월가를 점령하라."(Occupy Wall Street)는 민주사회주의자의 핵심 교리가 되었으며 2016년 민주당 경선에서 클린턴 후보에 패한 버니 샌더스(Bernie Snaders) 상원의원은 자신을 민주사회주의자라고 밝혔다. 그러나 그는 DSA 멤버는 아니다. 당시 민주사회주의는 대부분 사람들에게 생소한 단어였지만 이제는 민주당 내에서 결코 무시할 수 없는 세력으로 자리 매김하고 있다. 미국 정부가 운영하는 국제 방송인 '미국의 소리'(Voice of America) 웹사이트(voanews.com)는 미국에서 금기시되었던 사회주의가 민주당원들 사이에서 되살아나고 있다고 보도했다.

이제 주류언론에서도 사회주의는 더 이상 낯선 단어가 아니다. 밀레니얼 세대에게 호감을 얻고 있기 때문이다. 여기에는 무엇보다도 이 세대가 짊어진 빚이 중요한 동기를 제공한다. 금융위기 후 10년 동안 학자금 대출은 두 배로 늘어나 1.5조 달러를 넘었다. 학자금 대출은 우리나라의 주택담보대출처럼 은행이 소구권을 가지기 때문에 갚지 않고서는 정상적인 사회생활을 하기 힘들다. 과다한 빚은 이 세대의 경제활동을 위축시켰다. 실제로 미국중앙은행인 연방준비제도(Federal Reserve System, 이하 연준)*의 조사에 따르면 2014년 24~32세의 주택 소유율은 인구구성 요인을 감안하더라도 10년 전보다 크게 줄었다.

지난 대선 1년 전 뉴욕 JFK공항에서 필자를 태워주었던 뉴욕 출신의 70대 기사는 정치인들은 모두 위선자들이라고 성토했다. 2년 뒤 워싱턴에서 열린 한 세미나에서 프린스턴대학의 한 원로 교수는 트럼프가 탄핵될 가능성은 없다고 단언했다. 트럼프를 지지하는 것은 트럼프가 좋아서가 아니라 기성 정치인들을 싫어하기 때문이라는 것이다. 이들은 비록 오바마케어가 자신에게 훨씬 더 유리할지라도 트럼프케어를 더 지지한다.

일찍이 로드닉은 『세계화의 역설』(*The Globalization Paradox*, 2011)에서 세계화가 너무 앞서 나갔으며 그대로 내버려둔다면 자칫 세계화 자체가 심각히 훼손될 우려가 있다고 경고했다. 다국적기업과 글로벌 은행에 끌려가고 있는 세계화는 공동선(共同善)과 같은 사회·경제적 목표에서 점점 더 벗어나고 있기 때문이다. 로드닉의 경고대로 글로벌 경제의 중심부에서 일어나는 포퓰리즘은 좌파 또는 우파 여부를 떠나 세계화를 위협하고 있다.

황금구속복은 약속된 번영을 가져다주지 않았다. 글로벌 금융위기가 발생하고 그에 이은 대침체기가 시작되면서 일반 대중은 엘리트들이 추진한 세계화로 인해 자신들의 삶이 위협받고 있다고 믿게 되었으며 결국에는 그 분노를 행동으로 표출하였다. 소셜미디어는 이들의 분노를 공유하고 확산하는 완벽한 쌍방향 매체가 되었다.

세계화는 국가 간 불평등을 극복하는 데 결정적인 기여를 했다. 그러나 동시에 한 나라 안에서의 불평등이 세계화의 책임이라는 주장도 쉽사리 부정하기는 어렵다. 자유무역이 고소득국가의 저숙련노동자를 해칠 것이라는 경제이론의 예측은 뒤에서 설명하듯이 미국에 대한 중국의 무역충격*이 초래한 파급효과로 확인할 수 있기 때문이다.

그러나 "세계화→불평등"의 인과관계는 경제학자들이 통계적 검증을 통해 밝힌 "기술 신보→불평등"의 확고부동한 인과관계에 비해 미약하다. 아마도 엘하넌 헬프먼(Elhanan Helpman)의 『세계화와 불평등』(*Globalization and Inequality*, 2018)이 가장 최근에 수행된 연구일 것이다. 그는 기존의 연구결과와 마찬가지로 세계화가 불평등에 작은 기여를 했을 뿐이라는 결론을 내렸다. 불평등을 자유무역의 탓으로 돌리기에는 자유무역의 혜택이 너무 크다. 불평등을 빌미로 자유무역을 규제한다면 교각살우(矯角殺牛)의 우를 범하는 것이다. 인과관계를 제대로 규명하지 않은 채 나타난 현상으로 세상의 이치를 판단한다면 포퓰리즘은 더 크게 일어날 수밖에 없다.

포퓰리즘이 경제를 망가뜨린 역사적 사례는 수없이 많다. 역설적이지만 포퓰리즘의 가장 큰 피해는 분노한 보통사람들에게 돌아갔다. 글로벌 경제 중심 국가들에서 일어난 포퓰리즘은 글로벌 경제를 망가뜨릴 수 있다. 그리고 가장 큰 피해는 우리나라와 같이 대외의존도가 높은 소규모 개방국들이 입게 된다.

비록 능력주의가 자유주의*의 산물이지만 능력주의가 제대로 작동하지 않는다고 해서 자유주의를 부정할 수는 없다. 지난 200여 년에 걸쳐 진행된 인류 역사상 최고의 번영은 자유주의 이념이 정립되었기 때문에 가능했다. 자유주의는 시대의 모순을 극복하면서 진화해왔다. 불평등은 지금까지 그랬던 것처럼 자유주의가 극복해야 할 과제다.

현재로서는 과연 세계경제가 언제 부진을 벗어날지 가늠하기 힘들다. 거대기술기업이 태어나고 디지털혁명이 화두가 되는 세상이지만 대침체에서 벗어날 징후는 딱히 보이지 않는다. 대신 각종 매체는 불안한 미래의 모습을 부각하고 있다. 확실한 것은 글로벌 경제의 부진이 계속될 때 세상의 분노는 더 커지고 더 갈등하리라는 것이다. 그때까지 세상은 민주주의의 이름으로 자유주의와 세계화를 궁지에 몰아놓을 것이다.

제1부
레짐 시프트

01

글로벌 경제 100년:
엘리티즘에서 포퓰리즘으로

이 나라는 공공의 목적과 정부에 대한 신뢰를 회복해야 할
중대한 도전에 직면해 있다.
_폴 볼커

❈

매일 아침, 매일 저녁 우린 재미있지 않아? 돈은 없어도 우린 재미있지
않아? 집세는 밀리고 버스 탈 돈도 없지만 웃으며 미소 짓자. 우리 같은
인생들을 위해. 겨울에도 여름에도 우린 재미있지 않아? 힘들고 더 힘들
어지지만 여전히 우리는 재미있어. 이보다 더 확실한 것은 없어. 부자들
은 부유해지고 가난뱅이들은 애들을 낳지….

냉소적인 이 구절은 1921년 당시 미국에서 선풍적인 인기를 누렸
던 〈우린 재미있지 않아〉(Ain't we got fun)라는 노랫말이다. 후세에도
많은 이들이 이 노래를 불렀고 피츠제럴드(Francis Scott Key Fitzgerald)

의 소설과 두 차례 제작된 영화 〈위대한 개츠비〉(The Great Gatsby)에도 나온다. 같은 해 일제강점기 우리나라에서 최초로 대중가요 레코드 음반으로 발표되었던 "희망가"와 마찬가지로 이 노랫말은 처절하다.

이 노랫말은 작가이자 저널리스트인 제임스 그랜트(James Grant)가 2014년 출간한 『잊혀진 공황』(The Forgotten Depression 1921, 2014)의 서문에도 나온다. 그는 오바마 정부 때 경제자문회의 의장을 지냈던 크리스티나 로머(Christina Romer) 교수가 당시 부실한 거시통계자료를 고려하면 1920-21년의 공황(恐慌)은 과장된 것이었다고 주장한 연구보고서를 빈빅히고 있다(Romer, 1988).

저자는 로머 교수의 비판을 의식한 탓인지 관련 통계보다는 당시 언론기사를 중심으로 미국이 어떻게 짧은 시간에 공황에서 벗어났는지 풀어간다. 공황은 제1차 세계대전이 끝나고 14개월 후 1920년 1월부터 1921년 7월까지 18개월 동안 일어났다. 미 상무부에 따르면 GNP 성장률 -6.9%, 물가상승률 -18%, 특히 도매물가는 무려 36.8% 하락하였는데 1929년에 시작된 대공황*에 비해 디플레이션의 정도가 매우 심했던 것으로 평가된다. 전체 산업 생산도 30% 감소하였으며 자동차 생산은 60% 하락하였다.

한편, 연구보고서에서 로머는 GNP 성장률은 -2.4%, 물가상승률은 -14.8%로 추정했다. 공식 실업률 통계는 1948년부터 작성되기 시작하여 제대로 알 수는 없으나 대략 8.7%에서 11.7%로 추정했다.

작가가 이 책을 저술한 이유는 당시 별다른 안정화 정책 없이도 빠른 시간에 경제가 회복되었다는 데 있다. 10여 년 전 글로벌 금융위기 당시 7000억 달러의 공적자금을 조성했음에도 불구하고 대침체라는 조어가 말해주듯이 경제 회복이 더딘 오늘날의 상황과 대조적이다. 재정은 균형을 이루었을 뿐 아니라 통화정책을 담당하는 연준은 제1차 세계대전 후 물가상승 압력이 일어나자 1919년 12월 금리를 5%로 올린 후 두 번에 걸쳐 1920년 6월 7%로 인상, 초긴축통화정책을 수행했다. 지금으로서는 이해하기 어렵지만 당시 하딩(Warren G. Harding) 대통령과 경제 각료 모두 작은 정부를 지향하였기 때문이다. 공황은 물가가 충분히 하락하자 다시 사람들이 돈을 쓰면서 회복세로 돌아섰다. 이른바 아담 스미스(Adam Smith)의 '시장의 보이지 않는 손'이 작동한 것이다.

오늘날 불황이 오면 정부가 지출을 늘리고 중앙은행이 금리를 내리는 것은 너무나 당연한 것으로 받아들여지지만 사실 그 당시 사람들에게는 생소했다. 실제로 대공황 속에 치러진 1932년 대선에서 야당 후보인 루즈벨트(Franklin D. Roosevelt)와 현직 대통령이었던 후버(Herbert Hoover)는 균형재정을 공약으로 내걸었다. 재정정책의 중요성이 케인즈의 『고용, 이자 및 화폐의 일반이론』(The General Theory of Employment, Interest and Money, 1936)이 출간된 1936년이 되어서야 알려지게 된 것을 생각해보면 수긍이 안 가는 것도 아니다.

한편, 밀튼 프리드먼(Milton Friedman)과 애너 슈바르츠(Anna Schwartz)가 공저한 『미국 화폐의 역사, 1867-1960』(A Monetary History of the United States, 1867-1960, 1963)은 1913년 말 설립된 연방준비제도가 1920년의 공황과 1929년의 대공황에 얼마나 무능하게 대처했는지

질타했다. 사실 1929년의 대공황은 시장의 '보이지 않는 손'만으로도 1920년의 공황을 손쉽게 빠져나올 수 있었던 경험의 탓도 있어, 1929년에도 쉽게 넘어갈 수 있을 것으로 낙관했던 것이다.

미국이 금본위제도*를 폐기한 때가 1933년이었기 때문에 그 이전의 시기에는 통화정책을 통해 경제 안정을 도모할 여지가 별로 없었다. 요컨대 그 시대 엘리트들이 무능하거나 무지해서라기보다는 균형재정과 금본위제가 그 어떤 것보다도 중요한 가치라고 믿었기 때문이다.

아직도 1921년의 공황이 쉽게 극복되었으나 왜 1929년의 공황은 대공황으로, 20세기 최악의 경제난으로 확산되었는지의 의문은 풀리지 않았다. 실제로 1929년 공황 초기 당시 사람들은 8년 전을 떠올리며 조만간 경제는 회복될 것으로 전망했으며 누구도 대공황의 가능성을 예상하지 않았다.

노벨상 수상자 실러(Robert Shiller) 교수의 『서사(敍事) 경제학』(*Narrative Economics*, 2019)은 이 의문에 대한 자신의 답을 제시했다. 그는 이야기가 사람들의 기대를 만들고 나아가 경제호불황의 시간대, 정책에도 영향을 미친다는 논지다. 그가 말하는 이야기는 마치 사람들 머릿속에서 지워지지 않는 노랫말과 같다. 차이가 있다면 이야기는 듣는 사람들의 행동에 영향을 미칠 뿐 아니라 다른 사람들도 따라서 하는 전염성이 있는 것이다. 이야기끼리 경쟁을 하고, 이긴 이야기는 바이러스처럼 확산되었다가 시간이 지나면서 수그러들고 또 다른 이야기가 생겨난다. 실러 교수는 당시 기술 발전에 따른 실업의 공포에 관한 이야기가 사람들 사이에 회자되면서 늘어나게 된 저축을 대공황의 탓으로 돌렸다.

경제학은 균형을 탐구한다는 점에서 물리학과 유사하다. 그러나 사람들의 기대가 균형에 중대한 영향을 미친다는 점에서 근본적인 차이가 있다. 불행히도 그 기대가 합리적인 것인가의 여부를 문제삼았을 뿐 그 기대가 어떻게 만들어지는지에 관해 경제학은 설명하지 못했다. 실러는 그것을 설명하고자 한 것이다.

"서울의 강남을 대체할 곳은 없죠. 강남 집값은 오르면 올랐지 절대 떨어지진 않아요." 강남불패론은 강남 집값이 오를 때마다 듣는 이야기다. "정부가 독점한 주조권에 대한 도전"이라는 이야기는 가상화폐 광풍의 동력이었다. 이 둘은 실러가 꼽은 대표적인 틀린 이야기다. 사업가, 정치인이었던 케네디 대통령의 부친이 금융대공황 직전 구두닦이 소년으로부터 팁을 주식으로 달라는 말을 들었을 때 가지고 있던 주식을 모두 처분하고 공매도까지 했다는 유명한 일화가 있다. 그 소년의 말은 "교수가 주식에 손대면 상투를 잡은 것이다."라는 이야기에 다름없다. 트럼프 대통령의 트윗은 매우 영향력 있는 이야기를 제공한다. 전미경제연구소의 한 연구보고서에 따르면 연준을 향한 위협적인 트윗이 연준의 금리인하에 유의미한 영향력을 미쳤다.

소셜미디어는 빛의 속도로 이야기를 나르는 21세기 디지털 매체다. 어쩌면 진실 그 자체보다 사람들이 어떻게 생각하고 어떻게 받아들이는가가 더 중요한 세상이 온 것인지도 모른다.

뮤지컬 애호가들이라면 보고 싶을 브로드웨이 쇼 〈해밀턴〉의 주인공 알렉산더 해밀턴(Alexander Hamilton)은 10달러 지폐에 나오는 미 건국의 아버지이자 중앙은행의 설립을 주장한 인물이기도 하다. 제3대 대통령이자 반(反)연방주의를 주장한 또 다른 건국의 아버지 토마스 제퍼슨(Thomas Jefferson)과 격론을 벌이기 시작한 후 100년이 넘는 진통 끝에 1913년 미국의 중앙은행인 연방준비제도가 설립되었다. 연준이 만들어진 것은 다른 나라보다 더 빈번하게 일어났던 금융위기에 대응하고자 하는 데 가장 큰 목적이 있었다.

당초 설립 목적과 달리 연준은 주가가 폭락하는 등 금융시장이 위기에 처했을 때 금융위기에 효과적으로 대응하지 못했다. 필요한 유동성을 제때에 공급하지 못한 것이다. 자칫 돈이 비생산적인 곳으로 흘러들어가 투기꾼들만 구제해줄 수 있다는 도덕적 위험을 경계한 나머지 실체적 위험에 대처하지 못했기 때문이다.

당시 연준은 진성어음주의(The Real Bills Doctrine)*—통화량 증가는 반드시 생산의 증가를 반영해야 한다는 원칙—가 지켜지지 않으면 인플레이션이 발생하게 되어 금의 액면가(금 1온스=20.67달러)를 지킬 수 없어 금본위제도가 유지될 수 없다고 보았기 때문이다. 그러므로 중앙은행의 주된 임무는 신용시장에서 은행이 원하는 신용의 규모가 결정될 수 있도록 간섭하지는 않되 공급된 신용이 기업의 생산 활동 대신 투기꾼의 주머니로 흘러들어가지 않도록 감시하는 것이었다.

그렇다면 금본위제도는 그 당시 사람들에게 그토록 중요한 가치였을까? 이 질문에 대한 답은 1896년 시카고에서 열린 민주당 전당대회에서 대선후보였던 윌리엄 제닝 브라이언(William Jennings Brian)＊의 〈황금십자가연설〉(The Cross of Gold Speech)의 말미에 명쾌히 드러난다. "노동자의 이마를 가시 면류관으로 찔러서는 안 됩니다. 인류를 황금 십자가에 못박아서는 안 됩니다." 그는 금본위제도 폐기를 대선 공약으로 걸었다.

그러나 금 공급의 희소성 때문에 일어난 디플레이션으로 고통 받았던 빚진 농민, 채무자와 같은 흙수저를 대변한 브라이언은 공화당의 맥킨리(McKinley) 후보에 패하고, 미국 국민은 금본위제를 선택했다. 금본위법이 통과된 해, 이를 풍자한 동화소설『오즈의 마법사』(The Wonderful Wizard of Oz)가 출간되었다.

은(銀)도 통화로 함께 사용할 것을 주장하는 브라이언의 주장의 이면에는 약간의 인플레이션이 필요하다는 함의가 있으며, 훗날 대공황의 주범으로 지목되어 금본위제가 폐기된 역사적 사실을 생각할 때 분명 복(復)본위제는 정당성을 가진다. 그럼에도 불구하고 금본위제를 고수한 것은 『오즈의 마법사』에 나오는 양철인간(노동자)과 허수아비(농민)는 당시에는 그다지 중요한 존재로 여기지 않았기 때문이었다.

그랜트의 『잊혀진 공황』에서 실업자를 무책임한 가장으로 묘사하는 언론보도가 자주 인용된다. 당시 실업에 대한 사회적 인식을 반영한 것이다. 실업이나 고용보다는 주가, 채권수익률이 더 중요한 경제지표였다. 기업재무이론이 미국에서 일찍 발전한 것은 결코 우연이 아니다. 슘페터(Joseph Schumpeter)가 처음 만든 말 '창조적 파괴'에서 드러나듯이 당시 사람들은 불황을 과잉생산을 치유하는 과정으로서 긍정적으로 인식했다.

2차 대전이 시작될 때까지 10년 넘게 지속되었된 대공황은 모든 것을 바꾸어놓았다. 무엇보다도 실업을 중요한 사회경제적 문제로 인식하게 되었으며 고용과 성장이 경제정책의 중요한 과제가 되었다. 뒤에 노벨상을 수상한 사이먼 쿠즈네츠(Simon Kuznetz)는 1934년 최초로 국민소득계정을 구축하고 표준화함으로써 정부는 경제 흐름을 판단하고 정책 효과를 점검할 수 있게 되었다. 디플레이션을 막고 고용과 성장을 촉진하는 경제개혁이 추진된 결과 1950년대에 들어서 단번에 중산층이 미국 경제의 주역으로 등장하는 대압착(The Great Compression)*이 일어났다.

전통사회인 유럽의 상황은 더 나빴다. 1천7백만 명이 죽고 2천만 명이 다친 1차 세계대전을 치르고 나서야 비로소 평민의 권리도 존중받기 시작했다. 유럽 쪽 터키 영토 에게해에 면한 갈리폴리반도는 1차 대전 당시 8개월 간 연합군과 터키군 양측을 더해 55만 명이 넘는 사상자를 낸 곳이다. 이를 주제로 한 많은 영화가 최근까지 제작되었다. 그 가운데서도 1981년 멜 깁슨이 주연한 〈갈리폴리〉(Gallipoli, 1981)는 사막과 지중해를 담은 아름다운 화면과 비극적인 결말로 유명하다. 공격을 미루자는 합리적인 건의에 지휘관은 자신의 체면을 이유로 거부하고 진격 명령을 내린다. 실제로 41만 명이 참전했던 호주군은 1차 대전 당시 6만 명이 전사했으며 갈리폴리에서만 9천 명 가까이 희생되었다.

1차 대전은 유럽에 민주주의와 복지제도가 확산된 결정적인 계기였다. 영국에서 1918년 남성이, 그리고 10년 뒤 여성이 참정권을 가지게 된다. 독일에서는 세제 개혁으로 소득세가 도입, 민주주의에 필요한 재정적 수단을 확보하게 되었다. 영국, 독일, 북유럽에서 복지의 확대가 이슈로 부상하였다.

대공황을 계기로 보통사람의 삶에 큰 영향을 미치는 실업과 고용은 이제 정부가 반드시 챙겨야 할 중요한 경제 변수가 되었다. 미국은 1946년 고용법에 뒤이어 1978년 완전고용과 균형성장에 관한 법률을 제정, 경제정책의 지침서로 활용하고 있다. 한편, 1977년 연준개혁법을 제정해 고용, 물가안정과 적절한 수준의 장기금리를 책무로 부여했다.

❖

케인지언 처방은 정치권력에게 매우 효과적인 경제정책 수단을 마음대로 휘두르게 하는 빌미를 제공하였다. 전전(戰前)에 만연하였던 공황의 공포는 전후에 와서는 인플레이션에 대한 두려움으로 바뀌었다. 거시경제 안정을 도모한다는 이유로 늘린 정부지출이 막대한 규모의 국가채무로 쌓여갔다. 재정지출의 상당 부분을 납세자의 세금 대신 중앙은행의 발권력으로 충당한 결과였다. 경제정책의 정치화로 인해 1970년대는 인플레이션의 시대로 바뀌었다. 당시 물가상승 압력이 상당히 높았음에도 불구하고 중앙은행은 금리를 낮은 수준에서 유지했기 때문이다.

당시 케인지언들은 완전고용을 달성하기 위한 수단으로서 오로지 재정정책에 관심이 있었다. 중앙은행에 기대하는 것이 있었다면 장기 금리를 안정적으로 관리하는 것이었다. 최대한 국채를 유리한 조건으로 발행하고 이자 지급에 따른 부담을 덜기 위해서다. 그러므로 중앙은행의 통화정책이 정부의 재정정책에 휘둘리는 재정의 지배는 당연한 귀결이었다.

민주주의 사회에서 번영은 제도에 대한 신뢰에서 비롯한다. 그리고 제도에 대한 신뢰는 그 제도가 이룬 성과에서 나온다. 더 중요한 것은 그 제도를 운영하는 사람들이다. 윌리엄 마틴(William McChesney Martin Jr.)은 미 연준 역사상 재임기간(1951-1970)이 가장 길었던 연준 의장이었다. 그는 재임기간 동안 트루먼에서 닉슨까지 무려 다섯 명의 대통령을 거쳤다. 31세에 뉴욕증권거래소 대표가 된 후 국책은행인 수출입은행장, 다시 재무부 차관보로 임명된 마틴은 연준과의 갈등이 고조되었던 협상 과정에서 트루먼 대통령의 절대적인 신임을 받았고 2년 뒤 연준 의장에 추천되었다.

그는 여러 공직을 거치면서 시장의 보이지 않는 손에 대한 확고한 신념을 가지게 되었다. 인플레이션을 자유시장을 좀먹는 '밤의 도둑'에 비유했으며 물가안정이 중앙은행의 최우선 목표가 되어야 한다는 생각을 가지게 되었다. 그는 케인지언이 주류였던 시대에 50년 뒤에 등장할 자유로운 시장과 건전한 통화로 대변되었던 워싱턴 컨센서스*의 원조 격이었다.

제2차 세계대전의 전비를 조달하기 위해 발행된 막대한 국채를 관리하고 한국전쟁의 비용을 새로 조달해야 하는 행정부로서는 어떻게

든 낮은 금리가 필요했다. 한편, 연준은 막대한 규모의 국채가 통화정책의 제약 요인으로 작용해 전후 높은 인플레이션에 적절히 대응할 수 없는 문제에 당면했다.

마틴은 연준의 금리 규제가 은행의 신용을 통제할 수 없어 결과적으로 인플레이션이 일어날 것을 우려했다. 그는 자신의 소신대로 금리와 가격에 대한 직접 규제 대신 연준이 국채를 사고 파는 공개시장을 통한 통화정책을 수행, 통화량을 조절함으로써 물가안정을 이루었다. 다른 어떤 나라보다 먼저 현대적인 중앙은행 통화정책의 기틀을 세운 것이다.

재무부에서 일할 때처럼 국채 금리를 2.5%에서 고수해줄 것으로 믿었던 트루먼 대통령의 입장에서 자신이 임명한 마틴 신임 연준 의장은 배신자였다. 실제로 몇 년 뒤 뉴욕시 맨해튼의 5번가에서 조우한 트루먼 대통령은 마틴에게 "배신자"라고 내뱉듯이 말하고 지나쳤다.

마틴은 통화정책의 중심을 월가가 있는 뉴욕에서 워싱턴으로 옮기는 등 독립적인 중앙은행이 대중의 지지를 받도록 노력하였다. 공개시장 대상도 만기 일 년 이하의 단기 국채(Treasury bill)로 제한해 만기가 긴 국채수익률은 시장에서 자유롭게 결정되도록 하였다. 연준의 도움 없이도 작동되는 오늘날과 같은 국채시장을 만드는 데 일조한 것이다.

정직하고 직선적이며 금욕주의자인 마틴은 "연준이 파티가 한창 무르익을 때 펀치 볼을 치우도록 지시하는 샤프롱(보호자)과 그 처지가 같다."는 유명한 말을 남겼다. 1960년 대선에서 패한 닉슨 공화당 후보는 패인을 마틴의 긴축 통화정책에 돌렸다.

　마틴은 뛰어난 리더십과 지적 역량을 갖춘 인물이었다. 케네디 대통령 시절 인플레이션 압력으로 금 유출이 일어나 금의 액면가(금 1온스=35달러)를 지키기 어렵게 되자 연준은 단기국채를 팔고 대신 장기국채를 사들이는 오퍼레이션 트위스트를 단행했다. 단기금리인상으로 금 유출을 막되 장기금리인하로 투자 수요를 늘리고자 함이었다. 그러나 신화적 인물와 같았던 마틴이 1970년 퇴임하면서 연준에 대한 신뢰가 약화되었고 인플레이션이 시작되었다.

　1979년 연준의장에 취임한 볼커(Paul Volcker)는 1981년 13.5%였던 물가상승률을 2년 뒤 3.2%로 떨어뜨렸다. 볼커는 물가를 잡기 위해 정책금리를 1979년 11.2%에서 1981년 6월 20%로 올렸고, 이 와중에 실업률은 10%를 웃돌았다.

　반인플레 정책으로서 볼커의 급랭(急冷) 전략과 점진주의 전략을 비교하는 많은 연구가 수행되었다. 점진주의는 금리를 조금씩 조정함으로써 실업률 증가분은 크지 않지만 대신 물가를 잡는 데 오랜 시간이 소요된다. 그러므로 비록 실업률의 증가분은 작더라도 늘어난 실업률이 오랜 기간에 걸쳐 지속되는 부작용이 따르는 것이다. 상식적 판단과 달리 대부분 연구결과는 급랭 전략이 점진주의보다 못하다는 증거를 제시하지 못했다. 그러나 실업의 고통이 저소득층에 집중되었을 것을 생각할 때 만일 같은 상황이 현재 발생했다면 급랭 전략은 불가능했을 것이다.

　1990년대에 들어와 유럽과 일본의 중앙은행은 법적으로 독립하였다. 미국에서는 정부 당국자가 연준의 통화정책을 거론하는 것이 금기시되었다. 우리나라의 한국은행도 아시아 금융위기 후 1998년 한국은행법을 개정하여 이에 동참했다.

1980년대부터 글로벌 금융위기가 일어날 때까지 글로벌 경제는 인플레이션과 경제성장이 매우 안정된 대완화(The Great Moderation)*의 시대를 구가했다. 다수 경제 전문가들은 그 요인을 중앙은행의 높아진 독립성에서 찾았다. 마치 1960년대의 윌리엄 마틴 의장이 되살아온 것처럼.

❧

20세기 글로벌 경제를 선도한 세계 중심 국가들이 비약적으로 도약하는 데에는 자유주의(Liberalism) 이념이 크게 공헌하였다. 자유주의는 시대에 따라 다양한 모습으로 변화해왔지만 개인이 누리는 삶의 자유—경제적 자유를 포함해서—를 가장 중요한 가치로 인식한다. 개인의 이기심이 의도치 않게 공동선(共同善)을 실현할 수 있다는 시장의 원리, 즉 보이지 않는 손을 주창한 아담 스미스(Adam Smith)의 고전적 자유주의가 아마도 세상에서 가장 널리 알려진 자유주의일 것이다.

아담 스미스의 고전적 자유주의도 19세기 말에 이르러 도전을 받게 된다. 경제성장의 둔화, 도시화에 따른 빈곤, 실업 및 불평등에 대한 인식의 증가와 노동운동은 당시 자유주의의 폐혜를 반영한다. 고전적 자유주의의 정점(頂點)이었던 금본위제도의 붕괴가 상징하듯이 사회자유주의(Social Liberalism)가 새로운 자유주의의 한 유형으로 급격히 부상했다.

사회자유주의는 개인이 삶의 자유를 누릴 수 있는 평등한 기회를 가지기 위해서는 국가의 적극적인 개입이 필요하다는 입장이다. 보이지 않는 손이 작동되지 않을 때 정부가 유효수요를 창출해야 한다는 케인즈가 대표적인 인물이다. 안정화를 위한 중앙은행 통화정책이 요구되는 것도 같은 맥락이다.

철학자 존 롤즈(John Rawls)*는 사회자유주의 이념을 크게 발전시켰다. 그는 모든 개인이 각자의 삶을 영위하는 데 최선의 선택을 할 수 있어야 하며 동시에 사회적으로 희소한 자원의 올바른 분배가 실현되어야 한다고 주장했다. 따라서 성장이 사회적 약자에게 도움이 되는 한, 부(富)의 격차는 용인될 수 있는 문제라고 보았다. 공장노동자 겸 주급 5만 원을 받던 선수에서 영국 프리미어리그 최고의 스타로 올랐던 제이미 바디(Jaimie Vardy)의 말처럼 처음부터 자리가 정해진 사람은 없다. 가장 불리한 위치에 있는 사회구성원도 열린 자리로부터 혜택을 볼 수 있는 한, 경제적 불평등은 용인될 수 있는 것이다.

그러나 롤즈가 제시한 차등의 원칙이 헤이즈가 비판했던 능력주의를 정당화하는 것은 아니다. 그는 차등의 원칙에 우선순위를 매겼다. 인간의 기본적인 자유가 기회균등을 위해 희생될 수 없으며 기회균등이 사회적 약자에게 혜택이 돌아갈 불평등에 의해 희생당할 수 없다고 보았다. 즉, 인간의 기본적인 자유→기회균등→불평등의 순으로 우선순위를 규정한 것이다. 따라서 가진 자가 기회를 독점함으로써 초래되는 불평등은 비록 사회적 약자가 큰 혜택을 본다고 하더라도 결코 정의롭지 않다고 보았다.

자유주의 이념은 제도를 통해 구현된다. 더글러스 노스(Douglass North)를 시작으로 한 일단의 학자들이 바람직한 제도에 관한 연구를 지속하여 이른바 신(新)제도주의를 경제학의 한 분야로 정착시켰다. 이 견해에 의하면 바람직한 제도는 무엇보다도 경제주체에게 잘못된 동기를 부여해서는 안 되며, 제도로써 경제주체들의 행동을 예상할 수 있어야 한다. 지적재산권이 보호되지 않는다면 '이윤의 사회화, 비용의 사유화' 현상이 촉발되어 연구개발에 대한 의지는 꺾이게 된다. 한편, 부실 금융회사의 구제는 '이윤의 사유화, 손실의 사회화'를 야기하여 제도에 대한 신뢰를 잃게 한다. 더욱이 제도가 안정적이지 못하고 조령모개(朝令暮改)식이라면 경제주체는 자신의 미래를 설계할 충분한 시야를 가질 수 없다.

능력주의(Meritocracy)—사회계급이 아닌 능력에 따른 보상—는 당초 자유주의의 산물이었다. 콜건과 코헤인(Colgan and Keohane, 2017)은 앞서 헤이즈(2012)의 주장에서 보았듯이 엘리트들이 의도했든 아니었든 지난 수십 년 동안 글로벌 경제의 자유주의적 질서를 이용해 대부분의 소득과 부를 중산층, 하위층과 공유하지 않고 독차지했으며 결과적으로 자유주의를 훼손했다고 주장한다. 나아가 이들은 자유주의 질서가 착근된 미국과 영국에서 일어난 여러 가지 사건들을 증거로 내세워 자유주의의 핵심인 사회계약—시장경제의 승자가 패자에게 너무 뒤처지지 않도록 약속하는—이 붕괴했으며 대신 포퓰리즘이 대두하게 되었다고 분석하였다.

포퓰리스트 지도자는 자신이 국민을 대표한다고 주장하면서 입법부, 사법부, 언론 등 기존 제도를 약화시키거나 파괴하고 국가 주권을 방어하는 명분으로 외부 구속을 폐기하려고 한다. 두 저자는 포퓰리즘은 다양한 이데올로기적 풍미를 가지며 경제적 분배는 핵심이 아니라고 말한다. 좌파 포퓰리스트들은 평등의 이름으로 파이를 나누고자 하나, 우파 포퓰리스트들은 성장을 명분으로 부에 대한 규제를 없애려 하기 때문이다.

중앙은행의 독립성이 다시 제기되고 있다. 〈이코노미스트〉지(誌)는 포퓰리즘과 위기로부터 회복이 오래 지체되자 중앙은행이라는 제도에 대한 신뢰가 떨어졌기 때문으로 분석했다. 〈월스트리트저널〉은 기사 제목을 「중앙은행의 독립성은 중요하지 않다. 그것이 중요해질 때까지는」이라고 달고 중앙은행의 독립성이 훼손될 때 투자자들의 신뢰가 시험받을 수 있다고 경고했다.

볼커 전 연준 의장은 재선을 앞둔 레이건 대통령에 불려가 애초 금리를 올릴 생각이 없었던 자신에게 베이커 비서실장이 "지금 대통령이 당신에게 선거전까지 금리를 올리지 말 것을 명령하고 있다."고 말했다고 타계하기 1년여 전 출간한 자신의 회고록 『포기하지 않으며』(Keeping at It, 2018)에서 밝혔다.

트럼프 대통령이 공개적으로 연준의 통화정책을 비난하자 세계 언론은 들끓었다. 〈파이낸셜타임즈〉는 닉슨 대통령 시절에 일어난 비화를 소개했다. 1967년 닉슨 대통령은 자신의 재선을 위해 번즈 당시 연준의장에게 완화적 통화정책을 운영하도록 압력을 행사했다. 이 압력은 비록 닉슨의 재선에 기여했으나 대신 미국 국민들은 높은 인플레이션의 고통을 겪었으며 이 교훈을 잊어서는 안 된다고 촉구했다.

과거 정부 영역에서 재정의 지배 아래 있었던 중앙은행은 이제 정치 영역으로 들어왔다. 다음 대선에서 만약 민주당이 정권을 잡는다 해도 크게 달라질 것은 없을지 모른다. 트럼프 정부가 물려줄 막대한 재정적자를 증세로 설거지하기보다는 빚 대신 돈을 찍어 고용, 무상 대학교육, 의료보험 재원에 사용하는 것이 훨씬 인기를 얻을 수 있기 때문이다. 급진 좌파 포퓰리스트 정치인 사이에 폭발적인 관심을 얻고 있는 이단(異端) 경제이론인 현대화폐이론(The Modern Monetary Theory, MMT)에 근거한 정책이 어쩌면 민주당의 차기 대선 공약이 될 수 있을지도 모른다.

MMT는 주조권(鑄造權)을 가진 정부는 언제든 돈을 찍어 빚을 청산할 수 있기 때문에 결코 부도가 일어나지 않는다는 전제에서 출발한다. 정부가 쓸 돈이 필요할 때 납세자들이 싫어할 세금을 걷을 필요도, 금리가 높아져 기업의 투자를 위축할 우려가 있는 국채를 발행할 필요도 없으며 그냥 필요한 돈을 찍으면 된다는 주장이다. 정부가 쓴 돈이 너무 많아 금리가 지나치게 낮아진다면 긴축 통화정책으로 풀린 돈을 환수하면 된다. 인플레이션이 일어난다고 해도 마찬가지다. 긴축 통화정책 외에도 정부가 세금을 더 걷으면 된다.

정부가 공공 목적을 위해 돈을 쓰는 한 납세자든 기업이든 누구도 손해 볼 필요가 없다는 이 이론은, 결국 여태껏 이를 몰랐던 사람들이 바보라는 주장과 다름없다. 발권력을 동원한 정부의 재원 조달은 통화량에 인플레이션세(稅)를 부과한 것이나 다름없다. 사람들이 보유한 현금의 가치가 하락한 부분이 정부가 가져가는 몫이다. 그러나 MMT는 통화량의 가치가 하락한 것보다 정부의 몫이 훨씬 더 크다는 묵시적인 가정을 한다. 정부가 매년 통화량을 10% 늘려도 인플레이션은 10%보다 훨씬 낮을 것이라는 말이다. MMT에 따르면 정부가 돈을 찍어 쓰되 물가는 중앙은행이 관리한다. 어떻게 정부가 매년 통화량을 10% 늘리면서 인플레이션은 2%로 제한하는 것이 가능한가? 정부가 쓰는 돈이 경제성장을 촉진하면 가능하다. 대공황 시절이 아니어도 정부가 성장의 주체가 될 수 있는가 과연 그렇다고 자신 있게 대답할 사람이 얼마나 될지 모르겠다.

02

자국우선주의

그건 충분한 가의 문제가 아니야, 이 친구야.
제로섬 게임이지. 누군가 돈을 따면 누군가는 잃게 돼 있어.
_월 스트리트

※

2017년 11월 11일 베트남에서 개최된 제25차 APEC 정상회의에서 21개국 정상이 발표한 다낭 선언문은 예년과 사뭇 다른 표현이 들어 있다. '공정한(Fair)'이라는 단어가 '불공정한(Unfair)'까지 합하면 모두 4회 등장한다. 선언문 안에 있는 '자유로운(Free)'과 같은 횟수다.

일 년 전 페루 리마에서 개최되었던 정상선언문에서 '공정'은 한 번도 없었다. 대신 '자유'는 7회 등장하였다. 외신은 트럼프 대통령의 미국우선주의가 반영된 것이라고 해석하였다.

언뜻 '자유롭고 공정한' 무역은 상투적인 언어로 들릴 수도 있겠으나 자유와 공정은 양립하기 어려운 단어다. 공정은 주관적 가치판단을 함축하기 때문이다. 예를 들면 A국의 노동자가 받는 시간당 임금이

B국보다 낮다면 B국의 입장에서는 불공정하다고 볼 수 있을지 모른다. 그러나 두 나라 사이에 노동의 이동이 불가능할 때 임금의 차이가 공정성의 문제를 야기하지는 않으며 바로 이 차이가 상품의 자유로운 이동, 즉 국제무역이 일어나는 논리적 이유를 제공한다.

한편, 같은 날 자유로운 무역을 지향하는 공동시장에 대한 요구가 관철되었다. 일부 APEC 회원국들이 포괄적·점진적환태평양경제동반자협정(CPTPP)을 합의한 것이다. CPTPP는 환태평양경제동반자협정(TPP)의 후신으로, 비준을 거부하고 탈퇴한 미국을 제외한 11개국 아태 지역 국가의 다자간 자유무역협정을 말한다.

CPTPP는 5억 인구, 미화 13.5조 달러, 2017년 전 세계 GDP의 13%가 넘는 뉴 나프타와 EU(유럽연합) 단일시장 다음으로 그 규모가 큰 자유무역지대다. 당초 미국이 포함된 TPP보다 크게 축소되었지만 유로존 5대국보다 경제 규모가 더 크다. 11개국 대표들은 2018년 3월 칠레의 산티아고에서 공식 서명을 완료했으며 같은 해 12월 CPTPP가 발효되었다.

11개국은 TPP 협약 내용을 전면 재검토하는 대신 미국 단독으로 추진되었으나 다른 나라들이 반대한 세부항목과 문장을 다듬는 것에 집중했다. 수정이 가해진 것들도 대부분 항구적인 조치가 아니라 TPP를 잠정적으로 유보하는 선에서 그쳤다.

CPTPP는 TPP 협정에서 TPP 당시 미국이 관철했던 22개 항복을 유예했다. 22개 항목 가운데 지식재산권 관련 내용이 상당 부분을 차지한다. 지식재산권 관련 주요 유예항목은 저작권보호기간의 연장, 신

(新)생물학적 의약품에 대한 특별보호조치, 특허권신청절차 지연에 대한 특허권기간연장의무 등이다. 논란이 있었던 투자자-국가 분쟁해결(ISDS) 조항은 그 범위를 축소하고 DHL 또는 Federal Express를 이용하는 특송 서비스를 위해 특별 세관을 설치하는 요구 사항도 유보했다.

그러나 11개국은 당초 TPP의 핵심 조항은 건드리지 않았다. CPTTP는 TPP와 마찬가지로 역내 교역 제품의 95%는 무관세를 적용했다. 가장 혁신적인 조항인 디지털 경제와 관련된 수정도 없다. CPTPP는 회원국들이 국경을 초월한 자유로운 데이터의 흐름을 허용하고 데이터 저장에 대한 규제를 없앤 세계 최초의 무역협정이다. CPTPP는 TPP에 포함된 국영기업에 대한 규정도 일부 회원국에 대해 유예조치를 했을 뿐 모두 이관 받았다.

TPP 협정문은 모두 29장으로, 무수히 많은 부속서도 포함된 5천 페이지가 넘는 방대한 분량이다. 당초 지적재산권과 디지털경제 등 준수해야 할 엄격한 규정을 미국이 내세웠음에도 불구하고 11개국이 TPP에 합의했던 것은 공동시장에 대한 접근성 때문이었다. CPTPP는 TPP를 최소한으로 수정함으로써 세계 최대의 공동시장에 대한 희망을 버리지 않았다.

11개국이 그토록 공동시장을 원하는 근인(根因)은 알베르토 알레시나(Alberto Alesina)가 공저한 『국가의 크기』(*The Size of Nations*, 2003)에서 찾을 수 있다. 이들의 가설에 따르면 국가의 크기는 규모의 경제에서 오는 편익과 인구 구성의 이질성에서 비롯한 비용의 상충 관계에서 결정된다. 규모의 경제는 국방, 안전과 같은 공공재의 생산과 시장의 크기에 의존한다. 나라가 클수록 공공재를 창출하는 데 따르는 납세자의 부담이 줄어들고 시장의 규모도 커 원활한 경제활동을 영위할 수 있기 때문이다.

한편, 문화·종교·언어·지역 간 격차와 같은 비경제적 요인과 경제적 요인은 국가구성원 간 공공정책에 대한 선호관계의 차이를 가져온다. 소수민족은 자신들을 배려하는 정책을 요구하고, 소득이 높은 지역은 납부한 세금이 다른 지역에 쓰는 것을 달가워하지 않는다. 이 편익과 비용의 균형에서 국가의 크기가 내생적으로 결정된다는 이론이다.

어떻게 보면 이들이 주장이 비현실적이라고 할 수도 있겠으니 1945년 UN 창립 당시 회원국이 51개국에서 2011년 193개국으로 4배 가까이 늘어난 사실을 생각해볼 때 이들의 주장은 설득력을 가지기에 충분하다. 비록 지역적 분쟁은 끊이지 않았으나 오랜 기간 동안 평화가 지속되고 민주주의가 발전함에 따라 큰 국가의 편익은 줄고 비용은 늘어나 국가의 크기가 줄어드는 대신 그 수가 늘어나는 방향으로 상충관계에 변화가 일어났기 때문이다.

자유무역체제로의 변화는 국가의 수가 늘어난 또 다른 중요한 이유다. 자유무역의 확대는 해외시장에 대한 접근성이 높아지게 됨으로써 인구 구성원 간 이질성이 상대적으로 더 중요해졌다. 1994년 NAFTA가 체결된 이듬해 불어를 사용하는 캐나다 퀘벡주의 분리독립을 묻는 국민투표기 시행된 것은 우연이 아니다. 스코틀랜드, 카탈류냐의 분리독립운동도 마찬가지다. EU라는 공동시장이 존재하기 때문에 가능한 것이다.

반대로 보호주의와 자국우선주의가 팽배할 때 소국들은 나라를 합쳐 국가의 크기를 키우거나 공동시장을 확보하는 데 노력을 기울이게 된다. 예상보다 일찍 11국이 CPTPP를 합의한 것은 국가의 크기를 키우는 대신 공동시장을 창출함으로써 높아지는 보호무역주의를 극복하고자 한 것이다.

※

2003년 미국의 이라크 침공 당시 네오콘(신보수주의자)들에게 이념을 제공했던 정치학자 후쿠야마(Francis Fukuyama)는 미국이 중동에 몰입할 때 아시아 지역에 힘의 공백이 생기는 것이 불가피하며 결국 중국이 이를 메울 것이라고 경고했다. 당시 많은 아시아 국가들은 초고속 경제성장을 구가했던 중국을 상대로 무역흑자를 보았으며 대중무역흑자는 이 지역에서 중국이 우월적 지위를 행사하게 한 중요한 무기였다.

이것은 UN에서 미국과 중국의 이해가 엇갈리는 안건에 대해 아세안* 국가들이 투표를 행사한 패턴에서 잘 드러난다. 일본과 한국의 순으로 미국을 더 많이 지지했으나, 아세안 국가들 대부분은 중국의 손을 더 많이 들어주었다.

이후 미국은 아시아 지역에서 중국과 균형을 맞추고자 하는 노력을 계속하였다. 13개국 지역 협력체인 아세안+3 이후 호주, 뉴질랜드와 인도가 참여, 아세안+6로 확대되었고 다시 호주, 뉴질랜드가 2009년 아세안과 FTA를 체결하였다. 마침내 2015년 미국은 TPP를 이끌어 냈다.

TPP가 중요한 것은 무엇보다도 1948년 GATT(관세 및 무역에 관한 일반협정)를 대체하고 1995년 출범한 WTO가 더 이상 진전을 보지 못하는 상황에서 비록 12국에 불과하나 그 규모가 EU보다 크고 WTO보다 높은 수준의 무역규범이 적용되는 다자간 무역체제이기 때문이다.

다음으로 TPP는 회원국을 경유하는 한 원산지규정이 문제가 되지 않는다. A국, B국, C국이 서로 양자간 자유무역협정을 체결했다고 하자. A국이 B국에 수출하는 스마트폰이 자유무역협정에 따른 관세율(또는 무관세)이 적용되기 위해서는 상호 합의한 일정 수준의 원산지규정―이를테면 A국이 완제품의 70% 이상을 생산해야 한다―을 준수해야 한다. 만약 스마트폰이 C국을 경유하는 공급 사슬을 통해 수출될 때 비록 B국과 C국이 별도로 자유무역협정을 맺었다고 하더라도 여전히 원산지규정은 유효하다. A국과 B국 간 자유무역협정은 B국과 C국 간 자유무역협정에 구속 받지 않기 때문이다.

그러나 3국 이상의 다자간 무역협정에서는 전혀 문제되지 않는다. 그러므로 다자간무역협정에 참여하는 나라가 많을수록 참여국들은 더 효율적인 공급 사슬망을 구축할 수 있다. 양자간 협정에서 다툼의 소지가 되는 원산지규정에서 자유롭기 때문이다.

TPP는 단지 원산지규정만 아니라 중소기업, 국영기업, 디지털경제에 이르기까지 21세기 국제규범의 성격을 가진다. 당초 미국은 TPP와 유사하게 대서양 건너 EU를 상대로 범대서양무역투자동반자협정(TTIP)도 병행 추진했었다.

왜 트럼프 대통령은 팍스 아메리카나*를 버렸을까? 자신의 선거

공약인 '미국우선주의'가 그토록 중요했을까? 이 의문에 대한 답은 미국 국내에서 찾아야 하며 후술하는 "6. 트럼프의 미국우선주의는 어떻게 태어났나"에서 상세히 설명하기로 한다. 개략하면 2001년 중국의 WTO 가입 후 중국과 미국과의 교역량이 급증하였으며 누적된 중국의 무역충격은 지대한 사회경제적 파장을 일으켰다. 경쟁력을 상실한 제조업의 밀집 지역인 러스트 벨트*는 2000년대에 들어와 미 전역으로 확대되었다. 저숙련 백인 노동자를 중심으로 사회경제적 낙오자가 양산되었으며, 이와 같은 변화의 배경에 개방이 자리잡고 있다는 강한 믿음이 생겨났다.

그렇다면 팍스 아메리카나 대신 팍스 시니카(Pax Sinica)가 가능할까? 지난 10년 간 국제사회에서 중국의 위상은 크게 높아졌다. 미국이 아시아개발은행(ADB)에 흥미를 잃어버린 상황에서 전 세계 56개 회원국으로 구성된 아시아인프라투자은행(AIIB)이 출범했다. 중앙아시아에서 아프리카에 이르는 지역의 철도, 항구 등 인프라를 건설, 위안화권을 구축하고 자유로운 무역과 투자를 영위하고자 하는 일대일로(一帶一路, B&R)는 중국 중심의 글로벌 네트워크로 볼 수 있다.

그럼에도 불구하고 적어도 현 시점에서 팍스 시니카는 불가능하다. 무엇보다도 CPTPP의 출범이 국제사회가 중국의 리더십에 의문을 가지고 있음을 반영한다. 개방도가 낮은 인도의 등장으로 교착 상태에 빠졌던 중국 주도의 아세안+6의 역내포괄적경제동반자협정(RCEP)*은 2019년 11월 인도를 제외한 15개국이 합의를 보았으나, 다시 일본은 인도 없이는 참여하지 않겠다는 입장을 내세웠다. RCEP은 비록 다자간 무역협정이기는 하나 관세와 무역장벽을 낮추어 역내교역을 확대하고자 하는 데 보다 중요한 목적이 있다. 그러나 한편으로 CPTPP는 일정 수준 이상의 경제 개방, 디지털경제의 핵심인 데이터의 자유로운 흐름, 프라이버시 보호와 지적재산권, 노동 및 환경보호 등 회원국이 준수해야 할 공동규범을 마련했다.

알레시나와 공저자는 무역장벽이 높아질 때 대국의 이득을 강조한다. 국내 언론은 고고도미사일방어체계(THAAD)의 배치에 따른 중국의 보복을 대국의 자세가 아니라고 비판했다. 그러나 그것은 대국이기 때문에 가능한 것이다.

2019년 12월 마침내 뉴 나프타 수정안이 최종 합의되었다. 국회 비준을 앞둔 2019년 5월 말 트럼프 대통령은 멕시코 정부가 불법이민을 막지 않으면 멕시코산 수입품에 대해 관세를 매기겠다고 으름장을 놓았다. 세계 12위 수출대국이자 대미 수출이 전체 수출의 80%를 차지하는 멕시코로서는 자존심을 버릴 수밖에 없었다. 협상을 마친 일주일 뒤 일간지 〈엘 헤랄도(El Heraldo)〉 1면에 「멕시코 승리하다」라는 제목의 기사가 실렸다.

대국의 입장에서 보자면 자국우선주의는 나름대로의 합리성이 있다. 그러나 자국우선주의 대외정책은 70년 이상 유지되어온 자유주의 국제질서를 뒤흔드는 것이다. 자국우선주의 정책은 중심국과 주변국에 관계없이 긴밀히 연결된 글로벌 경제에 부정적인 파급효과를 미치게 되며, 대국도 결코 그 파급효과에서 자유롭지 못하다. 제로섬이 아닌 네가티브섬이 일어나는 것이다. 미중 무역전쟁이 좋은 예다.

세계은행 총재를 지냈던 로버트 졸릭(Robert Zoellick)은 「무역전쟁의 승자에 미국은 없다」라는 제목의 〈월스트리트저널〉 기고문에서 미국우선주의의 폐해를 다음과 같이 요약했다(Zoellick, 2019).

"TPP를 탈퇴하는 바람에 수출시장을 잃었고, 범세계적으로 보복이 일어나 가장 경쟁력 있는 미국의 농업을 망가뜨렸으며, 미국 기업과 소비자가 관세 폭탄을 맞았고, 높아진 불확실성으로 인하여 미국 내 외국인 투자가 감소했으며, 무엇보다도 혁신적 미국 기업들을 위한 국제규칙을 만드는 대신 중상주의(重商主義)를 추구했다."

03

무역전쟁

당신은 이것이 애국심의 문제이며
결국 상인들은 애국심이 없다는 것인가요?
_아이작 아시모프

❖❖❖

"무역전쟁은 좋은 것이며 쉽게 이길 수 있습니다." 이렇게 트럼프 대통령의 트윗으로 무역전쟁은 시작되었다. 2018년 3월 그는 전체 수입액의 4.1%로 추정되는 수입 철강과 알루미늄에 각각 25%, 10% 관세를 대부분의 나라에 부과하는 행정명령에 서명했다. 모든 나라에 관세를 부과한 것은 아니며 한국과 같이 관세 대신 쿼터를 부과한 나라도 있다.

트럼프 대통령의 트윗에 글로벌 주식시장은 즉각 반응했다. S&P500은 사흘 동안 1% 이상 하락했고 3월 첫째 주 투자자들은 미국 주식펀드에서 100억 달러를 회수했나. 철과 알루미늄을 중산재로 사용하고 국가 간 공급망에 의존하는 GM 등 다국적 자동차기업, 캐터필러, 보잉의 주가가 크게 흔들렸다. 대신 최대 수혜자인 미국의 철과 알루미늄을 생산하는 기업은 올랐다.

미 정부의 관세 부과 조치는 예전에도 있었다. 2009년 오바마 정부는 중국산 타이어에 대해 무역법 421조를 적용, 긴급보호관세를 부과했다. 2002년 부시 정부는 무역법 201조에 의거 수입 철강에 세이프가드(긴급수입제한) 조치를 하였다. 2018년 1월 트럼프 정부도 같은 법조항을 적용해 한국 및 중국산 세탁기와 태양광 제품에 부과했다.

2002년 당시 부시 정부는 관세율을 최대 30%까지 인상하였으나 북미자유무역협정국인 캐나다, 멕시코와 75개 개도국에 대해서는 적용을 유예했다. 그러나 WTO는 세이프가드 조치를 받아들이지 않았고 EU와 대립 끝에 부시 정부는 승복했다. 이 조치들은 비록 경제적 효율성, 즉 비용과 편익의 측면에서 정당화될 수 없었지만 모두 국내 정치적 현안에 그 배경이 있었던 것으로 평가된다. 연구에 따르면 강철산업이 창출한 18만7천5백 명의 고용보다 많은 20만 개의 일자리가 사라졌다. 고용의 감소는 강철을 중간재로 투입하는 19만3천 개 미국 기업의 98%에 해당하는 500인 이하의 중소기업에서 일어났다(Francois and Baughman, 2003).

트럼프 정부가 1962년에 제정된 무역확대법 232조에 근거해 국가안보상의 이유로 관세를 부과하자 미국 안팎에서 많은 반발이 일어났다. 어떻게 사람들의 선택이 국가의 운명을 결정하는지를 역사적 사례를 통해 보여준『오류의 경제』(False Economy, 2009) 저자 앨런 비티(Alan Beattie)는 〈파이낸셜타임즈〉 기고에서 국가안보를 명분으로 하는 트럼프 관세가 광범위한 보호무역주의로 확대될 가능성을 제기하면서 날 선 비판을 했다.

비록 철과 알루미늄이 전 세계 무역에서 차지하는 비중이 2%에 불과, 직접적 파급효과는 크지 않을 것으로 볼 수도 있겠으나 이 조치는 90년 전 미국에서 일어났던 상황에 대한 기시감(既視感)이 들게 한다.

스무트(Reed Smoot) 상원의원과 홀리(Willis Hawley) 하원의원이 주도, 스무트-홀리법*으로 알려진 1930년 관세법은 2만 개가 넘는 수입품에 대해 관세를 부과했다. 관세 대상 품목의 평균 관세율은 40%에서 48%로, 다시 1932년까지 59.1%로 정점에 달했다.

이 법안의 취지는 농업을 보호하고자 하는 것이었으나 해외로부터 이렇다 할 경쟁이 없는 상황에서 농업을 보호할 뚜렷한 명분이 없었다. 궁색했지만 농산물 관세가 공산품보다 낮았던 것을 빌미로 형평성을 내세워 농산물 관세를 공산품 관세 수준에 맞추고자 했다. 당시 공산품에 대한 관세가 농산물보다 두 배나 높았기 때문에 공산품 관세율은 내리고 대신 농산물 관세를 올리고자 했다. 그러나 입법 과정에서 뜻하지 않게 수입 농산물에 대해 수입 공산품보다 더 높은 관세를 부과했다. 이는 실로 비극적인 사건이었다.

1928년 선거유세에서 후버 대통령후보자와 공화당은 관세 체계를 개편할 것을 약속했다. 이듬해 후버가 31대 대통령으로 취임하자 하원은 1929년 5월 수입 농산물과 공산품에 대한 관세를 인상하는 법률안을 264 대 147로 통과시켜 선거공약을 지켰다. 상원에서도 많은 의원들은 자신이 출마한 주(州)의 산업의 이해관계에 따라 표결했으며 44 대 42로 이 법안을 통과시켰다. 스무트-홀리법은 이렇게 제정되었다.

1028명의 미국 경제학자들은 후버 대통령에게 법안에 서명하지 말 것을 요구하는 청원서를 제출했다. 그 가운데는 현대 재무학의 창시자 어빙 피셔(Irving Fisher)도 있었다. 피셔는 청원서에 '다른 나라들이 미국에 수출할 수 없다면, 이들 국가가 어떻게 채무를 갚을 수 있는가' 라는 요지로 채권국 미국의 입장에서 무역의 중요성을 언급할 것을 제안했다. 공황으로 전 재산을 잃어버렸던 피셔는 청원서 서명을 위한 편지를 전미경제학회(全美經濟學會, American Economic Association) 전 회원들에게 보내고 총비용 137달러 가운데 105달러를 부담했다.

스무트-홀리법은 미국과 세계경제에 막대한 손상을 입혔다. 1998년 발표된 연구논문에 따르면 이 법으로 평균 관세가 20% 증가했으며 수입품 가격을 5~6% 높이는 요인으로 작용했다. 당시 미국 수입의 40% 이상이 감소했는데 이 감소분은 대공황에 따른 수입 수요의 감소와 교역 상대국의 보복에 따른 효과도 합친 것이다. 이 법에 따른 직접적인 무역 감소분은 4~8%로 추정되었다. 더욱이 당시 관세를 수입 가격이 아닌 수입량에 부과한 것을 감안할 때 물가하락에 따른 실효 관세율 증가로 인한 추가적인 무역 감소분을 8~10%로 추정, 모두 12~18%의 수입 감소가 일어난 것으로 보고되었다(Irwin, 1998).

스무트-홀리법은 즉각 교역 상대국의 보복을 불러일으켰다. 미국의 가장 큰 교역 상대국이었던 캐나다는 미국으로부터 수입액의 30%에 이르는 16개 품목에 대해 관세 보복을 단행하는 한편, 영국으로부

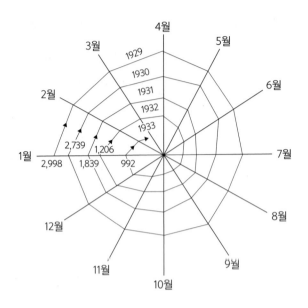

◆ **그림 1** 킨들버거 나선(羅扇): 1929.1월~1933.3월 75개국 월별 수입액 (단위: 미화 백만 달러)
출처: 킨들버거(Kindleberger, 1973)

터 수입품에 대해서는 관세를 인하했다. 당시 미국에 보복 관세를 매겼던 캐나다 수상은 곧 치러진 총선에서 재선에 성공했다. 프랑스와 영국도 보복에 동참했으며, 독일은 교역을 단절하는 조치를 취했다. 〈그림 1〉은 1929년 1월부터 1933년 3월까지 75개국의 월별 수입액을 보여준다. 이른바 킨들버거 나선이라고도 부르는 이 그림은 당시 얼마나 빠르게 세계 교역이 감소했었는지를 보여준다.

미국이 쌓아올린 관세장벽과 교역 상대국의 보복 관세는 대공황 기간 동안 미국 수출 및 수입 감소의 주요 요인이었다. 스무트-홀리법이 대공황을 악화시킨 것이다. 무역의 위축은 침체에 빠진 미국과 전 세계 경제를 더욱더 회복하기 어려운 대공황의 길로 들게 했다.

❈

현재 미국은 스무트-홀리법이 시행된 당시와는 비교할 수 없을 정도로 경제 개방도가 높다. GDP에서 차지하는 수출과 수입은 30%에 이르고 있으며 서비스를 제외한 수출, 수입 상품만을 고려할 때 20%가 넘는다.

무역전쟁의 도화선이 된 철은 중국이 세계 1위 생산국이다. 중국이 전 세계 생산량의 49%를 생산하고 그 뒤를 EU(10%), 일본과 인도(6%), 미국(5%), 한국과 러시아(4%)가 잇고 있지만 중국의 생산 규모에 한참 뒤진다.

한편, 세계 최대 철 수입국 미국은 2017년 290억 달러를 수입했다. 미국에 철을 수출하는 나라 가운데 캐나다(55억 달러)가 17%로 가장 압도적이며 한국(31억 달러), 멕시코, 브라질, 중국의 순으로 수출을 하고 있다.

과연 관세 부과로 미국은 이득을 볼 수 있을까? 상식적 판단과 달리 철을 수입해 중간재로 사용하는 미 제조업은 오히려 피해를 보게 된다. 〈월스트리트저널〉은 사설에서 14만 명을 고용하는 철강산업을 보호하기 위해 철을 중간재로 사용하는 650만 명이 일하는 산업에 대해 과세하고 있다고 비판했다. 종국적으로는 미국 소비자가 피해를 입게 될 수밖에 없는 것이다.

과연 이 조치로 철강노동자들의 고용이 늘어날까? 〈블룸버그〉는 15세기부터 시작해 20세기 초 유럽의 가장 큰 제철소가 있던 오스트리아 도나비츠의 한 공장에서 14명의 근로자가 연간 50만 톤의 철강을 생산하는 기사를 보도했다. 1960년대에 지금보다 질이 떨어지는 철강을 1천 명이 생산한 것에 비하면 생산성이 70배 이상 늘어난 것이다. 이 회사의 최고경영자는 자동화로 블루칼라 고용은 대부분 사라질 것으로 예측했다. 트럼프 대통령은 수입 철강에 대한 25% 관세가 죽은 사업을 번창하는 기업으로 바꿨다고 말했다. 그러나 관세가 철강산업이 고용이 줄어드는 추세를 막지 못했다. 미 노동부가 제공하는 2019년 10월 철강산업 고용이 포함된 일차금속고용(CES3133100001)은 1년 전보다 3천 명 이상 감소했다.

보호무역주의는 연쇄효과를 유발할 위험이 있다. 우선 미국에 대한 수출을 다른 나라로 전환할 때 그 나라 정부가 자국 산업을 보호하기 위해 다시 관세장벽을 쌓을 가능성이다. 나아가 철과 알루미늄이 광범위하게 중간재로 사용되는 것을 고려하면 이 조치로 미국에서 생산하는 자동차, 각종 기계장비, 항공기, 가전제품, 캔 등 완성품 가격이 동종 수입재 가격보다 비싸질 수밖에 없다. 따라서 미국 정부는 '공정한' 무역을 위해서 또다시 관세를 부과할 수 있다.

더욱이 현 WTO체제에서 교역 상대국이 미국을 상대로 긴급수입제한 조치를 취할 때 보호무역주의는 확산될 수밖에 없다. 특히 국가안보를 이유로 관세를 부과한 미국에 대해 교역 상대국도 같은 이유로 관세 보복을 할 가능성이 있다. 이미 EU는 철강, 알루미늄 관세에 보복

관세로 맞대응했다. 다시 트럼프 대통령은 수입 유럽 자동차에 고율의 관세를 부과하겠다고 위협하면서 날카롭게 대립하고 있다. 언론은 데이터, 정보통신과 같은 기술에 기반한 지적재산권이 다음 타깃이 될 것이라는 추측을 했다.

실제로 2018년 EU집행위원회가 디지털세(稅)에 관한 구체적인 법안을 발표했다. 프랑스 마크롱 정부는 2019년 7월 소비자 데이터를 온라인 광고에 판매하는 미국의 거대기술기업 등 30개 정도의 기술기업에 대해 3% 세금을 부과한다고 발표했다. 영국도 유사한 조치를 취하고 있다. EU 회원국이 합의에 이르면 디지털세는 EU 차원에서 부과될 전망이다. 미국은 트럼프의 트윗 대신 직접 정부가 나서서 301조를 거론하는 등 격한 반응을 보였으며 프랑스에 대해서 24억 달러의 수입품에 100% 관세를 부과하겠다고 위협하자 EU도 맞대응하겠다고 받아쳤다.

스무트-홀리법에서 보듯이 국제무역은 손쉽게 정치적 이해관계의 희생양이 될 위험이 있다. 비록 종국에는 모두가 손해를 보더라도 비난의 화살을 나라 밖으로 돌릴 때 애국(愛國)이라는 명분은 취할 수 있기 때문이다.

그러나 애국이 공동선(共同善)을 가져다주지 않는 한 계속 지지를 받을 수는 없다. 트럼프 정부가 자국 철강산업을 위해 관세를 부과했을 때 환호했던 미국의 철강회사 JSW 스틸은 1년 뒤 트럼프 정부를 상대로 소송을 제기했다. 이 회사는 시설 확장을 위한 설비투자를 대부분 수입 철강에 의존할 수밖에 없었기 때문이다.

04

위험한 삶의 시대

욕망이 모든 것을 흐리게 한다.
마치 연기가 불을, 먼지가 거울을 흐리게 하듯.
_위험한 삶의 해

❖

2018년 3월, 수입 철강과 알루미늄에 대한 관세 폭탄에서 시작된 트럼프 대통령의 미국우선주의 정책은 6월 중국에 대해 최대 연 600억 달러에 이르는 10개 부문 수입품에 대한 25% 관세 제재로 확대되었다. 국제 여론은 철강 관세 발표 당시와 비교할 때 미묘한 차이를 보였다.

우선 여전히 철강 관세와 마찬가지로 관세 부과가 당초의 기대효과를 거두지 못할 가능성에 대한 지적이다. 3750억 달러에 이르는 대중국 무역적자는 저축과 투자의 갭에 영향을 미치는 다양한 요인에 의해 발생한다. 따라서 단순히 무역적자*를 줄이는 것이 우선주의에 걸맞은 정치적 승리일 수는 있으나 결코 경제적 승리를 의미하는 것은 아니라는 반론이다.

매사추세츠공과대학교(MIT)의 데이비드 오터(David Autor)가 공저한 「중국무역충격」(The China Trade Shock)은 중국으로부터의 수입이 미친 영향을 수입품목별, 미국 내 722개 지역별로 분석한 연구 시리즈이다. 오터는 미 전역으로 확대된 러스트 벨트가 보여주듯이 중국과의 교역이 고용과 임금에 부정적인 파급효과가 발생하고 있음에도 불구하고 여전히 비교우위이론을 지지하고 있다. 즉, 대중국 교역의 순효과는 긍정적이며 따라서 대중적자는 우려할 문제가 아니라는 것이다. 따라서 경제적 형평성의 관점에서는 관세 제재 대신 중국이 관세를 내리고 외국 기업의 합작투자에 대한 규제를 철폐하는 것이 올바른 대안이다.

다음은 대중 무역수지 불균형 축소에 대한 회의론이다. 아이폰은 부품을 중국에서 조립해 수입한다. 만약 애플이 베트남으로 수입선을 바꾼다면 비록 대중 무역수지는 개선이 되겠지만 대외 무역수지는 변함이 없다. 더욱이 중국은 연 1300억 달러의 대미 수입품에 대한 보복이 가능하다. 중국이 보잉 대신 에어버스를 수입한다면 결과적으로 양국 모두 손해를 보는 셈이다.

한편, 철강 관세와 달리 트럼프 대통령이 중국을 제대로 집었다는 공감대가 있다. 그동안 미 언론은 미국 기업의 지적재산권을 침해하고 외국 기업에 대한 차별적 규제를 가하는 등 중국의 중상주의적 행태를 비난해왔다. 중국을 경제적 침략을 추구하는 전략적 경쟁자로 규정한 트럼프 대통령이 "중국이 수천억 달러의 지적재산을 훔쳐간다."고 비난한 데서도 엿볼 수 있다.

〈월스트리트저널〉의 칼럼리스트 그렉 입(Greg Ip)은 「트럼프가 아니다. 중국이 무역전쟁을 시작했다」라는 제목의 기고문을 게재했다. 그는 IT제품은 속성상 오직 하나의 승자만이 존재하며, 현 WTO체제는 중국의 불공정 관행을 제어할 수 없고, 미국만이 피해를 보는 나라가 아니며, '중국은 일본이 아니다'라는 요지로 대중 관세 제재를 선언한 트럼프 대통령의 의도를 지지했다.

유럽도 비슷한 입장이다. 〈파이낸셜타임즈〉는 사설을 통해 중국이 지적재산권을 침해하고 있음은 의문의 여지가 없으며 중국의 중상주의정책은 자유무역기조와 양립할 수 없다고 지적하였다. 다만 미국의 관세 제재는 이 문제의 본질에서 벗어난 것이며 대신 미국은 EU와 일본과 협력해 대처해야 한다고 주장했다.

지적재산권에 관한 중국의 불공정 관행에 대한 논란은 어제 오늘의 일은 아니지만 이토록 갈등이 한꺼번에 불거진 것은 처음이다. 이 갈등은 중국 정부가 주도하는 '중국제조(中國製造)2025'*에서 비롯한다.

독일의 산업4.0을 롤모델로 해 2015년 발표한 중국제조2025는 중국이 반도체, 인공지능*, 전기자동차, 생명공학과 같은 핵심 기술을 선진국의 의존에서 벗어나기 위한 로드맵이다. 이 계획에 따르면 핵심 부품 및 재료의 국내 생산은 2020년까지 40%, 2025년까지 70% 수준으로 높아진다.

산업4.0의 핵심은 지능형 생산, 즉 생산에 IT기술을 접목하는 것이다. 사물인터넷을 활용하여 중소기업을 글로벌 생산 및 혁신 네트워크에 보다 효율적으로 연결함으로써 대량 및 맞춤형 생산을 이루는 데 목적이 있다.

한편, 중국 공학원 인력이 3년 가까이 투입되고 정보통신산업부가 주도한 중국제조2025는 독일의 산업4.0보다 훨씬 더 광범위하다. 중국 기업의 효율성이 낮고 질적 수준도 천차만별하기 때문에 중진국 함정에서 벗어나기 위해서는 단기간에 많은 문제를 해결해야 하는 과제를 안고 있다.

중국제조2025에 중앙정부 예산이 15억 달러 이상, 지방정부도 16억 달러 이상 투입될 것으로 알려진다. 금융과 재정 수단 외에도 정부는 제조업 혁신센터(2020년 15개, 2025년 40개)를 설립하는데, 이미 5개의 국가 제조업 혁신센터와 48개의 지방 제조업 혁신센터를 조성했다.

중국제조2025는 관세 부과 대상으로 트럼프 정부의 표적이 된 10개 우선순위 분야를 제시하고 있다. 첨단정보기술, 자동화 공작기계 및 로봇, 항공우주 및 항공장비, 해양장비 및 첨단기술선적, 첨단철도운송장비, 신 에너지차량 및 장비, 전원(電源)장비, 농업장비, 신소재, 생물학제약 및 첨단의료제품 등이다.

〈파이낸셜타임즈〉는 중국의 불공정 사례를 담은 백악관의 보고서에 열거된 중국 기업을 소개했다. 로봇산업의 핵심으로 알려진 가전제품을 생산하는 미데아 그룹(Midea Group), 스위스 농화학 및 바이오텍 분야 글로벌 기업인 Syngenta AG를 440억 달러에 인수한 국영기업 켐차이나(ChemChina), 세계 최대의 철도차량 제조회사인 CRRC, 국영항공기제조회사 코맥(Comac)과 에이빅(Avic), 칭화대학의 칭화 유니그룹(Tsinghua Unigroup), 세계에서 가장 큰 유전자 회사 BGI 등이 그것이다.

비록 그 내용은 전혀 다르나 나라 경제가 기로에 섰을 때 비전과 목표를 제시했다는 점에서 중국제조2025는 일본의 「마에카와 보고서」를 연상하게 한다. 마에카와 하루오(前川春雄) 전 일본중앙은행 총재가 주도한 보고서는 1986년 4월 당시 나카소네 수상의 사적 자문기구가 일본 경제의 국제화 방안을 골자로 발표한 것이다.

「마에카와 보고서」는 일본 경제가 수출에서 내수 중심으로 전환할 것을 제안했다. 1985년 플라자협정으로 엔화 가치가 상승하여 수출을 통한 경제성장은 더 이상 가능하지 않았고 더욱이 미국과의 갈등을 야기했던 대미 흑자를 줄이는 것은 중요한 과제였기 때문이다. 이를 위해 시장 개방, 규제 완화, 주택과 토지 공급 확대, 사회간접자본 확충, 농업생산성 개선, 노동시간 단축, 정부 간 원조 확대 등을 제시했다.

실제로 일본은 대외균형과 성장이라는 두 목표를 달성하기 위해 수요와 공급 모두에서 접근했다. 당초 저축을 억제하고 가계소득 증진을 통해 대미 흑자를 줄이고자 했으나 그보다는 아시아 국가의 대외수지 개선에 기여했다는 평가를 받았다. 또한 가계소득의 증가는 노동비용을 높여 국제경쟁력을 약화하는 요인으로 작용해 많은 일본 기업들이 해외로 진출하였다. 농산물시장의 자유화는 단지 대미 흑자를 한계적으로 줄였을 뿐 흑자 관리를 위해 국내로 유입된 경상흑자를 해외로 내보내면서 대규모 자본수출이 일어났다. 1988년에 개봉된 영화 〈다이하드〉에서 보듯이 당시 일본은 오늘의 중국처럼 전 세계를 사들이는 자본수출국이었다. 1985~88년 사이에 해외 직접투자는 550%가 증가했다.

「마에카와 보고서」가 그렸던 일본은 실현되지 못했다. 금융자유화, 엔화 국제화의 결실을 보았을 뿐이다. 엔화 가치 상승으로 대미 흑자를 줄이려 했으나 1987년 달러화 가치 하락을 억제하기 위한 루브르 합의(Louvre Accord)로 막대한 유동성이 일본 국내로 유입되었고 버블 시대를 맞았다. 그리고 3년 뒤 일본 경제는 장기침체에 빠졌다.

❈

'중국은 일본이 아니다'라는 그렉 입(Greg Ip)의 주장은 중국제조2025와 「마에카와 보고서」의 내용에서 잘 드러난다. 장기침체에 빠졌던 일본은 결국 중국에 G2를 넘겨주었다. 과연 중국은 미국을 제치고 G1의 지위에 오를 수 있을까. 여기에는 긍정적 시각과 부정적 시각이 공존한다. 후에 인도중앙은행 총재를 지냈던 시카고대학의 라구람 라잔(Raghuram Rajan)은 저서 『단층선들』(Fault Lines, 2010)에서 중국이 글로벌 경제의 위상에 걸맞은 위상을 가지기 위해서는 독일, 일본처럼 수출 의존적 경제에서 벗어나 균형성장으로 가야 한다고 강조했다. 실제로 중국의 GDP 대비 수출은 2006년 37% 피크에서 하락, 2016년에는 20%가 안 된다. 중국이 미국의 무역 제재에도 불구하고 큰 영향을 받지 않을 것이라는 전망은 이처럼 낮아진 수출 비중에 있다.

한편, 『왜 국가는 실패하는가』(Why Nations Fail, 2012)의 저자 아세모글루(Daron Acemoglu)와 로빈슨(James Robinson)은 성장 모델로서 중국의 권위주의적 성장을 폄하했다. 권위주의적 성장 모델은 비록 빈곤으로부터의 탈출에는 성공할 수 있으나 궁극적으로 엘리트 계층의 이해관계가 대중 집단과 충돌하기 때문에 번영으로 이끌 수 없다는 것이 이들의 주장이다.

중국의 미래가 어느 쪽으로 가든 앞으로 양국 사이의 갈등은 피하기 쉽지 않을 전망이다. 두 나라 사이에 벌어질 게임을 예단하는 것은 쉽지 않다. 다만 적자국 미국은 흑자국 중국에 들이댈 더 많은 무기가 있기 마련이며 따라서 중국에게는 힘겨운 싸움일 것으로 보인다. 관세 제제와 별도로 미국은 중국 기업이 미국의 기술을 취득하는 것을 막기 위해 외국인투자위원회(The Committee on Foreign Investment in the United States, CFIUS) 기능을 강화하고 국가비상사태 시 대통령에게 권한을 부여하는 국제비상경제권한법(The International Emergency Economic Powers Act, IEEPA)도 선택지로 고려하는 것으로 알려진다. 한 글로벌 은행 이코노미스트는 중국의 미국과의 무역전쟁 비용을 GDP 대비 1.3%~3.2%, 미국은 0.2%~0.9%로 추정하기도 했다.

그러나 미국은 중국뿐 아니라 일본, 독일을 비롯한 EU, 한국, 캐나다 등 주요 동맹국에 대해서도 상당한 적자를 보기 때문에 전략적 경쟁자인 중국을 쉽게 제압하기는 어렵다. 일본은 포괄적·점진적환태평양경제동반자협정(CPTPP)를 주도하고 있고, 독일의 메르켈은 중국의 시진핑과 철강 관세에 공동 대처를 합의한 바 있다. 더욱이 애플, GM, 캐터필러 등 다수 미국 기업이 중국에서 활동하고 있기 때문에 부담이 아닐 수 없다.

글로벌 경제에서 힘겨루기가 어떤 모습을 보이든 이제 두 거대국가 사이의 갈등은 수출 의존적 경제구조를 가진 소규모 개방국이며 점차 지정학적 위험이 높아지는 한국 경제로서는 큰 도전이 아닐 수 없다. 알레시나(Alesina)가 공저한 『국가의 크기』(*The Size of Nations*, 2003)에서는 거대국가를 홉스의 리바이어던*에 비유했다.

규범을 준수하는 국제질서와 자유무역 대신 자신의 것을 지키고 남의 것을 빼앗는 만국(萬國)의 만국에 대한 투쟁이 일어날 때 소국은 자칫 경전하사(鯨戰蝦死)의 우려가 있다. 이때 소국은 거대국가에 자신의 생존을 의지하는 대신 그 대가를 지불해야 하는 반대급부가 일어나며, 이는 거대국가의 지대추구행위(地代追求行爲)로 이어진다. 거대국가를 리바이어던에 비유한 이유다.

위험한 삶의 시대가 도래한 것이다.

05

균열하는 글로벌 경제

미국은 이미 오래전에 패배했다.
미국을 대표했던 어리석고 무능력한 사람들 때문에.
_트럼프

❦

"우리는 이미 중국과의 무역전쟁 중이다. 문제는 우리가 싸우지 않고 있다는 것이다. 트럼프 대통령은 관세를 통해 휴전협상을 원하고 있다." 미중 통상 분쟁에 대한 트럼프 정부의 인식을 제대로 보여주는 백악관 무역보좌관 나바로(Peter Navarro)의 발언이다.

2018년 7월 초 미국 정부가 당초 공언한 대로 대중(對中) 상품수지적자 15%에 해당하는 500억 달러 가운데 340억 달러의 수입품목에 25% 관세를 부과하자 중국 정부도 다음 날 미국의 농산물, 에너지, 자동차 등 수입품에 관세 보복으로 대응했다. 4월 금융, 서비스업, 자동차 업종에 대한 외국인 투자 제한 조치를 완화하겠다는 공약과 6월 미국으로부터 700억 달러의 농산물과 에너지를 수입하겠다는 시진핑 국가

주석의 제의를 트럼프 대통령은 거부한 것이다.

이 수입품목은 항공우주, IT 기술, 로봇, 신소재 등 중국 정부가 추진하는 중국제조(中國製造)2025를 겨냥하고 있다. 미국은 중국에 대해 시장 개방, 수입 증대, 전략산업에 대한 보호 중단, 미국 기술 도용을 방지하는 제도 개선을 요구한 바 있다.

중국이 보복관세로 맞대응하자 트럼프 대통령은 소비재 수입품목 2000억 달러에 대해 10% 관세를 부과하고 또다시 중국이 보복한다면 추가로 관세를 부과할 것이라고 으름장을 놓았다. 이에 중국은 600억 달러에 이르는 대미 수입품에 관세 보복 조치를, 다시 미국은 나머지 160억 달러에 대한 관세를 부과했고 중국도 맞대응했다.

WTO에 제소한 중국에 대해 미국은 9월 당초 공언한 대로 2000억 달러 수입품에 10% 관세를 부과하고 2018년 말까지 25%로 인상하겠다고 발표했다. 중국이 보복한다면 추가로 2000억 달러 대신 2670억 달러에 대해 관세 조치를 하겠다고 공언했다. 중국은 600억 달러 대미 수입품에 10% 관세로 대응했다. 12월 추가 조치를 철회하고 두 나라는 협상에 돌입했다.

이로써 미국은 5390억 달러에 이르는 대중 수입품목 가운데 2500억 달러에 대해 관세를 부과했고 중국은 1200억 달러가 넘는 대미 수입품 가운데 1100억 달러에 관세를 부과함으로써 2018년을 마감했다. 그리고 2019월 5월 연말에 철회했던 관세율을 당초 공언한 대로 25%로 올렸다. 다시 8월 상하이 회담이 결렬되자 미 무역대표부는 연말까지 3000억 달러의 대중 수입품에 10% 추가 관세를 부과하겠다고 발표했다.

이에 맞서 중국은 750억 달러의 대미 수입품에 대한 보복관세와 함께 농산물 수입을 중단하는 조치를 했으며 언론은 신냉전시대가 시작되었다고 논평했다. 다시 8월 위안환율이 포치(破七)*, 즉 달러당 7위안을 넘어서자 미 재무부는 중국을 환율 조작국으로 선언했다. 이듬해 1월 휴전에 들어가면서 다시 해제했다.

무역분쟁은 미국과 중국 사이에서 벌어지는 것만은 아니다. 수입 철강과 알루미늄에 관세를 부과한 미국에 대해 EU는 수입품목 32억 달러에 25% 보복관세를 부과한 데 이어 미국이 유럽산 자동차에 수입관세를 부과할 경우 390억 달러의 미국산 수입품에 관세로 맞대응할 것임을 경고했다. 나프타(NAFTA)* 회원국인 캐나다와 멕시코도 각각 166억 달러와 30억 달러의 보복관세를 부과했다. 일 년 뒤 세 나라는 뉴나프타 체결 전인 2019년 5월에야 상호 관세 조치를 취하했다. 한편, 2019년 6월 미국이 터키에 이어 인도에 개도국 일반특혜관세(Generalized System of Preferences)를 중단하자 인도는 2억 달러가 넘는 대미 수입품에 관세로 맞대응했다.

❀

확산일로에 들어선 무역전쟁에 대해 전문가들은 트럼프 대통령을 성토하고 나섰다. 2019년 초 〈파이낸셜타임즈〉는 미중 무역전쟁은 사실 중국에게는 전략적 선물이니 다름없다는 기고문을 실었다. 미국이 요구하는 지적재산권 보호는 선진화 과정에서 어차피 수용해야 할 과제였다. 무엇보다도 중국으로서는 가장 경계해야 할 미국의 이념과 도덕적 가치관이 트럼프 대통령에게는 아무런 의미가 없기 때문이다. 실제 내용에 상관없이 외견상 승리를 얻으면 만족할 거래자에 불과하기 때문에 대통령의 자존심을 만족시켜줄 우아한 출구를 만들어주면 그뿐이라고 기고가인 런던정경대학(LSE)의 중국인 교수는 냉소했다(Jin, 2019).

〈뉴욕타임즈〉 기고가 크루그먼(Krugman)은 트럼프 대통령이 다른 나라들의 불공정거래 관행에 대해 비난하고 있으나 정작 무엇을 원하는지 확실치 않으며 결국 교역국들로서는 보복이 유일한 선택이라고 혹평했다. 양보를 받아내기 위해서가 아니라 전쟁을 위한 전쟁을 하는 셈이라는 것이다. 그는 WTO와 NATO와 같이 트럼프가 부수려는 것들은 모두 2차 대전 후 미국의 리더십으로 만들어진 것이라고 개탄했다.

크루그먼은 "무역전쟁은 좋은 것이며 쉽게 이길 수 있다."고 트윗한 트럼프 대통령을 대공황이 시작되었음에도 "번영이 코앞이다."라고 입버릇처럼 말했던 당시 후버 대통령에 비유했다. 특히 그는 전략적 부재가 미국이 지는 게임으로 몰고 있다고 주장하였다. 국제무역에서 차지하는 비중이 높은 중간재에 대한 관세 부과는 최종재와 전혀 다른 결과를 가져온다. 수입 철강에 대한 관세는 국내 철강 생산과 고용이 늘어나는 대신 철강을 중간재로 사용하는 자동차 생산비용을 높이고 자동차 수출시장에서 가격경쟁력을 떨어뜨리는 요인으로 작용한다. 단적인 예로서 6월 시행된 미국의 관세 부과 리스트의 95%가 중간재와 자본재인 데 비해 중국의 경우는 35%에 불과했다.

최적관세이론에 따르면 대국(大國)이 수입을 제한할 때 교역 상대국에 대해 유리한 교역 조건을 조성할 수 있다면 교역량 감소로 인한 손실을 상쇄하고도 남는다. 그러나 교역 상대국도 마찬가지로 EU, 중국과 같은 대국이라면 수입을 제한할 때 단지 교역량만 줄어들게 된다. 크루그먼은 비록 교역량 감소에 따른 사중손실(deadweight loss), 즉 사회적 손실은 GDP 대비 2% 정도에 불과하나 경제에 미치는 파급효과는 실로 지대할 것이라고 주장한다. 그는 이 파급효과를 「중국무역충격」 연구프로젝트에서 따온 차이나 효과에 빗대어 트럼프 효과라고 빈정댔다.

피터 나바로는 미중(美中) 가 무역분쟁으로 "중국이 잃어버릴 것이 더 많다."고 말했다. 2017년 미국의 대중 상품 수출은 1300억 달러지만 중국의 대미 상품 수출은 5050억 달러로, 3760억 달러 가까운 무역흑자를 내는 중국으로서는 무역전쟁에서 승리하기 어렵다. 나바로의 발언은 적자국 미국이 마지막 칼자루를 쥘 것이라는 의미다.

그러나 한편, 트럼프 효과를 고려할 때 무역전쟁이 종료되지 않는 한 중국의 패배가 곧 미국의 승리를 보장하는 것은 아니다. 중국이 패배를 인정할 때 비로소 이 전쟁은 그칠 수 있다. 트럼프 대통령이 확전 의지를 천명한 것은 무역전쟁의 종지부를 찍을 수 있다는 확신 때문이며, 미국의 전쟁 수행 능력에 대한 자신감에서 비롯한다.

"양호한 미국 경제가 트럼프 행정부로 하여금 중국에 대한 무역 공세에 강경한 태도를 취하게 하는 용기를 주었다"고 보도한 〈월스트리트 저널〉 기사는 이 자신감이 어디서 나오는지를 보여준다. 2009년 6월 이후 계속되는 경기확장은 경기순환 데이터가 구축된 1854년 이후 최장 기간이다. 실업률은 반세기 만에 가장 낮은 수준이며 인플레이션 갭*은 꾸준히 증가하고 있다. 외식산업이 호황을 누리는 가운데 구인난으로 주문앱, 로봇셰프 등 자동화를 도입하는 것이 미국 경제의 현주소다.

그러나 경기확장이 무한히 계속될 수는 없다. 재정지출의 증가와 감세정책에 따른 재정적자 확대는 궁극적으로 물가상승 압력과 인플레이션 갭을 초래하고 경기순환의 속성상 현재의 확장세는 더 큰 경기위축을 동반한다. 제기되는 불황 가능성이 그것이다. 2019년 5월부터 일부 단기국채 금리에서 일어난 만기수익률곡선의 역전, 즉 장기금리가 단기금리보다 낮아질 가능성은 앞으로 닥칠 불황의 가능성을 경고한 것이다. 결국 무역전쟁이 길어질 때 미국에게도 힘겨운 싸움이 될 수밖에 없다.

한 걸음 더 나아가 IMF는 미 정부의 재정적자 확대가 이미 심각한 지경에 이른 공공부채의 상승 추세를 더욱 확대할 뿐 아니라 글로벌 불균형*을 심화하는 요인으로도 작용할 것이라고 경고하였다. IMF의 진단에 따르면 미국의 대외수지적자는 더 커질 것이며 미국이 이 적자를 수용하지 않는 한 무역전쟁은 더 확대될 수밖에 없다.

중국 경제는 2015년 외환 불안과 2016년 주가 폭락 후 다음 해 안정적 모습을 찾았다. 부채는 현재 당면한 최대 도전이지만 GDP 대비 비금융기업의 부채비율이 상승세를 멈추고 하락하고 있다. 한편, 부채비율은 수출과 부(-)의 관계, 즉 수출 성장이 강하면 줄어들고 약하면 늘어나는 추세를 보인다. 이 추세는 부채관리가 대외 여건에 의존하는 것을 의미하는데 부채와 수출 간 부(-)의 관계는 중국 정부가 성장 목표를 달성하기 위한 정책을 수행하는 과정에서 일어나는 결과물인 것이다. 다시 말해 부채비율이 하락한 것은 2017년 글로벌 경제의 성장 랠리로 수출이 크게 늘어났기 때문이다. 2017년 말부터 긴축신용정책의 시행으로 중국 기업의 부도가 크게 증가했으며 우리나라에도 그 파장이 미쳤다.

2018년 들어와 시작된 미국과의 통상마찰로 대외 여건이 악화되자 경제정책기조는 다시 안정에서 성장으로 바뀌었다. 그에 따라 금융정책도 금융 안정과 기업의 원활한 자금조달에 우선순위를 두고 중국 인민은행은 지준율을 계속 내리고 있다. 지준율 인하는 금융시장 기능이 활성화됨에 따라 그림자금융으로부터 자금조달비용이 증가한 은행의 신용공급 여력을 확대하고자 하는 데 그 배경이 있으나 대신 중국 경제의 위험도 그만큼 더 커지게 된 것이다.

❀

「도널드 트럼프를 곤경에 빠뜨리고 싶나요? 땅콩버터를 보이콧하세요.」 무역전쟁이 본격화되기 시작한 2018년 7월 초 〈파이낸셜타임스〉 기사의 제목이다. 지난 대선에서 땅콩버터를 생산하는 10개 주 가운데 8개 주가 트럼프를 지지했던 사실을 무역전쟁과 연결한 것이다. 이 기사에 따르면 교역 상대국들이 실제 행동에 들어갈 때 11월 중간선거에 공화당 소속 3인의 상원의원이 민주당 출신으로 교체될 수 있으며 이때 민주당이 다수당이 된다. 실제로 EU는 철강과 알루미늄 관세 부과에 대한 보복으로 모터사이클, 버번위스키 그리고 땅콩버터에 관세를 부과했다. 중국의 보복관세 품목인 대두, 옥수수 등 농산물과 자동차도 공화당과 트럼프 지지층이 많은 중서부 곡창지대인 팜 벨트와 러스트 벨트에서 생산된다. 그러나 EU의 의도와 달리 중간선거에서 공화당은 상원 의석을 두 자리 더 가져갔다. 팜 벨트 유권자들은 여전히 트럼프 대통령에 대한 지지를 거두지 않은 것이다.

처음 중국은 미국의 공세에 수동적인 대응을 하였다. 미국을 WTO에 제소한 것은 국제사회에 책임 있는 행동을 보여주기 위한 제스처로도 볼 수 있지만 적극 대응 시 자신의 손실이 더 크다고 인식했기 때문인 것으로 보인다. 대신 사드 사태와 영토 분쟁 시 한국과 일본 기업에 했던 압박과 달리 중국은 당초 약속한 각종 개혁 조치를 미국이 아닌 다른 나라 기업이 혜택을 보게 하는 우회 전략으로 대응하고 있다. 독일의 화학기업 BASF는 미국 기업을 제치고 단독으로 100억 달러의 생산공장을 세우는 것을 허가 받았다.

그러나 2019년에 들어와 중국은 내부 결속을 다지면서 그간의 수동적인 자세를 버렸다. 5월 중국 공산당 공식기관지 〈인민일보〉는 "한순간도 중국은 나라의 존중을 박탈당하지 않을 것이며 핵심이익을 해치는 쓴 과일을 삼킬 것을 누구도 기대해서는 안 된다."는 논평을 실었다.

〈인민일보〉의 이 논평은 2013년 1월 시진핑 주석이 "어떤 국가도 중국이 핵심이익을 교환하거나 주권·안보·발전 이익을 해치는 악과(惡果)를 삼킬 것이라고 간주해서는 안 된다."고 한 연설과 일치한다(김재철, 2014). 국가주권, 안보, 영토에서 경제발전에 이르기까지 핵심이익은 시진핑 집권 시기에 대외정책에서 강조되고 있으며 구체적인 이슈와 문제도 중국의 위상이 높아질수록 다양해지고 있다(이민규, 2017).

여러 번에 걸친 협상이 결렬된 것은 대외정책기조로 천명한 '존중과 핵심이익'을 지키고자 하는 데 있다. 그러므로 중국의 입장에서는 '존중과 핵심이익'을 해치면서 무역전쟁을 끝내기보다는 관리 가능한 수준으로 내부화하는 데 노력을 기울이고자 하는 것이 논리적 귀결이다. 관세 부과에 따른 경제적 피해를 줄이고 절제된 수준에서 맞대응하는 것 등이다.

이제 무역전쟁은 소비자들이 심각할 정도로 확대되었다. 중국이 미국산 자동차에 40% 관세를 부과하자 2018년 중국에 17000대를 수출했던 테슬라는 현지 판매가격을 20% 인상했다. 중국 수입품에 부과된 관세가 미치는 파급효과에 대한 연구조사 결과가 발표되었다. 미국 정부의 관세 수입은 급증하고 있다. 2018.7월~2019.6월 말까지 1년간 관세 수입은 630억 달러에 이르며 점점 증가해 2019년 9월 70억 달러를 넘어섰다. 트럼프 정부 이전에 관세 수입은 300억 달러 정도였다. 늘어난 관세 수입의 상당액은 중국의 보복으로 피해를 본 농가에 지원되고 있다.

그러나 트럼프 대통령의 말처럼 관세는 중국 수출업체가 관세에 해당한 만큼 가격을 인하하지 않는 한 미국의 수입업자가 부담하며, 다시 수입업자는 상당 부분 소비자에게 전가한다. 애플과 같은 다국적기업의 경우 관세의 일차 피해는 기업과 그 기업의 제품을 사용하는 소비자에게 몽땅 돌아갈 수밖에 없다. 기업이 관세를 모두 부담하는 대신 제품

가격을 인상해서 수요가 줄어든다면 중국도 그만큼 고용이 감소하는 이차 피해를 본다. 한편, 미국 수입업자가 관세를 적용 받지 않는 다른 나라로 수입선을 변경한다면 중국 수출기업과 미국 소비자가 피해를 보게 된다.

중국이 보복관세를 부과할 때도 마찬가지다. 중국의 주요 수입품인 농산물의 경우 미국 농가가 수출 가격을 내리지 않는 한 중국 수입업체와 소비자가 부담을 지게 된다. 대두(大豆)를 미국 대신 브라질에서 수입하듯이 중국으로서는 수입선을 바꾸려 할 것이다.

연준 연구진에 따르면 2018년 수입품 2000억 달러에 10% 관세를 부과했을 때 미국 가구당 연 414달러, 2019년 5월 25%로 인상 시 추가로 연 831달러를 부담할 것으로 추정하였다(Amiti et al., 2019). 특히 추가로 부담하는 831달러 가운데 211달러는 관세 납입으로 620달러는 관세 적용을 받지 않는 중국이 아닌 제3국으로부터 수입하기 때문에 부담하는 비용이다. 한편, IMF 연구진에 따르면 중국 수입품 가격은 관세 부과 전후 기간에 따른 차이가 거의 없어 관세 부과의 부담은 대부분 미국 소비자와 수입업체에 전가된 것으로 나타났다(Cerutti et al., 2019). 중국과 미국의 교역량 감소는 제3국에 의해 상당 부분 보전되었다. 미국의 경우 멕시코로부터의 수입이 대폭 증가했고 일본, 한국, 캐나다 등도 증가했다. 그렇다고 이들 나라가 미중 무역전쟁의 덕을 본 것은 아니다.

베트남은 무역전쟁의 덕을 본 나라의 하나다. 2019년 대미수출과 직접투자가 눈에 띄게 증가했는데 우회수출이 늘어났기 때문이다. 비록 베트남의 대미수출 비중은 3%도 되지 않지만 대미 5위 흑자국이다. 트럼프는 2019년 6월 베트남을 중국보다 더하다고 질타하고 수입 철 강에 관세를 부과했다. 베트남은 즉각 대미수입을 늘릴 것을 약속하고 화웨이의 5G 장비 도입금지에 동참했다. 중국이 미국 대신 곡물 수입 선을 바꾼 아르헨티나와 브라질도 덕을 보았다.

2019년 3분기까지 양국의 상품수지 현황은 무역전쟁이 양국 경제 에 어떤 파급효과를 미쳤을지 보여준다. 미국 연방인구조사국(https:// www.census.gov/)에 따르면 2019년 1월부터 9월까지 3분기 동안 미국 이 수출은 1조2420억 달러, 수입은 1조8910억 달러로 전년 동기간 대 비 수출과 수입이 모두 다소 감소했으나 상품수지적자는 오히려 35억 달러 증가했다.

관세 부과에도 불구하고 오히려 적자가 증가한 것은 수입선을 중 국 대신 관세 후 수입품 가격보다는 저렴한 제3국으로 돌렸기 때문이 다. 물론 트럼프 정부가 중국에만 관세를 물린 것은 아니다. 당초 트럼 프 대통령이 미국을 등쳐먹는 나라들을 손보겠다고 공언한 것과 달리 미국의 적자는 전혀 감소하지 않았다.

사실 미국이 적자를 보는 것은 미국을 등쳐먹는 나라들 때문이 아니다. 수출을 초과하는 수입이 오랫동안 가능한 것은 뒤의 "8. 그때 는 맞고 지금은 틀리다. 안전자산을 둘러싼 글로벌 경제의 갈등"에서 실명하겠지만 달러화 중심의 국제통화질서 하에서 미국은 시뇨리지 (Seigniorage), 즉 화폐의 액면가에서 그 제조비용을 뺀 만큼 화폐주조 차익을 창출할 수 있기 때문이다. 미 정부의 관세 수입이 대부분 수입업자와 소비자가 부담한 것을 고려하면 결국 기업, 소비자와 대중 농산물 수출이 묶인 농부들이 무역전쟁의 희생양인 셈이다.

한편, 2019년 1월부터 9월까지 중국의 대미 수출은 3420억 달러, 대미 수입은 788억 달러로 전년 동기(수출 9326억 달러, 수입 3950억 달러)보다 엄청나게 감소했으며 대미 흑자도 2632억 달러로 반 이상 줄었다. 그럼에도 불구하고 중국의 전체 교역 규모는 큰 변화가 없다. 상품 수출은 1조7952억 달러, 수입은 1조4319억 달러로 전년 대비 수출은 작기는 하지만 오히려 늘어났다. 대신 수입은 감소해 상품수지흑자는 1000억 달러 이상 증가했다.

사실 중국이 무역전쟁에서 심각한 타격을 받는 분야는 가치사슬이다. 2019년 4월에 발표한 다국적 법률기업 베이커멕켄지(Baker McKenzie)의 설문조사에 따르면 설문에 응한 중국 기업의 93%가, 아태지역의 600개 다국적기업의 82%가 관세 피해를 최소화하기 위해 해외로 일정 수준 이상 공급망을 이전할 예정이다. 실제로 상당수 중국 기업들이 베트남이나 대만을 경유해 미국으로 우회 수출을 하는 것으로 알려지고 있다.

가치사슬의 재편은 결국 중국 노동자들에게 가장 큰 피해가 돌아가게 할 것이다. 더 심각한 문제는 테크 공급사슬이다. 2019년 5월 미정부는 안보상의 이유로 세계 1위 통신장비업체인 화웨이(Huawei)와 관계 회사들에 대해 미국 기업으로부터 수입을 금지했다. 그뿐 아니라 다른 나라 기업들에 대해서 화웨이를 5G 네트워크에서 보이콧할 것을 요구했다. 이 조치는 화웨이가 글로벌 공급사슬에서 배제될 가능성을 시사한다. 우선 다른 나라 기업들이 미 정부로부터 이차 제제를 받을 수 있으며 비록 화웨이에 대한 제재가 풀린다 하더라도 미중 무역전쟁이 완전히 끝나지 않는 한 언제든 재개될 수 있기 때문이다.

"미국은 중국에 KO승을 거둘 수는 없습니다. 아마도 판정승을 하겠죠. 점수로 치자면 120 대 118? 그런데 중국은 얼마든지 맞을 각오가 돼 있습니다. 미국은 어떻죠? 과연 이 싸움에 승자가 있나요?" 2019년이 저물어가는 무렵 상하이에서 개최된 한 국제회의에서 중국 측 기조연설자는 앞서 기조연설을 마친 피초청자 대표를 향해 미소 지으면서 말했다. 평생을 국제기구의 금융업계에서 일한 노련한 이 미국인은 입을 굳게 다물고 정면을 바라보고 있었다. 저녁식사 때 옆자리에 앉았던 중국인 학자는 근심 어린 표정으로 중국에 이해관계가 많은 트럼프가 재선하는 것이 나을지 모르겠다고 말했다. 민주당 후보가 당선될 경우 인권을 거론할 수 있기 때문이라는 이유에서다.

모든 중국인이 트럼프 대통령에 적대적인 것은 아니다. 〈사우스차이나 모닝리포트(South China Morning Post, SCMP)〉는 트럼프가 중국에 필요한 개혁의 촉매제와 같은 역할을 하고 있다는, 다소 냉소적이지만 긍정적인 반응을 보도했다(Cai and Zheng, 2019). 소셜미디어와 일부 학술포럼에서 트럼프 대통령은 Chuan Jinguo(川 建國)―직역하면 국가를 세우는 트럼프(Trump Building the Nation)―라고 불린다. 이 역설적인 칭찬은 무역전쟁을 일으킨 트럼프 때문에 중국 정부가 어쩔 수 없이 개혁을 할 수밖에 없게 되었다는 의미다.

한편 기술경쟁, 남중국해, 신장 지구 인권, 홍콩 사태 등 두 나라

간 전략적 경쟁이 고조되면서 네티즌은 Chuan Jinguo는 미국에 손해를 주고 중국에 도움이 되는 트럼프 정책을 조롱하는 의미로 사용하고 있다. 〈SCMP〉는 중국이 무역전쟁을 개혁과 개방을 위한 기회로 삼고 당면한 문제를 잘 해결할 수 있는 노력을 집중한다면, Chuan Jianguo 동지에게 정말 감사해야 한다는 트위터의 중국 버전인 웨이보에 올린 글을 소개했다. 그리고 중국인에게는 고맙게도 한국이 중국의 일부였다는 트럼프의 발언과 미국의 파리기후협약 탈퇴는 중국이 세계에 더 많은 영향력을 행사하는 데 도움을 주었다는 쿠오라(Quora)와 유사한 중국의 문답하는 웹사이트 즈후(知乎, Zhihu)에 올린 글도 소개했다.

21개월 동안 계속되었던 미중 무역전쟁은 마침내 휴전에 들어갔다. 미국은 당초 협상 결렬 시 부과하겠다고 했던 1560억 달러에 대한 과세를 철회하고 9월 1200억 달러에 이르는 수입품에 부과했던 15% 관세율을 7.5%로 낮추었다. 2018년 2500억 달러에 부과한 25% 관세율은 다음번 협상으로 넘겼다. 중국도 기존 관세는 그대로 유지하되 12월 중순 예정되었던 추가관세를 잠정적으로 철회했다. 중국은 미국 농산물을 향후 2년에 걸쳐 400억 달러 정도 수입할 것으로 알려진다. 2017년 중국은 240억 달러에 이르는 미국 농산물을 수입했다.

중국은 당초 2018년에도 유사한 내용을 제안했듯이 미국으로부터 2000억 달러를 더 구매할 것을 약속했다. 중국이 추가로 양보한 것이 있다면 협정을 이행하지 않을 때 벌금을 내겠다는 약속을 했으나 과연 현실적으로 구속력이 있는지 회의적이라는 평가다.

이 휴전으로 시장은 환호했다. 무역갈등으로 인한 불확실성이 사라진 것이다. 미국 경제는 그만큼 불황의 가능성이 줄어들었다. 지금까지 무역전쟁의 승리자는 뉴 나프타를 덤으로 업고 재선에 한 걸음 더 다가선 트럼프 대통령이다. 패배자는 수출이 막혀 수입이 줄고 빚에 몰려 파산한 농가다. 전미농업연합(American Farm Bureau Federation)에 따르면 파산을 신청한 농가가 전년보다 24% 증가했다. 더 비극적인 것은 늘어나는 자살이다. 〈워싱턴포스트〉는 빚에 몰려 악전고투하다 가장이 목숨을 끊은 다코다의 한 농가에 관한 장문의 기사를 실었다(Gowen, 2019).

전 세계은행총재 졸릭(Robert Zoellick)은 미국이 자해를 멈추는 것으로 눈높이를 낮춘다면 긍정적이라고 볼 수 있지만 무역을 확대하고 시장을 개방하고 더 높은 수준의 국제 기준을 마련하는 것으로 눈높이를 높인다면 시간만 낭비했을 뿐이라고 혹평했다.

06

트럼프의 미국우선주의는
어떻게 태어났나

역사상 처음으로 평균적인 미국인은
부모 세대보다 덜 교육을 받고 덜 부유하게 되었다.
_인사이드 잡

❋❋❋

소비, 가난, 복지에 대한 기여로 2015년 노벨상을 수상한 앵거스 디튼
(Angus Deaton)과 프린스턴대학교 동료이자 아내인 앤 케이스(Anne
Case)는 같은 해 「21세기 높아지는 미국 비(非)히스패닉계 백인 중년
의 질병률과 사망률」이라는 제목의 충격적인 연구보고서를 발표했다
(Case and Deaton, 2015). 이들은 1999~2013년 기간 동안 45~54세의
중년 사망률을 추정한 결과 미국 내 다른 인종이나 다른 선진국의 패
턴과 정반대로 비히스패닉계 백인 중년의 사망률이 높아지는 추세를
발견했다. 당초 주요 선진국 국민보다 낮았던 미국 백인의 사망률 추세
는 1990년대 후반부터 역전되었고 2010년대에 들어와서는 가장 높은
수치를 보이고 있는 것이다.

두 저자는 높아진 백인 중년 사망률에는 마약 및 알코올과 같은 약물남용, 자살, 간질환에 그 배경이 있으며 중등교육 이하를 받은 남녀가 주도했다고 보고했다. 전체 백인의 경우 2013년 인구 10만 명당 415.4명이 사망했는데 이는 1999년보다 33.9명이 늘어난 것이다. 그 가운데서도 중등교육 이하 백인의 사망률은 134.4명이 증가, 735.8명으로 수직 상승했다. 2013년 중등교육 이하의 백인 중년 사망률은 히스패닉뿐 아니라 흑인보다도 월등히 높다. 그 결과 고등교육의 경험이 있는 백인 사망률이 감소했음에도 불구하고 전체 백인의 사망률은 상승했다.

이들은 자료를 2015년까지 업데이트한 후속 연구를 통해 기존의 주요 연구결과를 다시 확인했다(Case and Deaton, 2017). 마약의 과다 복용, 자살, 알코올과 연관된 간질환이 백인의 사망률을 높이고 있으나 백인은 교육 수준에 따라 사망률에 뚜렷한 차이를 보인다. 교육 수준과 관계없이 사망률이 떨어지는 추세를 보이는 흑인과 히스패닉과 전혀 다른 패턴이 일어나고 있는 것이다.

이들은 21세기에 들어와 증가하는 저학력 백인 중년의 사망률은 2008년 글로벌 금융위기와 대침체에 따른 저성장과 소득의 정체로는 설명될 수는 없다고 단언했다. 대신, 학교를 마친 후 제대로 된 직장을 얻을 기회가 지속적으로 악화되어 이후 취업, 결혼, 자녀 출산, 건강 등에 불리한 여건이 세대에 걸쳐 누적된 결과임을 데이터를 통해 제시하고 있다. 따라서 소득재분배 정책이나 노년복지 정책이 이들의 사망률과 질병률을 낮출 수는 없으며 그보다는 당장 의료용 마약의 과다 처방을 억제할 것을 제안했다.

실제로 미 국립약남용연구소(NIDA)는 2015년 약물 중독으로 3만3천 명 이상이 사망하고 2백만 명이 약물남용으로 고통받고 있는 것으로 추정되며 합법화된 마약이 불법 마약보다 더 치명적일 수 있음을 경고하였다. 미 보건복지부 산하 약물남용정신건강 서비스국(SAMHSA)에 따르면 이미 2008년 의료용 마약 처방을 남용한 사례가 10년 전보다 400% 증가했다. 〈이코노미스트〉지(誌)에 따르면 약물 중독에 따른 사망자가 교통사고나 총기 사고의 희생자 수보다 많았다(The Death Curve, 2019). 2000년 장기(臟器) 기증 100건 가운데 1건이 약물 중독 사망자로부터 받은 것이었으나 2017년에는 8건으로 증가했다.

2019년 8월 미 오클라호마주 주법원은 다국적기업 존슨앤존슨(Johnson&Johnson)이 소비자들에게 기만적으로 진통제를 마케팅해 약물 위기를 일으킨 데 일조한 것에 대해 5억7200만 달러를 배상할 것을 판결했다. 현재 미국 전역에 걸쳐 유사 소송이 진행 중이다. 〈월스트리트저널〉에 따르면 1999년부터 최소 40만 명이 약물 과다복용으로 사망했으며 2,500개 이상 지방자치단체가 진통제를 과다 선전하고 지역사회에 퍼뜨린 혐의로 최소 6개 이상의 제약회사를 제소했다(Ramy, 2019).

경제학자들은 약물남용이 21세기에 들어와 미국의 경제활동 참가율을 하락시키는 중요한 요인의 하나로 지목하고 있으며 미 대통령 경제자문위원회는 2015년 약물 중독의 경제적 비용을 GDP 대비 2.8%로 추정한 바 있다.

미 인구조사국에 따르면 2015년 25세 이상 비히스패닉계 백인 가운데 중등교육 이하의 교육을 받은 비율은 29.5%다. 25세 이상 전체 인구 가운데 비히스패닉계 백인의 비율이 66.3%임을 고려하면 25세 이상 전체 인구의 19.6%가 중등교육 이하를 받은 비히스패닉계 백인이다. 이들의 연구결과는 21세기에 들어와 미국 사회의 한 축이 무너지고 있다는 메시지와 다름없다.

❈❈❈

어떻게 이토록 짧은 기간에 비극적인 일이 일어나게 되었을까. 그 단편을 미 대선 레이스가 한창이던 2016년 8월 12일자 노스캐롤라이나주 히코리시(市)에 관한 〈월스트리트저널〉 기사에서 엿볼 수 있다(Davis and Hilsenrath, 2016).

"1990년대 후반, 가구 제조의 허브였던 이 도시는 세계화의 폭력에서 벗어난 것처럼 보였다. 테네시, 웨스트버지니아주 등지에서 해고된 철강 노동자들은 미국 가정에 침대, 테이블, 의자를 공급하는 새 일자리를 찾아 모여들었다. 실업률은 2% 아래로 떨어졌다. 그러나 요즘 히코리는 일련의 경제적 충격으로 어려움을 겪고 있으며 그 무엇보다도 중국으로부터 가장 큰 고통을 받고 있다. 수입 가구의 침공은 공장 문을 닫고 수천 개의 일자리를 앗아갔으며 2010년 실업률은 15%를 넘어섰다…."

이 기사는 엄청난 노동력, 낮은 임금, 정부 지원, 저평가된 화폐가치를 등에 업은 중국의 수입 공세로 인하여 짧은 시간에 걸쳐 광범위한 산업 분야에서 생산성이 낮은 미국 노동자들이 얼마나 큰 피해를 입었는지를 상세히 다루고 있다. 나프타 출범 후 미국 GDP 대비 멕시코의 대미 수출액 비율이 두 배로 증가하는 데 12년이 소요되었다. 그러나 2001년 WTO 가입 후 중국은 불과 4년이 소요되었다.

미국과 유럽의 7개 연구 재단의 지원을 받아 미국과 유럽 소재 연구자들을 중심으로 진행되는 「중국무역충격」(The China Trade Shock, http://chinashock.info/) 프로젝트는 중국으로부터의 수입이 미국 노동시장에 미친 파급효과를 분석하고 있다. 근래에 들어와 신흥국도 예외는 아니지만 지난 수십 년에 걸쳐 미국을 비롯한 글로벌 경제의 중심국에서는 소득 불평등과 고용 양극화가 심화되었는데 그 요인으로서 기술 발전과 무역의 확대를 들고 있다. 특히 이 두 요인이 중첩적으로 노동시장에 그 파급효과가 미치고 있다는 주장도 설득력을 가진다.

그러나 「중국무역충격」 프로젝트는 무역과 기술 진보의 파급효과에는 명백한 차이가 있음을 보여준다. 기술의 영향은 미국 전 지역에 걸쳐 나타나지만 중국의 수입품과 경쟁하는 노동집약적 제조업은 특정 지역에 집중된다. 이를 고려해 연구자들은 광범위한 지역 데이터를 구축해 기술과 무역이 노동시장에 어떻게 다른 영향을 미치는지를 보여준다.

우선 1980~2007년 사이에 중국 수입품과 경쟁이 치열했던 지역에서는 제조업에 종사하는 저학력 노동자층에서 심각한 고용 감소가 일어났다. 한편, 업무활동의 전산화와 같은 기술 발전은 비록 고용의 양극화가 일어나는 요인으로 작용했지만 고용 감소를 초래하지는 않았다. 2000년대에 들어와 중국으로부터 수입이 급증함에 따라 경합 지역의 고용 사정은 더욱 악화되었다. 한편, 기술 진보는 정보 처리 업무의 전산화로 제조업에서 비제조업 부문으로 그 파급효과가 전 산업으로 확대되었다.

중국의 출현은 노동시장이 무역충격에 어떻게 적응하는지에 대한 기존의 인식을 바꾸어놓았다. 무역의 확대는 소비자 혜택과 더불어 경쟁력을 잃은 산업에서 불가피하게 일어나는 구조적 실업 등 부작용을 동반하지만 학계는 이 부작용을 대수롭지 않게 보았다. 시간이 지나면 해결될 문제로 인식했기 때문이다.

그러나 차이나 쇼크는 경쟁력을 잃어버린 산업이 집중된 지역에 장기적인 파급효과를 미쳤다. 고용, 실질임금, 경제활동참가율*은 계속 하락했고 실업은 늘어났다. 이 지역의 노동자는 잦은 이직과 항구적인 소득의 감소를 경험했다. 그뿐 아니라 국민경제 차원에서도 수입 경쟁에 밀린 산업에서 줄어든 고용이 다른 산업에서 늘어난 고용으로 상쇄되지 못했다.

연구자들은 차이나 쇼크가 미국 제조업 나아가 미국 경제 전체의 고용에 부정적인 영향을 미친 것으로 진단했다. 1999~2011년 동안 중국으로부터 급증한 수입에 따른 직간접적인 피해를 본 지역의 고용은 240만개가 사라졌다. 그러나 같은 기간 동안 이 지역에서 중국 수입과 관련이 없는 산업의 고용은 이를 상쇄할 정도로 늘어나지 않았다.

더욱이 차이나 쇼크는 실업률의 증가, 경제활동인구의 감소, 관련 제조업의 임금 삭감도 초래했다. 1980년대 일본산 자동차에 밀려 중서부와 오대호 연안에서 시작된 러스트 벨트는 21세기에 들어와 미 전역으로 확대되었고 저학력 백인을 중심으로 일자리가 크게 감소하는 탈(脫)공업화가 진행되었다. 차이나 쇼크로 피해를 본 지역에서 실업, 장애, 퇴직 및 의료에 대한 공공부문의 지출이 급격히 증가했다. 특히 소득의 감소는 노동시장에 처음 진입할 당시 임금이 낮을수록, 첫 직장에서 일한 기간이 짧을수록, 경제활동인구에 편입된 기간이 짧을수록 더 크게 일어났다. 저임금 노동자들은 대부분 제조업 부문에서 벗어나지 못했으며 무역충격에 반복적으로 시달렸다.

차이나 쇼크는 유권자들의 정치 성향에도 지대한 영향을 미쳤다. 앞의 〈월스트리트저널〉의 기사는 이렇게 이어진다.

"…공화당 대통령 예비선거에서 트럼프는 가장 큰 영향을 받은 100개 카운티 중 89곳의 지지를 받았다. …샌더스는 북부 및 중서부 주에서 가장 많이 노출된 100개 카운티 중 64개 시에서 승리했다. 이 패턴은 클린턴 지지층인 흑인 유권자들이 다수 거주하는 남부에서 일어나지 않았다.…"

연구자들은 지역 투표 결과와 무역 데이터를 이용해 만약 중국으로부터의 수입이 실제보다 50%가 낮은 시나리오를 가정했을 때 미시간주, 위스콘신주, 펜실베이니아주, 노스캐롤라이나주에서 민주당 대선후보가 선출되었을 것이며 전체 선거인단에서도 과반수를 얻었을 것으로 예측했다. 이 연구결과에 따르면 차이나 쇼크는 지난 대선에 결정적인 영향을 미쳤다.

21세기에 들어와 일어난 미국 사회의 격변은 두 함의를 준다. 하나는 사회가 제대로 수용할 수 없을 정도로 급격하게 진행되는 경제적 충격이 단순히 빈부격차와 같은 경제문제만이 아닌 심각한 사회문제까지 초래한 것이다. 중국의 출현은 노동시장이 무역충격에 어떻게 적응하는지에 대한 기존의 인식을 바꾸어놓았다. 무역의 확대는 양면성을 가진다. 차이나 쇼크는 경쟁에 노출된 산업이 집중된 지역의 노동시장에 장기적인 파급효과를 미쳤다. 노동시장의 조정은 매우 더디게 일어났으며 임금과 경제활동참가율은 계속 하락하였고 무역충격이 시작된 지 최소 10년간 실업률은 상승했다. 이 지역의 노동자는 잦은 이직과 생애소득의 감소를 경험하였다. 한편, 국민경제 차원에서 수입 경쟁에 밀린 산업에서 줄어든 고용은 다른 산업에서 고용의 증가로 충분히 상쇄되지 못했다. 기술 진보가 신(新)노동과 구(舊)노동 간 불평등을 조성했다면 차이나 쇼크는 병든 사회를 만들었다.

다른 하나는 그 사회가 오랫동안 지탱해왔던 가치에 대한 신뢰를 저버렸다. 민주주의와 자유주의는 최근 3년간 미 외교협회(Council on Foreign Relations)가 격월로 발간하는 〈포린 어페어즈〉(Foreign Affairs)에 실린 기고문에서 가장 자주 등장한 핵심 주제다. 미국 사회에서 두 가치에 대한 믿음이 허물어지고 있다는 경고다. 이 잡지에 「빅 시프트」라는 제목으로 기고한 정치학자 월터 미드(Walter Mead)는 역사를 돌이켜볼 때 자유민주주의가 위협받는 것은 기존의 제도가 사회경제적 충

격을 유연하게 수용할 수 있는 역량이 부족하기 때문이라고 진단했다
(Mead, 2018). 미국우선주의는 이렇게 태어났다.

07

중국의 두 얼굴, 국가자본주의와 시장경제

지혜로운 통치자도 법을 만들 때
세상과 갈등을 겪게 된다.
_韓非

2018년 중국 경제는 28년 만에 GDP 성장률이 6.6%로 내려앉았다. 언론은 미국과 무역전쟁의 파급효과가 나타나기 시작한 것이며 중국 경제는 더 어려워질 것으로 전망했다. 미국과의 무역 갈등은 이미 주식시장에 악영향을 미쳤다. 2019년은 2015년 6월의 정점 대비 40%에서 시작했다. IMF는 2019년 6.1%, 2020년 5.8% 성장할 것으로 수정 전망했다.

G2는 피터슨 국제경제연구소(Peterson Institute for International Economics) 소장을 지낸 프레드 버그스텐(Fred Bergsten)이 처음 조어한 것이다. 그는 글로벌 금융위기(GFC)가 일어난 1년 뒤 〈포린 어페어즈〉에 실린 기고문 「두 동반자」에서 무역불균형이 가장 크고, 가장 많은 공해

를 배출하고, 전 세계 GDP의 반을 차지하는 미국과 중국, 즉 G2는 상호 의견 일치 없이는 글로벌 불균형도, 지구온난화도 해결책을 찾을 수 없다고 그 관계를 요약했다(Bergsten, 2009).

실제로 글로벌 금융위기는 중국이 도약한 계기가 되었다. 중국 정부는 자본개장과 인민폐 국제화를 병행 추진했다. 2016년 인민폐는 SDR(Special Drawing Rights: IMF의 특별 인출권) 바스켓에 엔화를 제치고 유로화 다음의 높은 비중을 차지하며 편입되었다. 2008년 우리나라를 시작으로 지금까지 모두 33개국과 3조 위안이 넘는 통화스왑협정을 체결했으며 86개국이 참여하는 아시아인프라투자은행(AIIB)을 설립하여 기존의 세계은행 및 IMF 체제와 경쟁 구도를 조성했다. 그리고 이를 통해 아시아, 유럽, 아프리카의 68개 이상 나라에서 인프라 개발과 투자를 실현한 21세기 실크로드 프로젝트인 일대일로(一帶一路)는 팍스 시니카(Pax Sinica)를 연상케 한다. 유사한 시기에 중국 정부는 기술혁명을 산업 고도화의 기회로 활용하기 위해 중국제조(中國製造)2025를 밀어붙였다.

그러나 중국의 팽창으로 동반자 미국의 대중국 무역적자가 급증하고 중국 저가 수입품에 밀려 러스트 벨트는 미 전역으로 확대되었다. 그리고 차이나 쇼크는 단지 무역적자에서 그치지 않고 심각한 사회적 정치적 파급효과를 미쳤다.

이제 두 나라는 더 이상 동반자가 아닌 경쟁자가 되었다. 양국 사이에 벌어지는 무역전쟁의 이면에는 미국은 결코 21세기 주도권을 놓지 않겠다는, 그리고 중국은 그대로 물러서지 않겠다는 결연한 의지가 서로 맞서고 있다.

　무역분쟁으로 중국 경제가 어려움에 처한 것은 사실이다. 그러나 더 깊이 살펴보자면 국가자본주의가 이룬 눈부신 성과의 산물인 시장의 힘이 자신을 키워준 국가와 대립하는 구조적인 문제가 깔려 있다. 중국 경제가 이 구조적인 문제에 부닥친 것은 이번이 처음은 아니다.

❖❖❖

한때 破七(포치)—위안화 환율이 달러당 7위안을 넘어서는—는 불안한 중국 경제를 상징했던 단어였다. 2015년이 그렇듯이 중국 경제의 어려움은 외환 불안에서 감지된다. 2014년 중반부터 2017년 초까지 외환 안정을 위해 외환 당국은 1조 달러의 보유 외환을 내다팔았다.

　글로벌 불균형의 원인을 제공한 흑자 대국에서 어떻게 외환 불안이 일어나는 것일까? 그것은 중국의 외화자금 조달 창구가 경상수지흑자에서 외국 자본으로 바뀌었기 때문이다.

　미중 무역분쟁이 본격화되기 전 2017년을 예로 들자면 중국은 모두 6012억 달러의 외화를 해외에서 조달했다. 그 가운데 경상수지흑자는 1649억 달러에 불과하다. 나머지 4363억 달러는 차입과 채권 발행을 통한 외채(2602억 달러), 그리고 외국인 직접투자(FDI: 1422억 달러)와 외국인 주식투자(340억 달러) 등 주식이다. 중국의 흑자가 급증한 WTO 가입 이듬해 2002년부터 2017년까지 누직 경상수지흑자는 3조 1734억 달러였다. 한편, 같은 기간 동안 외채, FDI, 주식투자 등 외국인으로부터 모두 4조585억 달러를 조달했다.

외채는 외환 불안의 핵심 요인이다. 중국은 2019년 9월 말 현재 2조 달러가 넘는 외채를 보유하고 있다. 대외채권은 별도로 발표하지는 않지만 같은 시점 국제투자대조표에 따르면 준비자산은 3.2조 달러가 넘는다. 준비자산 가운데 보유 외환의 상당 부분이 유동성과 신용도가 높은 단기채권일 것으로 추정되기 때문에 중국 경제 전체로서 통화 및 만기불일치 위험은 없다.

그러나 개별 경제주체의 상황은 다르다. 비록 공식 통계로 파악할 수는 없으나 단기채권이 외환 당국에 집중되었을 것을 생각하면 개별 경제주체의 외환 및 만기불일치 위험은 결코 무시할 수 없다. 2019년 말 1.5조 달러에 달하는 은행과 기타 부문의 외채 가운데 단기외채는 1.1조 달러로 그 비중이 매우 높다. 2008년 글로벌 금융위기 당시 우리나라의 경험을 회고할 때 비록 경제 전체 차원에서 불일치 위험이 없다는 사실이 결코 외환 안정을 담보하는 것은 아니다.

자본거래는 국가 상호 간에 일어난다. 중국 기업이 해외에 진출해 각종 투자 활동을 하듯이 외국 기업도 중국에 투자하였다. 그 결과 2019년 9월 말 중국의 대외자산은 7.5조 달러에 이르나 대외부채도 5.3조 달러나 된다. 만일 외국인이 중국에 투자한 자금을 회수하고자 한다면 2조 달러의 이상의 순자산국인 동시에 막대한 규모의 경상수지흑자를 보이는 중국도 외환 불안에 직면하지 않을 수 없는 것이다.

❖❖❖

중국 경제가 안고 있는 또 다른 문제는 낮아지는 경제성장률이다. 중국에서는 전국인민대표대회에서 목표성장률을 공식 발표하고 경제 관료들은 제시된 목표성장률을 달성하기 위한 정책을 수행한다. 고성장기에는 목표성장률을 초과 달성하였으나 글로벌 경제가 대침체에 진입하면서 목표성장률을 달성하는 것은 쉽지 않게 되었다.

목표성장률을 달성하기 위해 중국인민은행은 수출이 호황일 때 긴축 통화정책을, 수출이 어려울 때 완화 정책으로 대응하고 있다. 2001년 중국이 WTO에 가입하면서 막대한 흑자가 보유 외환으로 쏟아져 들어오자 인민은행은 통화량 관리에 어려움을 겪게 되었다. 2005년 10일 인민은행은 우리나라의 통안채(통화안정채권)와 같은 위안화 채권을 발행하기 시작한다. 해외 부문에서 일어난 통화 증가 요인을 국내 부문에서 환수한 것이다. 이와 같은 정책 대응은 2009년 10월 피크에 달했고 2012년 11월까지 계속되었다.

그러나 중국 경제가 저성장에 진입하면서 목표성장률 달성을 위한 중국인민은행의 완화적 통화정책은 그동안 억제했던 위안화 유동성이 크게 늘어나는 결과를 초래했다. 인민은행은 공개시장에 대한 환매, 기준금리, 할인율, 지준 등의 정책 수단을 완화적 기조로 이끌었다. 미국과 통상 분쟁이 확대되자 계속해서 지준율을 인하했다.

확대 공급된 유동성은 국유기업을 중심으로 차입을 늘리게 하여 결국 중국 전체적으로는 국내부채가 급증하는 문제를 야기하였다. 국제결세은행(BIS)에 따르면 2019년 6월 밀 GDP 대비 비금융기업의 부채는 155%에 이른다. 중국 민간부문의 부채 수준은 이미 미국의 역대 최고치를 초과 달성했고, 빚에 시달리고 있는 우리나라보다 많고, 1990

년 장기침체에 진입했던 당시 일본의 수준이다.

부채는 중국의 심각한 고민거리다. 2016년 중국 정부가 금융시스템의 위험 요인으로 지목된 10조 달러 규모로 추정되는 비은행금융회사의 대출을 규제하자 빚이 많은 기업들은 돌려막기에 애로가 발생했다. 2018년 7월 〈블룸버그〉에 따르면 에너지 부문을 중심으로 47억 달러의 회사채가 부도난 것으로 알려졌다. 이 가운데 에너지 기업인 CERCG의 자회사가 발행한 회사채가 부도나 미국 내 투자자들도 큰 손실을 입었다. 그러나 무역분쟁으로 수출이 어렵게 되자 위험관리는 뒤로 밀렸다. 목표성장률 달성에 더 높은 정책 우선순위가 있기 때문이다. 〈로이터〉는 2019년 7월까지의 1년 동안에 35개 기업이 발행한 79억 달러의 회사채가 부도 처리되었다고 보도하였다.

중국은 환율의 변동 폭이 제한적인 관리변동환율제도를 시행하고 있다. 외환 당국은 전일 환율을 기준으로 매일 위안화 환율을 고시하고 2% 한도에서 움직이도록 외환시장개입을 한다. 외환시장개입은 당국이 직접 개입을 하거나 국유은행의 외환스왑거래를 통해 행해진다.

한편, 홍콩에서 주로 거래되고 정부보다 시장의 영향력이 큰 역외 위안화(CNH) 환율은 외환 불안 시 인민은행이 역외 금리를 올려 위안화 매도포지션의 비용을 높여 방어를 한다. 그럼에도 불구하고 인민폐 국제화 등 자본개장 조치는 외환 당국이 환율을 통제하기 어려운 환경을 조성했다. 그 결과 CNH 환율이 역내 위안화(CNY) 환율을 선도하고 있다.

위안화 환율은 지난 20년간 중국 경제의 발자취를 보여준다. 고정환율제도(1달러=8.28위안)를 유지하다가 흑자 관리를 위해 2005년 7월 관리변동환율제도로 전환하고 다시 2008년 7월 글로벌 금융위기에 대응해 1달러=6.93위안으로 고정할 때까지 위안화는 절상되었다. 2010년 7월 또다시 관리변동환율제도로 전환한 후에도 절상 추세가 지속되었으나 외환 당국은 2014년 2월 시장개입으로 절하를 유도하고 이듬해 8월 1.9% 평가절하를 단행했다. 이를 계기로 위안화 환율은 급속히 흔들렸다. 중국 경제를 마냥 낙관적으로만 볼 수 없다는 외부 세계의 인식이 자리잡은 것도 이 시기다. 2017년 글로벌 경제의 성장 랠리에 따른 수출 호황으로 위안화 환율은 안정을 찾았으나 미국과의 무역분쟁은 또다시 시계를 2015년으로 되돌려놓았다. 2019년 8월 포치를 계기로 위안화는 본격적인 절하 추세로 들어섰으며 새로운 전기를 맞게 되었다.

자본개장에 따른 외환거래 자유화 조치는 외환 불안 시 외국인의 자금 회수뿐 아니라 내국인도 위안화를 팔고 달러화를 매입하는 이중유출(Double drain)을 초래할 수도 있다. 이중유출의 가능성은 거주자와 비거주자 사이의 거래를 표시하는 국제수지표에서 확인할 수 있다. 2015년 1분기~2016년 1분기에 외국인이 자금을 대거 회수, 외환 불안이 일어났을 때 국제수지 항목 가운데 거주자 외화자금의 유출로 추정되는 통계 불일치도 크게 증가했다. 더욱이 완화적 통화정책으로 위안화 유동성이 늘어나게 되어 외환 불안이 더욱 심화된 측면도 있었다. 2008년 말 보유 외환액 대비 광의 통화지표인 M2 비율은 3.6에서 2019년 1월 8.6으로 치솟았다.

21세기에 들어서 중국은 G2의 지위를 얻었고 인민폐는 고성장과 세계 최대 외환보유고를 무기로 국제화폐의 위상을 가지게 되었다. 중국 경제는 빠르게 시장 중심으로 이행하고 있으며 기술혁명은 가속 페달을 밟고 있다. 중국은 국가가 경제 목표를 정하고 이에 따라 경제정책이 시행되는 국가자본주의 경제다. 중국 경제가 순항할 때 시장은 국가가 원하는 것을 충실히 이행했다. 그러나 어려움에 처할 때 시장은 국가와 갈등했다. 국가는 고성장을 원했다. 그러나 고성장 정책은 과잉유동성의 문제를 초래했고 시장(市場)은 국가가 원치 않는 모습으로 답하고 있다.

중국의 입장에서 미중 무역전쟁의 승패는 국가자본주의가 시장을 얼마나 제어할 수 있는지에 달린 문제다. 비록 중국의 경제 상황이 미국보다 어렵고 대미 흑자국이라는 약점이 있지만 미국과 달리 국가가 시장을 통제할 수 있는 여지가 많다는 사실은 이 전쟁의 승패를 쉽게 가늠할 수 없게 한다. 2019년 5월 중국은 물러서지 않겠다고 선언했다.

❖❖❖

중국은 선진국보다 시장 규율은 취약하지만 시장 규율 대신 데이터에 의존하는 분야에서는 높은 수준의 기술력을 가지고 성장해 이미 세계적인 기업을 배출하였다. 세계 10대 상장기업 가운데 2개 중국 기업(텐센트, 알리바바)이 차지하고 있다. 〈포브스〉(Forbes)가 선정한 2019년 154개 거대기술기업에 중국(20)은 미국(65) 다음을 차지하고 있으며, 대만(17), 일본(14), 한국(6), 인도(5)의 순으로 이어진다.

인터넷과 컴퓨터의 발전은 막대한 양의 데이터를 축적하는 것을 가능하게 했고, 데이터를 활용한 기술은 산업의 경쟁력에 결정적인 요인으로 작용하였다. 국가자본주의 중국은 빅데이터를 구축하는 데 매우 유리한 여건을 조성한다. 인공지능 분야에서 중국이 선두주자로 나선 것은 결코 우연이 아니다. 지금까지 낙후된 것으로만 알려진 금융은 단숨에 도약할 수 있는 또 다른 분야다.

중국은 현금 없는 사회를 선도하고 있다. 스마트폰 보급이 늘어나면서 모바일 결제가 중요한 결제수단으로 등장하였기 때문이다. 인구 40%가 거주하는 농촌 지역 주민들두 전자상거래 덕택에 도시민 못지않게 알리페이(Alipay), 위챗페이(WeChat Pay)와 같은 전자결제수단을 활발히 이용하고 은행 등 금융기관 대신 이들 기술기업이 제공하는 P2P 금융서비스를 제공받고 있다.

2019년 1월 중국인민은행은 모바일 결제, 온라인 결제 등 제3자 결제 업무를 수행하는 알리페이, 위챗페이, 유니온페이 등이 보유한 지급 결제용 자산을 모두 지급준비금으로 예치하도록 했다. 상업은행이 중앙은행에 예치한 지급준비금은 은행시스템의 안정성을 위해 필요하다. 은행업은 결국 남의 돈(예금)으로 장사(대출)를 하는 사업이기 때문에 잠재적 위험에 노출될 수밖에 없으며 지급준비금은 은행의 신뢰를 담보할 수 있는 중요한 기능을 수행한다. 중국인민은행의 조치는 금융시스템의 안정이라는 관점에서 이들 기업을 은행과 동일하게 보는 데서 비롯하며 미리 보는 미래 금융의 모습일 수 있다.

알리바바의 알리페이와 텐센트의 위챗페이는 온라인 결제 플랫폼이다. 시장조사 기관 Ipsos.com은 위챗페이 사용자는 9억1천만 명, 알리페이는 7억4천만 명으로, 그리고 전체 사용자의 64%가 두 플랫폼 모두 사용하는 것으로 추정한다. 은행업과 자산운용업과 같은 금융서비스는 이 플랫폼 상에서 부가로 제공된다. 예를 들면 세계 최대의 머니마켓펀드(Money Market Funds: MMF)인 유에바오(Yu'e Bao)는 알리페이의 플랫폼에서 유통되며 개인 신용평가회사인 세사미크레딧(Sesame Credit)은 알리페이의 자회사다.

통상 금융은 은행을 기반으로 하거나 자본시장을 중심으로 발전했다. 전자는 독일, 일본 그리고 우리나라의 경우에 해당하며 후자는 미국이다. 그러나 중국은 기술 기반의 금융시스템을 추진하고 있다. 금융업은 위험을 담보로 돈을 버는 사업이다. 금융 수요자와 공급자 사이의 비대칭적 정보에서 비롯하는 도덕적 위험과 역선택의 문제를 효과적으로 제어하는 것이 핵심이다. 따라서 얼마나 유용한 데이터를 보유하고 있는지가 경쟁력의 척도가 된다. 실제로 스마트폰 보급의 확산으로 결제 플랫폼 사용자가 급증해 두 회사가 금융소비자 데이터를 독점하다시피하자 은행권은 상당한 애로에 처했다(Wildau, 2016).

브러너마이어(Markus Brunnermeier)와 공동 연구자들은 결제 플랫폼이 기존의 금융 위계질서를 바꾸어놓을 것이라고 전망했다(Brunnermeier et al., 2019). 이 전망은 단지 플랫폼에서 각종 금융서비스가 부가되는 것에 그치지 않는다. 플랫폼에서 사용되는 디지털 화폐는 궁극적으로 중앙은행 돈인 현금과 은행 돈, 즉 은행예금을 대체함으로써 결과적으로 중앙은행이나 일반은행의 역할도 크게 위축될 수밖에 없다. 이들은 중앙은행 디지털 화폐가 왜 필연적인가를 설명하고 있다. 그리고 이들의 주장은 금융 선진국과 달리 왜 중국인민은행이 디지털 위안에 그토록 관심을 가지는지를 수긍하게 한다. 유선전화가 없는 낙후된 지역일수록 빠르게 무선전화가 보급되는 것처럼 금융이 낙후된 중국에서 기술 기반 금융시스템이 빠르게 기존의 금융을 대체하고 있기 때문이다.

기술 기반 금융시스템은 시간과 장소를 가리지 않는다. 인터넷에 접속할 수만 있다면 언제든 이용 가능하다. 이와 같은 금융시스템의 속성은 디지털 달러화(Digital dollarization)—즉, 인플레이션이 높거나 화폐가치가 불안정한 나라에서 그 나라의 돈이 안정적인 가치를 가지는 다른 나라 돈으로 대체되는 현상—를 일으키는 디지털 통화지역(Digital currency areas)이 형성될 것을 예고한다. 머지않은 장래에 출시될 디지털 위안은 플랫폼 상에서 뱅크런과 같은 사태가 우려될 때 그 플랫폼에 긴급 유동성을 지원할 수 있기 때문에 그만큼 플랫폼의 안정성을 높일 수 있다. 중국으로서는 일대일로(一帶一路)가 디지털 통화지역을 구축할 수 있는 기회로 활용할 수 있는 것이다.

제2부
브레튼우즈

하버드대학의 경제학자
Globalization Paradox,

서 세계화서 세계화의 대응으로 국가권력과 양립할 수 있을 뿐이라고
이며 민주주의 또는 국가권력을 입고 있을 때 정부는 시장 기능을
것이다. 황금구속복을 입고 있을 **디지털기술혁명과 자유주의의 퇴조**
복지 재원은 국채를 발행하거나 세금을 걷거나
로드릭(Danny Rodrik)은   (Trilemma)에 당면한 가 들어설 여지는 크지 않다. 세계화는 소수 엘리트가 주도하는
2011)에서 현재와 같은 높은 수준의 체외구설 여지는   외로 빠져나갈 수 있기 때문이다. 미국과 프랑스에서 출간된 『엘리트의
진단했다. 세계화를 둘러싸고 '삼자택이(三者擇二)에 당면한 외로 빠지나갈 수 있기 때문이다. 세계화는 국가 간
활성화하고, 건전재정 등 안정적인 경제 여건을 조성하며, 더 많은 해외투자를 유치할 수 있 변화를 일찍 감지했다. 세계화는 국가 간
여기에 사회복지와 같은 구성원 **국가자본주의와 시장경제** 포퓰리즘의 시대로 바뀌고 있다. 미국과 프랑스에서 출간된 『엘리트의
세 번에 걸쳐 퓰리처를 수상했던 《뉴욕타임즈》의 토마스 프리드 **중국의 두 얼굴** 외로 빠져나갈 수 있 『엘리트의 불평등이 세계화의 책임이라는 주장도 쉽사리 부정하기는 어렵다.
엘리티즘에서 포퓰리즘으로 이 두 책은 대서양을 가운데 두고 두 나라에서의 불평등이 **안전자산을 둘러싼 글로벌 경제의 갈등**
로드릭(Danny Rodrik)은 프리드먼과 다른 신 경제적 자주권의 희생을 감수해야 한다는 의미다. 포퓰리즘이 경제를 **기술 진보→불평등**의
2011)에서 현재와 같은 높은 수준의 세계화는 민주주의와 국가권력과 모두 공존할 수 없으며 **초연결시대의 역설** 황금구속복으로 묘사했다. 국가가 이 구속복을
진단했다. 세계화를 둘러싸고 '삼자택이(三者擇二)의   **트럼프의 미국우선주의**   (Friedman, 2000). 한편, 하버드대학의 경제학자
활성화하 **그렇다면 한국은 무엇을 해야 하는가?** 투자를 유치할 수 있도록 친기업 정책을 다른 나라 정부와 경쟁적으로 **ization Paradox,**
벌이게 된다. 여기에 사회복지와 같은 구성원들의 요구, 즉 민주주의 국가권력과 양립할 수 있을 뿐이라고
돈을 찍어 마련해야 하는데 그 정도가 지나치면 자본과 노동이 들어설 여지는 크지 않다. 복지 재원은 국채를 발행하거나 세금을 걷거나
시대에서 일어났다. 그러나 이제 엘리트 시대는 기존의 엘리트를 대서양을 가운데 두고 두 나라에서의 불평등의 시대로 바뀌고 있다. 세계화는 소수 엘리트가 주도하는
황혼(Twilight of the Elites)이라는 같은 제목의 이 책은 대서양을 가운데 두고 두 나라 안에서의 불평등에서 일어나고 있다. 미국과 프랑스에서 출간된 『엘리트의
불평등을 극복하는 데 결정적인 기여를 했다. 그러나 동시에 한 나라 안에서의 불평등이 세계화의 책임이라는 주장도 쉽사리 부정하기는 어렵다. 세계화는 국가 간
자유무역이 고소득국가의 저숙련노동자를 해칠 것이라는 경제이론의 예측은 뒤에서 설명하듯이 미국에 대한 중국의 무역충격이 초래한
파급효과로 확인할 수 있기 때문이다. 그러나 "세계화→불평등"의 인과관계는 경제학자들이 통계적 검증을 통해 밝힌 "기술 진보→불평등"의
최근에 수행된 연구일 것이다. 그는 기존의 연구결과와 마찬가지로 세계화가 불평등에 작은 기여를 했을 뿐이라는 결론을 내렸다. 불평등을
자유무역의 탓으로 돌리기에는 자유무역의 혜택이 너무 크다. 세계화가 불평등에 작은 기여를 했을 뿐이라는 결론을 내렸다. 불평등을 빌미로 자유무역을 규제한다면 교각살우(矯角殺牛)의
인과관계를 제대로 규명하지 않은 채 나타난 현상으로 자유무역을 빌미로 세상의 이치를 판단한다면 포퓰리즘은 더 크게 일어날 수밖에 없다. 포퓰리즘이 경제를
망가뜨린 역사적 사례는 수없이 많다. 역설적이지만 포퓰리즘의 가장 큰 피해는 분노한 보통사람들에게 돌아간다. 포퓰리즘이 경제를
일어난 포퓰리즘은 글로벌 경제를 망가뜨릴 수 있다. 그리고 가장 큰 피해는 우리나라와 같
비록 능력주의가 자유주의의 산물이지만 능력주의가 제대로 작동되지 않는
인류 역사상 최고의 번영은 자유주의 이념이 정립되었기 때문
그랬던 것처럼 자유주의가 극복해야

08

그때는 맞고 지금은 틀리다.
안전자산을 둘러싼 글로벌 경제의 갈등

문제의 모든 해결책은
새로운 문제를 야기한다.
_칼 포퍼

❈❈❈

"미국은 인위적으로 왜곡된 환율을 통해서 부당하게 우리의 수출에는 불이익을, 교역국에는 이익을 주는 국제무역체제의 짐을 감당할 능력도 의지도 없다. 우리는 불공정한 통화 관행을 적극적으로 감시하고 철저히 지키기 위해 노력할 것이다."

2017년 4월 트럼프 행정부가 들어서서 미 재무부가 의회에 제출한 첫 번째 환율보고서 내용의 일부다. 이 보고서에는 '불공정한'(unfair)이라는 단어가 모두 15회 등장한다. 6개월 전 오바마 정부 마지막에 발간된 보고서의 두 배가 넘는다. 외환당국이 대외수지를 개선하기 위한 목적에서 외환시장에 인위적으로 개입하는 것은 이제는 과거의 일이 되었다.

환율보고서는 종합무역법(The Omnibus Trade and Competitiveness Act of 1988)에 따라 1989년부터 연 2회 발간되었고 무역촉진법(The Trade Facilitation and Trade Enforcement Act of 2015)의 도입으로 2016년부터 미 재무부는 환율과 관련이 있는 대미 무역흑자, 경상수지흑자, 일방향 환율 개입 등 구체적인 지표와 그 지표의 임계치를 설정하여 주요 교역국을 대상으로 평가한다. 불공정 관행을 추구하는 나라가 이를 시정하는 적절한 조치를 취하지 않을 경우 제재를 가할 수 있도록 하였다.

미국은 지난 40년 가운데 단 세 해를 제외하고 무려 37년 동안 경상수지적자를 기록하고 있다. 상식적으로 판단하면 막대한 규모의 누적 적자로 지게 된 빚을 미국 경제가 상환할 수 있을지 우려된다. 동시에 미국은 도대체 어떤 연유로 지구상의 그 어떤 나라도 감당할 수 없는 특권을 가지게 되었는지 의문도 든다.

사실 오랫동안 이 우려와 의문이 제기되었으나 명쾌한 답을 찾지는 못했다. 굳이 경제이론을 빌려오지 않는다 하더라도 개인이나 기업과 마찬가지로 국가도 영원히 적자를 볼 수는 없다. 그럼에도 불구하고 세계 기축통화로서 달러화가 누리는 특권은 미국민이 얼마든지 자신이 번 것 이상 쓸 수 있는 것처럼 보이게 한다.

2차 대전이 끝나기 1년 전인 1944년 7월 당시 오대주(伍大洲) 44개 연합국 대표 730명이 모여 미국 뉴햄프셔주 브레튼우즈의 마운트 워싱턴 호텔에서 전후 국제통화질서에 대한 회의를 개최했다. 브레튼우즈회의에서 영국 대표로 참석했던 케인즈는 새로운 국제통화질서는 국제무역과 자본흐름이 초래하는 대외수지 불균형을 제어하는 데 초점을 맞추어야 한다고 주장하였다.

케인즈는 초(超)국가통화인 방코(Bancor)와 개별 국가의 방코 계정을 설치할 국제청산동맹(International Clearance Union, ICU)의 설립을 제안했다. Bancor는 프랑스어로 은행(Banc)과 金(Or)의 합성어다. 모든 국제무역은 다자간 청산시스템인 ICU 안에서 방코로 결제하되 만성적인 적자국은 강제로 통화가치를 절하하고, 보유금을 처분하고, 해외 차입이나 채권 발행 등을 제한할 것을 제안했다. 반대로 만성적인 흑자국은 강제로 통화를 절상하고, 상한을 초과하는 방코 계정에 높은 수준의 마이너스 금리를 적용하거나 벌금을 물려야 한다고 주장했다.

케인즈가 국가 간 수지 불균형을 제어하는 데 최우선순위를 둔 것은 양차 세계대전 사이에 시행되었던 국제통화체제인 금환본위제도(A gold exchange standard)에 대한 반성에서 비롯했다. 금환본위제는 1차 대전이 일어나면서 폐기되었던 금본위제도(A gold standard)의 변형으로서 영미 양국이 금을 준비금으로 보유하되, 금본위제도와 달리 다른 나라들은 금 외에 파운드화와 달러화도 준비금으로 보유하는 통화체제다.

외환준비금은 금환본위제도를 도입할 때 처음 등장했는데 금이 부족한 데 따른 보완책이었다. 오늘날과 차이는 달러화와 파운드화로 표시한 금 가격을 정부가 약속한 액면가격(Par value)으로 고정했다는 사실이다. 미국은 1834년 금 1온스=20.67달러를 금환본위제 마지막 해인 1933년까지 100년간 유지했다.

그러나 20세기에 들어서 초강대국의 지위를 잃어버리고 양차 전쟁으로 피폐해진 영국의 대표 케인즈의 제안은 받아들여지지 않았다. 대신 미국이 액면가격 금 1온스=35달러인 금본위제를 유지하고 다른 나라들은 미 달러화에 통화가치를 고정하는 브레튼우즈체제*라고 하는 금환본위제 시리즈2가 시작되었다. 케인즈가 우려했던 불균형의 문제는 뒤로 제쳐둔 채.

금본위제나 금환본위제의 핵심은 금과의 태환성에 있었다. 태환성은 그 나라 금융시스템이 제대로 작동하는 징표였다. 돈이라는 부채를 발행하는 발권은행, 즉 중앙은행은 반드시 부채에 상응하는 그 가치가 안정적인 안전자산을 가지고 있어야 한다. 이 발권은행의 안전자산에 해당하는 준비금이 금이었고 부족분은 적격증권으로 채웠다.

태환성은 금의 흐름이 대외수지 불균형을 치유할 것이라는 신뢰와 함께 국가 간 협조가 전제될 때 유지될 수 있다. 1차 대전 후 많은 나라들이 엄청난 인플레이션에 시달린 나머지 다시 전전(戰前)의 금본위제시대로 돌아가고자 했으며 금본위제도 대신 금환본위제도가 현실적인 대안이었다.

그러나 세상은 전전 세계로 돌아갈 수는 없었다. 전쟁의 후유증은 당시 국제통화질서인 금환본위제도를 유지하는 데 필수적인 협조 대신 불신을 불러일으켰다. 더 이상 금의 흐름 즉 국제수지는 예전의 금본위제도의 시절처럼 국가 간 왜곡된 금의 분배를 교정하는 시장의 조정 과정으로 인식되지 않았다. 많건 적건 금을 지키고자 했으며 중심국 중앙은행들은 금의 유출을 막기 위해 긴축 통화정책을 수행했다. 그렇지 않을 경우 금의 액면가를 유지할 수 없고 금의 액면가를 유지할 수 없다면 금의 유출이 일어날 것이기 때문이다.

금환본위제는 1929년 10월 월가의 검은 화요일을 전 세계로 확산시켰고 결국 전 세계에 대공황을 퍼뜨렸다. 나라들마다 금의 유출을 막기 위해 디플레이션 정책을 수행했기 때문이다. 1931년 금이 부족한 영국이 금의 액면가를 유지하기 어려울 것이라는 불안감이 팽배하자 당시 파운드화를 외환준비금으로 보유했던 나라의 중앙은행들은 런던에 예치한 파운드화 예금을 인출했다. 파운드화를 금으로 교환하는 과정에서 대규모 금의 유출이 일어났으며 마침내 영국은 금환본위제를 포기할 수밖에 없었다.

비록 좌절되었으나 대공황시대의 구루(溝婁) 케인즈는 새로운 국제통화질서를 국제수지 불균형을 해소하는 데서 찾으려 했다. 그는 자국의 이익을 희생하면서 대외적 약속을 지킬 나라는 없다는 것을 일찍이 간파했다. 대공황 시절 모든 나라가 수출에 매진하면서 한편으로는 수출을 늘리려고 환율을 평가절하하고 또 다른 한편으로는 수입을 줄이려고 무역장벽을 쌓았다. 그 결과 공황은 더 깊고 길어졌다.

무엇이 그토록 금에 대한 애착을 가게 했을까? 최다 금 보유국인 미국의 프랭클린 루즈벨트가 1933년 3월 대통령에 취임하면서 전격적으로 금본위제 폐지를 명령했을 때 당시 예산국장으로 임명된 루이스 더글러스는 '서구문명의 몰락'이라고 대들었다. 그러나 케인즈는 이미 오래전 금본위제도를 야만적인 유물로 규정했다(Keynes, 1923). 루즈벨트 대통령의 결정에 결정적인 영향을 미친 인물은 코넬대학교 농대의 조지 워런(George Warren) 교수다. 그는 금과 상품 가격의 관계를 연구하면서 디플레이션을 극복하기 위해서는 금환본위제도를 포기해야 한다는 것을 깨달았다.

사실 사람들이 원했던 것은 안전자산으로서 금(金)이었다. 당시 사람들은 희소성과 내구성을 가진 금이 유일한 안전자산이라고 굳게 믿었다. 금환본위제도는 파운드화로 표시한 금의 액면가를 고정했기 때문에 파운드화도 안전자산으로 인정받았다. 그러나 그 액면가로 평가된 영국의 중앙은행이 발행한 통화량이 보유한 금의 가치를 초과했을 때 파운드화는 더 이상 안전자산이 될 수 없었다. 한편, 은(銀)은 희소성에서 떨어졌다. 사람들은 안전자산이 반드시 금일 필요는 없다는 사실을 먼 훗날에 가서야 깨닫게 된다.

전후 브레튼우즈체제는 그렇게 태어났다. 마치 기능적으로 문제 있는 자동차의 외관만 멋지게 복원해놓은 것처럼 금환본위제의 흠은 그대로 잠재해 있었다. 차이가 있다면 기축통화국으로서 미국만이 금본위제도를 준수했고, 나머지 선진국들은 달러화에 환율을 고정했다는 사실이다. 국제통화질서의 감시자로서 국제통화기금(IMF)과 전후 유럽

재건과 개발도상국 경제발전을 위한 목적에서 세계은행이 설립되었고 후에 세계무역기구(WTO)로 개편된 국제무역규범으로서 관세 및 무역에 관한 일반협정(GATT)이 출범했다. 달러 중심의 국제통화질서 안에서 팍스 아메리카나는 냉전시대의 국제평화질서를 이끌었다.

머지않아 브레튼우즈체제의 흠은 드러났다. 전후 유럽과 일본의 고성장은 국제무역과 자본거래를 위한 달러화의 수요를 크게 높였다. 이를 수용하기 위해 기축통화국 미국은 달러화를 지속적으로 공급해야 했으며 그 결과 만성적인 수지적자가 일어났다. 한편, 늘어난 달러화 공급 때문에 국내 통화량을 줄이지 않는 한 궁극적으로 금 1온스=35달러의 액면가를 유지하는 것을 불가능하였다. 그러나 통화량은 미국의 중앙은행인 연방준비제도(연준)가 물가와 고용과 같은 경제 목표를 수행하기 위한 핵심적인 통화정책 수단이었다. 그러므로 달러 중심의 고정환율제도로 요약되는 국제통화질서인 브레튼우즈체제와 미 연준의 통화정책이 상충하는 것은 시간문제였다.

1960년대 드골 대통령 시절 재무장관이었던 지스카르 데스탱(Giscard d'Estaing)은 달러화만이 가지는 금과의 교환성, 즉 태환성이 미국의 '얼토당토않은 특권'*을 만들었다고 불평했다. 35달러 지폐를 찍어내는 데 비용은 거의 없지만 금 1온스의 구매력을 창출하기 때문이다. 이 얼토당토않은 특권으로 미국 국민은 번 것보다 더 쓸 수 있었고 경상수지는 만성적인 적자로 돌아섰다.

수지적자는 궁극적으로 달러화 가치가 하락하는 압력으로 작용하였다. 미국은 한편으로는 금값을 액면가에서 유지하고 또 다른 한편으로는 고정환율제도를 유지하기 위해 외환시장개입을 했다. 글로벌 금융위기 당시 달러화 유동성 공급을 위해 주요국 중앙은행에 제공했던 통화스왑은 당초 외환시장개입 자금을 조달할 목적으로 시작되었다. 시장개입 없이는 흑자국이 미국이 고정환율제도를 포기할 때 일어나는 환손실을 우려해 달러화를 금과 교환을 요구하는 압력이 일어날 것이기 때문이었다.

더욱이 고정환율을 유지하는 데 필요한 외환준비금은 계속 늘어나는 국제자본흐름을 감당하기에는 크게 부족했다. 결국 1971년 8월 닉슨 대통령은 금태환 중지를 선언하였다. 루즈벨트 대통령이 금본위제폐지를 선언한 지 38년 만에 같은 일이 반복된 것이다. 이로써 브레튼우즈 1이 마감되고 브레튼우즈 2가 시작되었다.

금본위제도도 고정환율제도도 모두 역사가 되었다. 변하지 않은 것은 기축통화로서 달러화의 위상이다. 달러화를 대체할 정도로 높은 유동성과 다양한 만기로 자금을 조달할 수 있는 통화는 없기 때문이다. 국제결제은행(BIS)과 IMF에 따르면 2019년 4월 달러화는 일평균 6.6조 달러에 이르는 전 세계 외환거래의 88% 이상을 차지하며 2019년 2분기 12조 달러 가까운 전 세계 보유 외환의 62%가 달러화로 표시된 자산이다.

달러화 중심의 국제통화질서는—브레튼우즈 1이든 2든— 적자국 미국과 흑자국 간의 갈등의 역사라 해도 과언이 아니다. 이 갈등의 내상은 서독(1960년대), 일본(1970~80년대) 그리고 다시 중국으로 바뀌었다.

21세기에 들어와 세계가 글로벌 경제의 중심국과 주변국으로 재편되면서 국제통화체제의 갈등은 기축통화국 대 주변국으로 그 양상이 바뀌었다. 주변부 국가들은 G20 가운데 11개국일 정도로 더 이상 무시할 수 없는 존재로 부상했다. 반대로 미국 경제의 위상은 줄어들었다. IMF에 따르면 2018년 구매력 기준으로 GDP를 측정할 때 미국의 GDP는 전 세계 15.2%로 중국(18.7%)보다 그 비중이 작다. 구매력 기준으로 GDP를 측정하는 것은 1인당 소득이 높은 나라일수록 물가 수준이 높은 경향이 있기 때문인데 국제 간 교역이 잘 일어나지 않는 서비스 가격이 높은 데 그 요인이 있다. 이 현상을 제어하기 위해 구매력을 기준으로 GDP를 측정한다.

중심국 투자자들이 주도한 금융 글로벌화는 빠른 속도로 진행되었다. 이들은 주변국의 주식과 채권을 투자 대상으로 삼고 자신들의 포트폴리오에 편입하였다. 상대적으로 높은 경제성장을 영위하는 주변국들도 주식과 채권의 발행을 꾸준히 늘렸다. 이 주식과 채권의 상당 부분이 중심국 투자자들의 투자 대상이 된 것이다.

그러나 중심국의 투자자본은 변덕스럽다는 특징이 있다. 중심국 투자자들이 언제든지 투자자금을 회수할 수 있기 때문이다. 이에 대응해 주변국에서는 안전자산을 준비해야 했다. 미 국채와 같이 신용도가 높고 유동성도 겸비한 달러화표시증권이 그 대상이었다. 스스로 안전자산을 생산할 수 없는 주변국이 중심국의 자산을 외환준비금으로 쌓는 것은 불가피하였다.

안전자산의 수요는 글로벌 경제의 주변부 국가들의 경제성장에 의존하나 그 공급이 중심국 미국에 의존하는 수급 메커니즘은 안전자산이 희소해지는 구조적인 문제를 초래했다. 브레튼우즈 1 당시와 같은 상황이 재연된 것이다. 달라진 것은 국가 간 자본이동이 자유롭고 달러화 환율이 변동한다는 사실이다.

브레튼우즈체제의 역사를 돌이켜볼 때 기축통화로서 달러화의 높은 수요를 미 연준이 수용한다면 달러화 공급량이 늘어나게 되고 결국 달러화 가치는 하락할 수밖에 없다. 한편, 달러화가치가 하락할 때 주변국들이 외환준비금으로 쌓은 달러화 자산은 더 이상 안전자산이 될 수 없는 신뢰의 문제를 동반한다. 비록 브레튼우즈체제는 고정환율제에서 변동환율제로 이행했으나 일국 통화가 동시에 기축통화로 사용되는 한 같은 문제에 빠질 수밖에 없는 것이다.

고정환율제도에서는 갈등은 고용과 물가안정 등 대내적 목표를 위한 통화정책과 금의 액면가를 유지하는 국제통화시스템 사이에서 일어났다. 한편, 변동환율제도에서의 갈등은 안전자산이 너무 적어서 일어나는 희소성(Scarcity)과 지나치게 많아서 당면하는 신뢰성(Confidence) 사이에서 존재한다.

아이켄그린(Barry Eichengreen)은 『얼토당토않은 특권』(*Exorbitant Privilege*, 2010)에서 나라의 흥망성쇠가 있듯이 미국이 얼토당토않은 특권을 언제까지나 누릴 수는 없으며 달러만이 아닌 유로, 인민폐와 같은 복수의 기축통화가 나타날 것이라고 전망했다(Eichengreen, 2010). 그렇다고 미국이 엄청난 실수를 저지르지 않는 한 글로벌 경제가 달러화를 버릴 것으로 보지도 않았다.

과거와 같지 않은 미국 경제의 위상에도 불구하고 달러화의 위력은 오히려 더 커졌다. 이제 주변국 경제는 중심국 미국의 통화정책 영향에서 벗어날 수 없게 되었다. 반세기 전 미국의 높은 인플레이션을 불평하는 유럽 재무장관들에게 "달러는 우리 돈이지만 당신들의 문제다."(our currency, but it's your problem)라는 명구(名句)를 남긴 닉슨 대통령 시절 재무장관을 지냈던 고(故) 존 코널리(John Connally) 씨도 아마 오늘의 글로벌 경제는 상상하지 못했을 것이다.

❖❖❖

2019년 8월 중국이 포치(破七)를 용인하자 미국은 중국을 환율 조작국으로 지정했다. 이미 한 달 전 트럼프 대통령이 중국과 유럽이 돈을 풀어 환율 조작 게임을 하고 있다고 비난하며 연준도 가만히 앉아 있지 말고 맞서야 한다고 주장했던 터라 세계 언론은 통화전쟁을 헤드라인으로 장식했다.

　　하버드대학의 프랑켈(Jeffery Frankel) 교수는 이 시점에서 중국을 환율 조작국으로 규정하는 것은 이치에 맞지 않으며 추가 관세 부과에 따른 외환시장의 압력에 중국의 외환 당국이 굴복한 것이라고 주장했다(Frankel, 2019). 자유변동환율은 선진국에서 지난 40년 이상 무역의 흐름이 변동하는 경제의 펀더멘털에 적응하는 데 기여했으며 따라서 환율은 글로벌 시장에서 자유롭게 결정되어야 한다는 입장이다. 의도적으로 약한 달러화를 조성하는 것은 미국 소비자의 실질소득, 즉 구매력은 감소하고 중간재를 수입하는 기업들도 어려움을 겪게 되어 실익도 없다고 보았다.

또 다른 전문가는 미국이 약(弱) 달러화를 유도하기 위해 1980년
대와 같이 G7 등 주요 선진국들의 협조 없이 혼자 일평균 5조 달러에
이르는 외환시장에 개입하는 것은 별 소용이 없을 것이라고 주장했다
(Greene, 2019). 덧붙여 만약 미 연준이 약 달러를 목적으로 금리인하를
추진한다면 다른 나라 중앙은행들도 동참하게 되어 결과적으로 경쟁
적 절하가 일어나 당초 금리인하의 효과는 사라지게 된다고 지적했다.
무엇보다도 달러화 강세가 일어나는 것은 "무역전쟁 → 안전자산선호"
의 인과관계 때문이라고 풀이했다.

안전자산은 가치저장수단이라는 화폐의 속성에서 비롯한 것이다.
달러화의 얼토당토않은 특권은 화폐의 또 다른 속성인 교환의 매개수
단에서도 존재한다. 연구자들은 달러화가 국제무역의 결제통화로서 압
도적인 비중을 차지하고 있는 것에 주목하였다. 예를 들면 2018년 우
리나라는 중국으로부터 수입 시 달러화는 무려 91.3%를 차지하며 위
안화 결제 비중은 4.2%, 원화 결제 비중은 2.5%에 불과하다. 한편, 중
국에 수출 시 달러화의 결제 비중은 91%, 원화 2.1%, 위안화는 5.7%에
이른다. 이처럼 달러화의 압도적인 결제 비중은 유로 지역이나 일본과
같이 통화 국제화가 크게 진전된 나라들과의 교역을 제외하면 공통적
으로 나타나는 현상이다. 더욱이 대부분 국제 상품 가격은 달러화로 표
시된다.

대학 시절 국제경제학을 배웠던 독자들은 환율이 상승할 때 수입
은 줄고 수출이 늘어나 무역수지가 개선된다고 배웠을 것이다. 환율 조

정이 수출 대비 수입가격, 즉 교역 조건에 영향을 주고 교역 조건의 변화가 지출전환효과를 일으키기 때문이다. 그 이론은 지금도 변함이 없다. 사실 환율이 오르면 수출가격 경쟁력이 높아진다는 것은 경제학을 배우지 않은 사람들도 상식적으로 안다. 그런데 환율이 수출에 영향을 주기 위해서는 수출기업이 속한 나라의 통화로 수출대금이 결제되는 전제가 필요하다.

그러나 달러화가 수입과 수출 모두의 결제통화로 사용될 때 환율은 교역 조건에 영향을 미칠 수 없다. 달러화 환율이 오를 때 교역 조건에 영향을 미치지 못해 기대되는 지출전환효과가 일어나지 않는다. 대신 원화로 표시한 수입가격이 높아져 수입이 감소하는 효과만 일어난다.

이를 글로벌 경제의 입장에서 보자면 안전자산선호 현상이 일어날 때와 같이 달러화 가치가 오르면 세계 교역량이 감소하는 효과가 일어난다. 반대로 위험자산선호 시 달러화 가치가 하락할 때 세계 교역량은 증가한다. 글로벌 경제에서 달러화 가치의 향배가 세계 교역량을 좌우하는 것이다. 현재 IMF 조사국장으로 일하는 고피나(Gopinath)와 공저자들은 달러화가 1% 절상 시 세계 교역량은 0.6% 하락한다는 연구결과를 내놓았다(Gopinath et al., 2016).

캐나다 중앙은행 총재를 지냈던 카니(Carney) 영란은행 총재는 2019년 8월 잭슨홀 컨퍼런스에서 미국이 글로벌 경제에서 차지하는 비중에 비해 달러화의 영향이 지나치게 커 글로벌 경제는 심각한 왜곡에 직면했으며 달러화 중심의 국제통화체제에서 벗어나 다극화 체제로 가야 한다고 주장했다(Carney, 2019).

　　그러나 다극화체제는 신뢰성의 문제를 동반할 위험이 있다. 금환본위제 당시 달러화와 파운드화가 금과의 태환성을 인정받았으나 1931년 충분한 금을 확보하지 못한 영란은행에 대한 금 인출사태가 일어나 파운드화는 그 지위를 잃어버렸다. 그럼에도 불구하고 굳이 다극화체제를 제안한 것은 달러화 중심의 국제통화질서가 그만큼 심각한 문제를 가지고 있음을 주장한 것이다.

09

또다시 안전자산에 대하여

삶의 위험은 무한하다.
그리고 그 안에 안전이 있다.
_괴테

❋❋❋

우리가 은행예금이나 머니마켓펀드(MMF)에 돈을 예치하는 것은 그것이 안전한 가치저장수단이고 필요할 때 언제든 인출할 수 있기 때문이다. 그래서 예금이나 MMF와 같이 수익률이 낮지만 대신 위험이 매우 작고 쉽게 현금화할 수 있는 자산을 안전자산이라고 한다.

안전자산에 대한 수요는 대부분 금융거래에서 일어난다. 금융거래는 식사 값을 치르거나 영화 관람권을 구입하는 현물거래가 아니다. 한편, 이 거래를 신용카드로 결제한다면 사용자가 신용카드사가 대납해준 돈을 기일 내 갚겠다는 약속을 한 것이기 때문에 이 약속이 금융거래가 된다.

그러므로 금융거래는 미래의 불확실한 상황에서 계약조건을 충실히 지키겠다는 약속에 다름없으며 이 약속이 안전자산에 대한 수요를 일으킨다. 안전자산은 말 그대로 불확실한 상황에서도 그 가치가 안정적이기 때문에 이 상황과 관련한 새로운 정보에 영향 받지 않는 속성을 가진다. 예를 들어 부도 위험이 없는 채권은 그 가치가 오직 만기수익률에 의존한다. 따라서 투자자들은 구태여 그 채권 발행자의 재무적 상태와 같은 정보를 찾는 수고를 들일 필요가 없다.

수리경제학자 애로우(Arrow)와 드브뢰(Debreu)는 안전자산이 필요 없는 최선의 경제를 제시했다. 경제주체들이 모든 경제 상황을 고려한 완벽한 조건부 채권(Contingent claims)을 사고팔 수 있다면 모든 불확실성에 완벽히 대처할 수 있기 때문이다.

그러므로 최선의 세계에서는 안전자산과, 안전자산을 필요로 하는 금융이 들어설 여지가 없다. 차선(次善)의 세계에서 비로소 그 존재 가치가 있는 것이다. 사실 이 세상에 완벽한 안전자산은 존재하지도 않는다. 가장 덜 위험한 자산이 안전자산인 셈이다.

안전자산은 금융이 원활히 기능하기 위한 핵심 역할을 수행한다. 안전자산이 금융시스템의 윤활유와 같은 유동성을 창출하는 담보로 사용되기 때문이다. 따라서 충분한 안전자산이 뒷받침될 때 실물경제는 원활히 작동된다.

어느 나라건 국채는 그 나라의 대표적인 안전자산이다. 정부가 조세권과 주조권을 독점하고 있기 때문이다. 국채의 수익률곡선은 금융시장에서 위험자산의 가격을 책정하고 가치를 평가하는 기준이 된다. 국채시장의 발전은 청산, 결제, 시가평가 등 금융인프라의 선진화를 주도하고 환매조건부, 국채선물 등 연관 시장의 발전을, 궁극적으로는 단기자금시장에서 장기자본시장에 이르는 광범위한 금융시장의 발전을 가져온다.

아시아 금융위기(AFC)는 우리나라 국채시장이 크게 발전한 계기가 되었다. 1998년 금융구조조정 비용을 충당하기 위해 본격적으로 국채가 발행된 후 국채 발행 잔액은 1998년 42조 원(GDP 대비 7.8%)에서 2011년 390조 원(GDP 대비 28.1%), 2018년 641조 원(GDP 대비 33.8%)으로 늘어나 일본을 제외하면 아시아 지역에서 가장 발전된 국채시장이 조성되었다. 위기를 극복하기 위해 막대한 공적자금이 투입되었고 그 비용은 모두 국민이 부담해야 했지만 금융 발전에 기여한 것은 작은 위안거리다.

❧

한편, 글로벌 경제의 안전자산은 중심국이 독점적으로 공급하고 있다. 주변국의 안전자산이 글로벌 경제의 안전자산으로 인정받지 못하기 때문이다. 중심국만이 안전자산을 공급하는 현실은 환율변동의 파급효과가 중심국과 주변국에 전혀 다른 함의를 가진다. 페소화를 사용하는 가상의 주변국을 생각해보자. 이 나라는 달러화 채권을 100달러 보유하고 있지만 달러화로 표시된 대외채무도 200달러 부담하고 있다고 가정하자. 즉, 대외채무가 대외채권을 100달러 초과하고 있다.

만약 환율이 1 USD=1 PESO에서 1 USD=1.1 PESO로 10% 상승한다면 페소화표시 순대외채무는 $100=PS100에서 $100=PS110로 확

대되어 PS10, 즉 달러화표시로는 $9.1가 증가한다. 상환해야 할 외채가 늘어나는 것이다.

한편, 같은 조건이지만 자국통화로 외채를 발행한 중심국을 생각해보자. 이 나라는 달러화표시 대외자산을 $100를 보유하고 대외부채를 달러화 대신 자국통화인 페소화로 PS200만큼 발행한 것이 앞의 주변국과 다른 상황이다.

이때 마찬가지로 페소화 환율이 1 USD=1.1 PESO로 10% 상승했다고 가정하자. 달러화로 표시한 대외채권은 페소화로 환산하면 PS100에서 PS110로 PS10가 증가하다. 반면 페소화표시 채무는 변동이 없다. 결과적으로 순대외채무는 PS10, 즉 $9.1가 감소한다. 중심국의 경우 환율이 오를 때 외채는 주변국의 경우와 반대로 감소하는 것이다.

환율변동의 이와 같은 비대칭적 효과는 중요한 함의를 가진다. 주변국에서 부(-)의 충격으로 환율이 크게 오를 때 외채가 많은 금융부문, 정부부문의 부실화가 동반되어 금융위기, 외채위기로 진행되는 경우가 종종 발생하는 현상은 결코 우연이 아니다. 그에 비해 중심국은 환율이 변동하더라도 이러한 위험은 일어나지 않는다.

이와 같은 비대칭성 때문에 대외 불안 요인이 발생하면 그 처방도 중심국과 주변국이 서로 다르다. 글로벌 금융위기 당시 중심국들은 금리를 인하했다. 그러나 아시아 금융위기(AFC) 당시 우리나라를 비롯한 위기 당사국들은 반대로 금리를 인상했다. 2018년 아르헨티나와 터키 등 신흥국에서 외환 불안이 고조되자 당사국들 역시 고금리 정책을 시행했다. 중심국인지 주변국인지 여부에 따라 정책 대응이 다른 것이다.

AFC 당시 IMF 관리체제에서 수행된 고금리 정책은 국내외에서 많은 비판을 받았다. 과연 고금리 정책이 올바른 정책 대안인지 여부는 궁극적으로 해외투자자들이 국내 기업에 달러화 신용을 제공할 때 요구하는 달러화표시 담보가치에 미치는 영향에 달렸다. 환율의 폭등이 기업이 제공하는 담보가치를 크게 떨어뜨리고 그만큼 외화자금, 즉 안전자산의 조달이 줄어들 때 실물경제는 깊은 불황에 빠질 수밖에 없는 것이다. 일반적으로 외환위기에 대응해 주변국이 고금리 정책을 시행하는 것은 환율이 폭등하는 것을 저지하는 데 가장 큰 정책목표가 있다.

그러나 같은 상황에서 중심국은 저금리 정책으로 대응한다. 더욱이 앞서 든 예와 같이 중심국이 대외자산보다 대외부채가 더 많다면 주변국과 반대로 환율상승이 오히려 대외순부채를 경감하는 긍정적 효과도 기대된다.

스스로 안전자산을 생산할 수 없는 주변국은 자기보험으로서 중심국의 안전자산을 준비금으로 확충해야 한다. 나아가 주변국의 경제 활동은 조달한 안전자산의 크기에 의해 제약을 받는 것은 불가피하다.

안전자산의 부족은 글로벌 경제의 오랜 이슈다. 2005년 당시 연준 이사회 멤버였던 전 연준의장 벤 버냉키(Ben Bernanke)는 안전자산의 부족을 중국을 비롯한 주변국의 높은 경제성장과 상대적으로 낙후된 금융에서 찾았다. 이들 나라는 스스로 안전자산을 생산할 수 없기 때문에 중심국의 안전자산, 즉 보유 외환을 쌓을 수밖에 없기 때문이다.

안전자산의 부족은 안전자산의 가치를 높아지게 했다. 이에 대응해 중심국 민간부문은 주택담보대출과 같은 위험자산의 증권화를 통해 인위적으로 안전자산을 제조해 공급했다.

✖✖✖

글로벌 금융위기는 안전자산의 공급이 크게 감소하는 계기가 되었다. 우선 민간부분이 제조한 안전자산은 저신용 주택담보증권의 부실의 여파로 반 이상 줄어들었다. 더욱이 유로존 위기는 상당수 중심국의 신용등급이 강등, 안전자산의 공급이 또다시 감소하는 결과를 초래했다.

IMF가 발간한 글로벌금융안정보고서에 따르면 2011년 말 당시 전 세계 안전자산의 45%를 차지했던 OECD 회원국 국채의 16%가 2016년까지 그 지위를 잃어버릴 것으로 전망했다. IMF의 이 예측은 옳았다. 2016년 국제자본시장위원회(ICMA) 서베이에 따르면 유럽의 환매채시장은 담보 부족에 따른 전례 없는 시장혼란을 겪었다.

게다가 중심국에서는 중앙은행이 양적완화책을 시행하면서 중앙은행이 국채를 대량으로 보유하게 되었다. 이는 금융시장에서 안전자산의 공급을 줄인 또 다른 요인으로 작용하였다. 일본중앙은행은 2019년 4월 현재 일본 국채의 50% 가까이 보유한 것으로 알려졌다.

일본 국채가 동북아 지역에서의 안전자산이라면 독일 국채는 유로존의 안전자산이다. 독일 정부가 수년째 재정흑자를 보이자 독일 국채가 희소해졌다. 유통되는 국채 물량이 줄어들자 안전자산선호가 일이날 때마다 국채 가격이 크게 오르고 장기국채수익률까지 마이너스를 기록하는 현상이 벌어지고 있다. 이에 따라 독일 국채가 유로존의 안전자산으로서 역할을 제대로 하지 못한다는 비판이 제기되고 있다.

양적완화는 본원통화*가 증가하는 효과를 가져왔다. 대신 국채와 같은 질 높은 안전자산이 크게 감소, 은행예금이 급증하는 가운데 담보시장이 위축되어 비은행의 유동성에 애로가 발생하는 금융왜곡이 일어났다.

한편, 위기 후 국제사회의 금융개혁으로 은행 등 금융기관의 안전자산 수요는 확대되었다. 예를 들면 자기자본비율을 산정 시 국채에 대한 위험가중치를 영(零)으로 하였다. EU는 환매 시 담보채권의 재사용을 규제, 환매채시장이 위축되었다.

중심국의 통화정책기조가 중립적으로 돌아설 때 안전자산을 중앙은행에서 다시 금융회사로 재배치함으로써 안전자산 부족의 문제는 해소될 수 있을 것으로 기대된다. 그러나 지적한 바와 같이 금융회사의 건전성 및 환매에 대한 규제 강화로 그 효과는 제한적일 수밖에 없다.

글로벌 금융위기 후 글로벌 경제는 안전자산을 다변화하는 추세가 일어났다. IMF가 분기별로 발표하는 회원국 외환준비금의 통화 구성은 글로벌 금융위기 전 완만하나마 달러화 비중이 줄어드는 대신 유로, 엔, 파운드화 비중은 늘어나는 추세가 일어났다.

한편, 위기 후 기타 통화가 눈에 띄게 증가하는 모습을 보인다. 안전자산이 부족하자 새로운 대안을 찾고자 하는 시장의 속성을 반영한 것이다. 우리나라 원화가 이제 중요한 기타 통화 중의 하나가 되었다.

기획재정부가 발간한 국채백서 『국채』(2019)에 따르면 2018년 말 외국인은 발행된 국고채의 15.2%를 보유하고 있다. 전체 외국인에서 차지하는 외국 중앙은행의 채권투자 비중은 2018년 말 52.5%로 2008

년 10% 미만에서 5배 이상 증가했다. 외국 중앙은행 가운데 선진국 중앙은행들도 다수 포함된 것으로 알려진다.

과연 우리나라 국채는 글로벌 경제의 안전자산으로서 자격을 갖추고 있을까. 이 의문에 대한 답은 낮은 신용위험과 시장위험, 높은 시장유동성, 안정된 물가와 높지 않은 지정학적 위험 등 안전자산의 자격 요건에서 찾을 수 있으며, 국제신용평가사 S&P 기준으로 AAA에서 AA 등급이 이에 해당한다. 우리나라는 AA로서 이 기준에 부합한다. 다른 신용평가사의 경우도 별 차이가 없다. 글로벌 금융위기 후 중심국 다수가 신용이 강등된 것과 반대로 우리나라는 상향된 결과다.

시장위험과 유동성은 국채시장이 원활히 제 기능을 수행하는지를 측정하는 지표이며 궁극적으로 금융 발전의 정도에 의존한다. 최근 한 IMF 연구자가 심도, 접근성, 효율성을 기준으로 개별지수를 만들고 다시 종합해 구축한 금융발전지수에 따르면 2013년 우리나라 금융은 종합순위에서 6위를 차지했다(Svirydzenka, 2016). 과연 전 세계 6위를 차지할 정도로 우리나라 금융이 발전했는지는 사람마다 생각이 같을 수는 없다.

그러나 한 가지 분명한 사실은 우리나라 국채가 글로벌 경제의 안전자산으로서 손색이 없다는 것이다. 지난 20년간 우리 경제는 활력을 잃어버렸으나 대신 안정을 얻었다. 이 안정은 우리나라가 글로벌 경제의 중심부로 진입할 기회를 제공했다. 이 기회를 실리기 위한 첫 단추를 꿰는 것은 우리 국채가 국제금융시장에서 안전자산으로 인정을 받는 것이다.

10

원죄

우리가 어떻게 여기에 오게 되었는지
이야기를 하겠습니다.
_원죄

※

"한국은 IMF에서 제공하는 새로운 여신제도에 대해 관심이 없는가?"
"또다시 IMF로부터 돈을 빌리는 것은 정부가 정치적으로 수용하기 어려울 것이라고 생각한다." 글로벌 금융위기가 일어난 다음 해 샌프란시스코 지역 연준이 개최한 회의에서 존 립스키(John Lipsky) 당시 IMF 수석부총재와 필자가 나누었던 문답이다.

　　IMF는 아시아 금융위기(AFC) 때 한국에 대한 유동성 지원을 대가로 많은 개혁을 요구했고 이 요구가 정당한 것인지에 대한 논란이 제기되었다. 레이건 대통령 시절 경제자문위원회 위원장을 역임한 펠트슈타인(Martin Feldstein) 교수는 IMF를 환자에게 고통을 주는 완고한 치과의사에 비유했다. 10여 년 뒤 글로벌 금융위기가 일어났을 때 IMF

는 조건 없는 유동성 지원 프로그램을 새로 만들어 자격 요건을 갖춘 회원국에 제공하겠다고 선언했다.

이와 같은 IMF 정책의 변화는 신흥국이 국제금융시장에 미치는 파급효과가 AFC 당시와 비교할 수 없을 정도로 커졌기 때문이다. 글로벌 금융위기 당시 미 연준은 전례 없이 한국, 브라질, 멕시코 등 신흥국을 대상으로 달러화 유동성 공급을 위한 스왑라인을 개설했다.

우리나라는 AFC가 일어났던 1997년 말 보유 외환이 고작 200억 달러 정도였으나 2007년 말 2600억 달러를 넘어섰고 2018년 말 4천억 달러가 넘었다. 그럼에도 불구하고 유로존 위기, 양적완화 축수 가능성에 따른 긴축발작, 중국의 외환 불안과 미국의 금리인상에 이르기까지 크고 작은 해외 충격이 일어날 때마다 외환시장은 마치 아드레날린 주사를 맞은 것처럼 흥분했다.

충격이 일어날 때마다 우리와 별다른 관련이 없는 브라질, 러시아와 같은 나라들의 외환시장과 주식, 채권 등 금융시장의 동조화도 자주 관측된다. 이 현상은 해외 충격이 이들 나라의 외환 및 금융시장에 미치는 공동 요인으로 작용하는 데 따른 결과인데 모두 글로벌 금융세계의 주변국이라는 데 그 배경이 있다. 이 주변국들은 스스로 안전자산을 생산할 능력이 없기 때문에 중심국으로부터 수입해야 한다. 그리고 이 안전자산은 글로벌 금융위기가 제대로 보여주었듯이 아무리 많이 쌓아도 여전히 부족하다.

우리는 일을 하고 그 대가로 돈을 번다. 그런데 갑자기 많은 돈이 필요할 때 앞으로 벌 돈, 즉 미래의 현금흐름을 담보로 돈을 꾸어 필요한 자금을 마련한다. 그러나 앞으로 자신이 벌 돈을 미리 당겨쓰는 것이 언제나 가능한 것은 아니다. 여기에 비 올 때를 대비하고자 하는 저축의 예비적 동기가 존재하며 필요할 땐 언제든 현금화할 수 있는 자산에 대한 수요가 일어난다. 이 자산이 안전자산이다. 굳이 예비적 동기가 아니더라도 빌린 돈을 갚고 계약을 이행할 때 마찬가지로 안전자산에 대한 수요가 일어난다. 안전자산은 수익률이 매우 낮다. 한편, 주식과 같은 위험자산은 평균적으로 수익률이 높지만 그 미래가치를 예측할 수 없기 때문에 말 그대로 위험하다. 그래서 두 자산이 공존할 수 있는 것이다.

하나의 통화를 사용하는 국내경제와 달리 글로벌 경제의 안전자산은 달러화, 엔화, 유로화, 스위스 프랑화 등 여러 통화가 서로 경합을 벌인다. 그 가운데 원유에서 반도체 그리고 가축에 이르기까지 거의 모든 국제상품가격이 표기되며 국제외환시장의 거래 대부분을 차지하는 달러화가 압도적이다. 따라서 미 국채가 최고의 안전자산이다.

양적완화 통화정책을 수행하는 선진국 국채도 중요한 안전자산이다. 일본의 국가채무는 GDP 대비 200%를 넘어 우리나라보다 신용등급이 떨어진다. 그러나 발행 국채의 절반을 일본중앙은행이 보유하고 있을 뿐 아니라 연기금 등 자국민의 보유 비중이 높아 실제로 국제금융시장에서 유통되는 일본 국채는 희소하다. 그뿐 아니라 일본은 세계 최대의 대외자산을 보유한 나라이기도 하다. 동북아 지역의 지정학적 위험이 높아져 안전자산선호가 일어날 때 일본 국채는 중요한 안전자산이 된다. 이 밖에도 유로존의 중추인 독일과, 비록 GDP 기준으로 세계 19위에 불과하나 보수적인 통화재정정책의 평판과 함께 금융업이 발달한 스위스 국채도 유럽에서는 중요한 안전자산의 목록이다.

우리나라 국채는 국내에서는 최고의 안전자산이지만 글로벌 경제의 안전자산은 아니다. 왜냐하면 선진국 중앙은행을 비롯, 국채에 대한 해외투자가 꾸준히 늘어나는 추세이기는 하나 여전히 주식이 해외투자자들의 주요 투자 대상이기 때문이다.

요약하면 글로벌 금융세계에서 중심국 자산은 안전자산으로, 주변국 자산은 위험자산으로 각각 단순화할 수 있다. 이와 같은 글로벌 경제에서 자산의 속성에 따라 중심국과 주변국을 구분하는 것은 중요한 함의를 제공한다.

유로존 위기, 브렉시트와 같은 부(-)의 충격은 국제금융시장에 안전자산선호를 가져오고 안전자산선호는 주변국 자산에 투자한 자금을 회수하는 한편, 중심국 자산에 대한 투자를 늘리게 한다. 주변국에서 중심국으로 국제자본이 이동하는 것이다. 한편, 정(+)의 충격이 일어나 위험자산선호가 발생할 때 자본은 반대로 중심국에서 주변국으로 이동한다.

이와 같은 자본이동의 패턴은 글로벌 경제의 중심국 환율에는 질상 압력을, 주변국 통화에는 절하 압력을 가져오는 파급효과를 미친다. 요컨대 악재가 동반하는 자본흐름은 중심국에서는 그 고통이 경감되지만 주변국에서는 반대로 가중되는 요인으로 작용하는 것이다.

2012년 유로존 위기 당시 아이러니하게도 원-달러 환율이 유로-달러 환율보다 더 크게 오른 것은 안전자산선호 때문이다. 비록 위기는 유로존에서 일어났지만 자본의 유출로 외견상 별 상관이 없어 보이는 원화와 국내금융시장은 오히려 더 큰 타격을 받은 것이다.

한편, 중심국의 금리인하 등 위험자산선호를 동반하는 호재는 주변국에 해외자본의 유입을 통해 투자가 촉진되고 성장을 견인하는 긍정적인 효과를 미칠 것으로 기대된다.

그러나 현실이 반드시 그런 것은 아니다. 금융시장이 취약한 주변국에 해외자본의 유입은 종종 외환 및 거시정책 운용에 어려움을 주기 때문이다. 특히 경제 규모에 비해 과다한 자본유입은 항구적인 붐에 대한 기대감을 조성하고 닷컴 버블을 경고했던 그린스펀 전 연준의장의 말처럼 자칫 자산시장에 비이성적 과열을 일으킬 수 있다.

이때 자본의 유입이 예고 없이 중단되고 유입되었던 자본이 유출되어 주변국은 막대한 경제적 손실을 입게 된다. 주변국에서 자본유출 압력이 강하게 일어날 때 만약 외화자금이 국내에 충분하게 남아 있지 않다면 환율이 폭등하는 외환위기가 일어난다. 선진국과 달리 외환위기는 진정되지 않고 외채가 많은 은행, 기업, 정부의 외채상환 부담을 높여 은행위기, 국가부도위기와 같은 쌍둥이, 세쌍둥이 위기로 종종 확산된다. 이렇듯 주변국은 조건만 맞으면 언제든 위기가 일어날 수 있는 잠재적인 위험을 안고 있다.

글로벌 금융위기는 우리나라에 대한 해외자본흐름이 유입, 중단, 유출되는 패턴의 전형을 보여준다. 2007년 국제수지통계를 놓고 말하자면 국내에 모두 994.7억 달러의 외화자금이 들어왔는데 이 가운데 경상수지 117.9억 달러를 제외한 876.8억 달러의 해외자본이 유입되었고 특히 1153.2억 달러가 차입 또는 채권시장을 통해 조달되었다. 같은 해 유입된 994.5억 달러는 보유 외환을 포함 395.9억 달러가 국내에 잔류했을 뿐 나머지는 내국인 직접투자, 해외주식투자 등의 용도로 다시 해외로 빠져나갔다. 특히 내국인의 해외주식투자가 525.6억 달러에 이르는데 이 자금은 사실상 외채로 조달한 것이다.

글로벌 금융위기가 일어난 2008년 258.2억 달러의 해외자본이 순유출되었다. 은행권의 단기차입 상환액과 주식시장을 떠난 해외자본은 모두 595.2억 달러에 이른다. 같은 해 외환 당국은 외환 안정을 위해 564.5억 달러를 외환시장에 퍼부었다. 그러나 외환시장은 20년 전 IMF로부터 긴급 유동성 지원을 받았을 때와 마찬가지로 미 연준과의 통화스왑을 통해 비로소 안정을 찾았다.

왜 신흥국은 스스로 안전자산을 생산하지 못하고 주변국으로 밀려났을까? 그것은 외환거래가 동반하는 통화 및 만기불일치 위험을 제대로 통제할 수 없기 때문이다. 한 나라의 외채가 대외채권보다 클 때 통화불일치가, 외채만기가 대외채권보다 먼지 돌아올 때 만기불일치가 일어난다.

이 미스매치를 효과적으로 제어할 수단이 없다면 국제금융시장에서 자국통화로 외채를 발행하는 것은 불가능하다. 그러므로 국제통화로 인정받기 위해서는 자본시장이 발달되어야 하며 높은 수준의 외환거래 자유화가 필요하다. 신흥국이 주변국으로 밀려난 것은 태생적으로 취약한 외환 및 금융시스템에서 비롯한다. 이것이 신흥국의 원죄다.

한편, 통화 및 만기불일치 위험이 통제 가능하다고 해서 곧 안전자산을 생산할 수 있는 것은 아니다. 우리나라는 글로벌 금융위기 후 외환시스템의 정비로 은행, 기업 등 각 부문별 불일치도 치유했으며 국가신용등급도 일본보다 높다. 그러나 우리나라 국채가 안전자산으로 인정받지는 못한다. 그것은 안전자산이 정보에 둔감한 속성을 가지기 때문이다. 우리나라에는 외국인 국채 투자에 따르는 규제가 있다. 한편, 2019년 말 중국 정부는 중국 국채 투자에 대한 외국인 투자규제를 철폐했다. 중국 국채를 담보로 자금을 조달하는 국경 간 환매조건부거래 시 거래 당사자들이 중국 국채 투자자의 적격 여부를 확인해야 하는 번거로움이 필요 없게 된 것이다.

과세권을 가지는 정부와 달리 민간부문이 안전자산을 제조하기는 어렵다. 위기 시 투자자들이 부채담보부증권(CDO)과 같이 AAA 등급 자산이 참된 안전자산인지 여부를 확인하기 위해 기초자산 등 추가로 정보를 수집해야 하기 때문이다. 위기 시 안전자산의 공급이 크게 줄어드는 이유가 여기 있다.

우리나라는 글로벌 경제에서 독특한 위상을 가지고 있다. IMF 세계경제전망은 2000년대에 들어와서, 같은 기관에서 발행하는 글로벌 금융안정보고서는 2017년이 되어서야 선진국으로 분류하고 있다. 한편, 언론은 여전히 신흥국으로 간주한다. 비록 소득 수준은 선진국이지만 여전히 주변국의 속성을 갖고 있기 때문이다.

중심국이 누리는 혜택과 주변국이 안고 있는 위험을 생각할 때 당연히 중심국으로 진입하고자 하는 간절한 바람이 있다. 그럼에도 불구하고 원화가 국제통화로 인정받기 위한 노력이 뚜렷이 보이지 않는 것은 두 번에 걸쳐 외환위기를 경험하였기 때문이다. 우리와 GDP 규모가 비슷한 호주와 아시아 네 마리 용의 하나였던 싱가포르가 중심국 지위를 가지게 된 것은 위기를 겪지 않은 데 중요한 정치경제적 요인이 있다.

자신감의 상실은 외환 규제 철폐로 선진국으로 가고자 노력하는 대신 주변국으로 주저앉아 보유 외환을 쌓고 각종 외환 관련 규제를 통해 미스매치를 원천적으로 차단하는 정책에 의존하게 한다. 이 정책은 비록 공적 차원에서 외환 건전성을 담보할 수 있을지 모르지만 사적(私的) 차원에서 각종 규제조치로 외환거래에 따르는 불편함과 비효율의 문제를 야기한다.

한편, 글로벌 금융위기 이후 G20가 중심이 되어 설립한 금융안정위원회(FSB)는 글로벌 금융시스템의 안정을 위한 각종 개혁 조치를 마련했다. 그 가운데 하나가 은행의 단기유동성을 규제하는 유동성 커버리지 비율(The liquidity coverage ratio, LCR)이다. LCR을 도입한 것은 예금인출사태 등 유동성 위기상황이 일어나도 충분히 대처할 수 있도록 유동성이 높은 자산을 보유토록 함으로써 금융시스템의 안정성을 높이고자 하는 데 목적이 있다. 그러나 이 규제는 적격담보자산에 대한 수요를 일으켜 의도치 않게 안전자산이 희소해지는 결과를 초래했다. 특히 우리나라와 같이 글로벌 경제의 주변부에 위치한 나라들에 대해서는 원화 LCR뿐 아니라 외화 LCR 규제도 의무화했다. 이와 같은 이중 부담에도 불구하고 해외에서 금융 불안이 일어날 때마다 국내 금융은 요동치고 있다. 이렇듯 유로존 위기 당시 원-달러 환율의 변동성이 유로-달러 환율 변동성보다 더 컸던 사실은 단지 하나의 예에 불과하다.

글로벌 경제의 중심부로 진입할 때 우리는 진정한 의미에서 선진국이 될 수 있다. 그리고 그것은 원화가 국제통화로 인정받을 때 비로소 가능하다.

11

또다시 고개 드는 신흥국 위기

돈은 공공재다.
그래서 사적 착취에 적합하다.
_찰스 킨들버거

❖❖❖

"과장된 것이다." 2018년 6월 제롬 파월(Jerome Powell) 미 연준 의장이 미국의 금리인상이 신흥국에 대한 파급효과를 우려하는 질의에 대한 답변이다. 미국의 통화정책이 더 이상 관여할 문제가 아니라는 의미다. 이태리의 정치적 불안으로 3% 아래로 하락했던 10년 만기 미 국채수익률이 다시 3%를 넘어서자 신흥국 통화가치가 크게 흔들렸다. 5년 만에 긴축발작이 신흥국에서 재연되는 것은 미 경제의 견고한 성장세와 날로 증가하는 인플레이션 압력이 연준의 금리인상을 예고한 데 따른 현상이다. 물가연동국채(TIPS)는 이미 2% 이상 인플레이션을 예고했다.

높아진 미 채권수익률과 달러화 강세로 신흥국 통화표시자산에서 미 달러화표시자산으로 자금이 이동하자 경상수지와 재정적자 그리고 외채가 많은 신흥국에서 파열음이 일어나고 있다. 아르헨티나, 터키가 대표적이다. 남아공화국, 이집트, 우크라이나도 이 범주에 들고 있으며 폴란드, 콜롬비아, 칠레도 환율상승 압력을 받고 있다. 2017년 기록적인 자본유입이 일어났던 인도도 유가 상승에 따른 우려로 자본유입의 중단과 유출의 위험에 노출되고 있다.

신흥국 투자금 일부는 상대적으로 펀더멘털이 우수한 아시아 신흥국으로 이동하고 있다. 그러나 연준의 확고한 금리인상기조와 확산의 기미를 보이는 미중 무역분쟁은 이 지역도 결코 안전지대로 볼 수 없음을 시사한다. 무역분쟁은 당사국인 중국뿐 아니라 글로벌가치사슬*에 편입된 신흥아시아에도 부수적 피해(Collateral damage)를 입히고 있다.

1980년대 초 중남미 국가들의 잃어버린 10년에서 1997년 아시아 금융위기(AFC)에 이르기까지 미국이 금리를 인상할 때 예외 없이 글로벌 경제의 주변부에서 위기가 일어났다. 미 달러화는 기축통화로서 전 세계 외환거래의 반 가까이를 차지한다. 90% 가까운 외환거래에 달러화가 사용되는 것이다. 그러므로 비록 전 세계에서 차지하는 미국의 (구매력 기준) GDP가 15% 남짓하나 연준의 통화정책은 국제금융시장에 지대한 영향을 미치고 있다.

외환위기는 카르멘 라인하트(Carmen Reinhart)와 케네스 로고프(Kenneth Rogoff)가 공저한 『이번엔 다르다』(*This Time Is Different*, 2009)라는 제목에서 유추할 수 있듯이 비록 그 형태는 매우 다양하지만 그 본질은 놀랍도록 같은 패턴을 반복한다. 옛말에 '외상이면 소도 잡는다'는 말이 있듯이 달러화 금리가 낮은 수준에서 오래 지속될 때 무분별하게 외화자금을 빌렸다가 금리가 오르면 낭패를 보는 것이다.

당초 미 연준의 금리 정상화가 매우 점진적으로 일어날 것이라는 기대감으로 달러화 금리는 올라도 달러화 가치는 오히려 하락하는 국제금융시장의 여건을 조성하였고 이에 편승해 일부 신흥국에서는 분별력 없이 외채를 쌓았다. 연준은 6월 금리인상에 이어 연내 두 번 더 인상할 수 있다는 신호를 보냈다.

앞의 "9. 또다시 안전자산에 대하여"에서 설명했듯이 환율변동에 따른 평가효과를 동반하기 때문에 같은 빚으로 보일지 몰라도 달러 빚은 자국통화로 진 빚과 다르다. 달러화로 빚을 진 채무국은 달러화 환율이 상승할 때 상환해야 할 빚도 같이 늘어난다. 반대로 달러화 환율이 하락할 때 순외채가 있는 신흥국의 재무구조를 개선하는 정(+)의 평가효과가 일어나 더 많은 해외자본이 유입되는 여건을 조성한다. 이와 같이 국제자본시장의 불안에 따른 안전자산선호 시 신흥국을 옥죄고 반대로 위험자산선호 시 흥청거리게 하는 강한 경기동행성은 신흥국의 숙명이다.

글로벌 금융위기 후 선진국과 달리 신흥국에서는 GDP 대비 외채비율은 계속 증가했다. 약 달러화 추세가 위험자산선호를 일으켜 신흥국에 자본유입을 부추긴 것이다. 그러므로 달러화가 강세로 돌아서는 안전자산선호가 일어날 때 신흥국의 위험이 높아지는 것은 당연하다.

신흥국의 외채비율이 선진국보다 낮은 것은 그만큼 재무건전성이 높아서가 아니다. 마치 가난한 사람이 빚을 많이 질 수 없는 것처럼 신흥국이 외채에 취약하기 때문이다. 이를 채무불관용설*이라고 한다.

역(逆)으로 선진국이 신흥국보다 외채비율이 높은 것은 처음부터 자국통화로 외채를 발행하거나 국제금융시장에서 환위험을 헤징할 수 있기 때문이다. 이와 같은 차이는 국가신용도에 반영된다. 우리와 비슷한 GDP 수준의 호주가 만성 적자국이며 GDP 대비 외채비율이 120%에 이르지만 보유 외환은 600억 달러에 미치지 못한다. 그럼에도 불구하고 가장 높은 국가신용등급을 보유하고 있는 것은 외채를 호주달러화로 발행했거나 국제금융시장에서 환위험을 헤징하였기 때문이다.

❧

신흥국에 대한 우려가 커진 것은 글로벌 금융위기 이후 신흥국들의 빚이 대폭 늘어났기 때문이다. 미 국제금융연구소(IIF)에 따르면 30개 주요 신흥국의 가계, 비금융기업, 금융기업, 정부의 빚은 2008년 말 GDP 대비 148%에서 2019년 1분기 216.4%로 증가해 모두 69조 달러에 이른다. 이 추세는 선진국이 안정적인 모습을 보이는 것과 대조적이다.

이렇게 빚이 늘어난 데는 비록 외채도 증가했으나 상당 부분 자국통화로 표시된 빚 때문이다. 부채 증가는 외부 충격에 취약한 비우호적인 경제 여건을 조성한다. 우선 자국통화부채가 늘어날 때 외화부채도 함께 증가하는 경향이 있다. 빚의 수요가 공급을 초과할 때 부족한 부분을 해외에서 충당해야 하기 때문이다.

글로벌 금융위기 전 우리나라에서는 은행예금이 부족해 은행채와 같은 원화채권을 발행하자 은행채의 상당 부분을 외국인과 외환거래법 상 거주자로 분류되는 외은지점(外銀支店)이 사들였다. 외은지점은 글로벌은행인 해외 소재 본점으로부터 조달한 외화자금을 국내은행에 외환스왑* 등을 통해 공급해주는 대신 원화를 은행채에 투자함으로써 국내외 금리차를 이용한 차익거래의 기회가 되었다. 한편, 국내은행이 조달한 외화자금은 외화대출이 되었거나 거주자에게 매각되어 해외주식투자자금 등으로 쓰였다.

외은지점이 조달하고 다시 국내은행에 외환스왑으로 공급한 외화자금은 금리가 낮은 대신 만기가 짧다. 그러나 국내은행이 이 스왑자금으로 공급한 외화대출은 만기가 길다. 결과적으로 유입된 단기 외화자금이 만기가 긴 외화대출이나 해외주식투자 등으로 리사이클링된 것이다.

금융회사가 돈을 버는 것은 은행업, 증권업 등 업무 분야에 따라 비록 그 형태는 다르지만 모두 단기로 자금을 조달해 장기로 운용하는 만기전환*, 즉 금융중개활동에서 비롯한다. 은행이 예금을 수취해 대출활동을 하는 것이 대표적인 예다. 외국인과 외은지점이 스왑으로 조달한 원화자금으로 은행채 등 원화채권에 투자하는 것도 마찬가지다. 그러므로 만기전환에 따르는 만기불일치 위험이 존재하며 이 만기불일치 위험이 금융업이 비금융업과 차이를 가지게 하는 속성이다. 더욱이 금융회사가 국제금융업을 영위하는 경우 외화부채가 외화자산보다 많은 통화불일치 위험에도 노출된다. 은행이 해외에서 조달한 외화자금이 거주자의 해외주식투자에 쓰였거나 이 은행에서 받은 외화대출을 수입업자가 수입대금으로 지출했다면 나간 돈 만큼 불일치가 발생하기 때문이다.

글로벌 금융위기 시 국제금융시장에서 외화유동성이 부족해지자 외국인과 외은지점은 외환스왑을 연장하지 않고 외화자금을 회수했다. 그러나 그 외화자금은 대출과 주식투자로 국내에 남아 있지 않았다. 단기외채를 진 은행은 당장 이에 응할 수 없는 상황이 벌어진 것이다. 2008년 글로벌 금융위기 당시 상황이 그랬다.

더욱이 정부, 은행 또는 대기업의 빚이 과다할 때 정부가 발권력을 동원해 구제해줄 것이라는 베일아웃(Bailout)의 기대감이 조성될 수 있다. 이 기대는 환율상승에 대한 기대를 부추기게 되고 외국인이 환손실을 피하기 위해 자금을 회수할 때 곧 위기로 귀결될 수 있다. 외채가 낮은 수준에서도 위기가 발생하는 사례는 상당 부분 이와 같이 국내부채가 과다할 때 일어난다.

신흥국이 취약한 것은 신흥국 통화정책이 미 연준의 통화정책에서 자유롭지 못하기 때문이다. 연준이 금리를 올릴 때 신흥국도 금리인상 압력을 받는다. 그렇지 않을 경우 외국자본의 이탈이 일어나고 자칫 폭등하는 환율의 공포(恐怖)에 직면할 수 있기 때문이다. 그런데 막상 금리를 올리게 되면 그 부작용도 만만찮다. 금리를 올리면 한편으로는 자산시장의 침체를 동반하고 다른 한편으로는 이자상환 부담이 가중할 때 부채 디플레이션이 일어날 위험이 있다. 부채 디플레이션은 부채가 과다한 경제에서 부채의 실질가치가 높아질 때 심각한 경기침체가 일어난다는 어빙 피셔(Irving Fisher)의 이론이다. 예를 들어 은행에서 돈을 빌려 집을 산 사람들이 집값 하락에 따른 재무적 위험이 높아지면 결국 소비를 줄여야 하기 때문에 경제는 저성장에 빠질 수밖에 없다.

2018년 인도네시아는 4년 만에 두 번 연속 금리를 인상했다. 인도중앙은행도 10개월 만에 금리를 올렸다. 리라화 폭락에도 불구하고 별 대응을 하지 않고 있던 터키중앙은행도 투자자들의 거센 요구에 무릎을 꿇고 금리를 올렸다. 중부유럽의 경제대국인 폴란드 화폐(즐로티, zloty) 가치가 폭락하는 것은 중앙은행이 역사상 가장 낮은 금리 수준을 유지하고 있기 때문이다. 브라질 헤일화는 2년 만에 최저치를 기록하고 주가는 폭락했다.

2015년 12월 마우리시오 마크리(Mauricio Macri) 대통령이 아르헨티나 역사상 최초의 선출직 부부(夫婦) 대통령인 크리스티나 페르난데스(Cristina Fernández de Kirchner)로부터 정부를 물려받았을 때 경제는 엉망이었다. 국가통계기관은 연 40%가 넘는 인플레이션을 위장하기 위해 가상 인플레이션을 산출했다. 중앙은행은 돈을 찍어 정부적자를 충당했고 외환 규제로 페소화가치는 과대평가되었다. 우리에게도 많이 알려진 헤지펀드 엘리엇과의 분쟁으로 인해 국제금융시장에서 자금을 조달할 수도 없었다. 마크리는 페르난데스가 엉망으로 만든 경제를 열심히 설거지했다. 200년 동안 8번의 국가부도가 일어났던 이 나라는 엘리엇과의 분쟁을 수습한 다음 2017년 6월 100년 만기 국채를 발행하는 데 성공했다. 그러나 투자자들의 신뢰를 얻기에는 부족했으며 결국 IMF에 손을 벌려 500억 달러를 지원받기에 이르렀다.

그런 아르헨티나가 터키 리라화 환율이 폭등하자 상대적으로 이득을 보았다. 투자자들이 자본유출 압력에 직면한 두 나라 정부의 정책

대응을 비교한 결과다. 아르헨티나가 이들의 신뢰를 얻기 위해 금리를 40%로 올리는 등 몸부림을 친 반면, 터키는 늑장 대응을 했다. 한 자산 운용사는 22.5억 달러의 아르헨티나 국채에 투자하기도 했다. 그러나 2018년 9월 IMF와 협상 도중에 갑자기 신임 중앙은행 총재가 3개월 만에 사임하자 외환시장은 또다시 발작했다. 투자자들 사이에 중앙은행의 독립성이 취약한 나라에서 돈을 찍어 빚을 갚을 수 있다는 우려 때문이었다.

글로벌 금융시장이 불안할 때 주변국에서는 마치 어느 나라가 덜 취약한지를 보여주는, 마치 경연대회와 같은 상황이 벌어진다. 후보들은 자신이 건강하다는 신호를 열심히 보내야 한다. 자칫 한 묶음에 휩쓸려 희생을 당할 수 있기 때문이다. 2015년 가을 중국 외환시장이 요동칠 당시 필자는 월가의 한 투자은행을 방문한 적이 있었다. 당연히 대화 주제는 중국의 외환 불안에 대한 것이었다. 필자와 대화를 하던 직원에게 전화가 왔다. 그 직원은 속삭이듯 "중국이 더 나빠지면 인도네시아, 말레이시아도 다 뺄 거야"라고 말하며 급히 끊었다.

2019년에 들어서 완화적으로 바뀐 연준의 통화정책기조는 분명 신흥국에는 호재인 것처럼 보인다. 그러나 완화적 통화정책기조가 미중 무역전쟁이 미국 경제에 부메랑으로 돌아올 위험에 대응한 것이며 무역전쟁의 위험이 중국과 미국뿐 아닌 글로벌 경제에 미치는 공동 요인임을 생각할 때 결코 호재로만 볼 수는 없다. 2018년 IMF 역사상 가장 큰 규모(570억 달러)의 구제금융을 약속받았던 아르헨티나는 1년 뒤 또다시 갈림길에 들어섰다. 페르난데스 부부 대통령 밑에서 총리를 지냈던 알베르토 페르난데스(Alberto Fernández)가 대통령에 당선되었기 때문이다.

12

이전투구

현명한 중앙은행이라면 주식시장의 붕괴로부터
경제와 금융을 보호할 수 있다는 것을 역사는 증명한다.
_벤 버냉키

※

2018년 10월 미 연준이 또다시 글로벌 경제의 무대에 올랐다. 금리인
상 후폭풍이 전 세계 금융시장에 몰아치고 있는 것이다. 예전과 달리
9월의 금리인상은 미 국채시장에 결정적인 영향을 미쳤다. 10년 만기
국채 연 수익률이 3%를 넘어섰다.

10년 만기 국채수익률은 중요한 금융지표다. 미국 안팎에서 각종
대출과 채무상품에 적용되는 금리는 거의 이 수익률에 연동된다. 나아
가 대표적인 안전자산으로서 이 수익률이 오르면 그만큼 위험자산에
대한 투자수익률도 높아지게 된다. 미국 경제에 관한 불황 논쟁이 야기
된 것은 이 수익률이 오랜 동안 3%를 벗어나지 못하고 있었던 데 연유
한다. 많은 투자자들은 이 임계치를 넘어선 것을 미국 경제, 나아가 글

로벌 경제가 마침내 전환점에 들어섰다는 신호로 보았다.

한편, 미 국채 금리가 3%를 넘어 급등하자 위험자산에서 안전자산으로 자금이 쏠리고 그 결과 주가는 큰 조정을 받았다. 월가의 공포지수 VIX가 급등하고 선진국 6개 통화에 대한 미국 달러화 가치를 나타내는 달러지수(DXY)도 상승했으며 신흥국 주가와 통화는 크게 출렁댔다.

글로벌 경제의 금융 불안은 중심국, 특히 그 가운데서도 미국 경기는 확장하고 신흥국은 축소되는 비대칭적인 경제 여건에 그 요인이 있다. 연준의 통화정책이 글로벌 경제에 미치는 파급효과가 관건이다.

현재 미국 경제는 다른 나라와 비교할 때 초호황을 누리고 있다. 2018년 GDP가 2.9% 성장했고 2019년도 순항(2.3%)했다. 실업률은 50년 만에 최저치를 보이고 있으며 뚜렷한 상향 추세를 보였던 인플레이션도 2% 아래에서 안정적이다.

그럼에도 불구하고 미국은 경기순응적―경기변동을 완화하기보다는 더 부추기는― 경제정책을 수행하고 있으며 미래의 불황에 제대로 대처하지 못하고 있다는 비판을 받고 있다. 우선 확장적 재정정책으로 재정적자가 갈수록 늘어나고 있다. 연방정부의 회계연도가 시작하는 2018년 10월부터 2019년 6월까지 재정적자는 7471억 달러에 달해, 1년 전 같은 기간보다 23% 이상 증가했다. 미 의회예산처(CBO)는 향후 10년간 재정적지기 GDP 대비 4%를 넘어설 것으로 전망하고 있나. 이는 지난 500년간 연평균 GDP 대비 2.9%의 재정적자보다 훨씬 높은 수준이다. 트럼프 정부의 금융규제 완화조치와 도드 프랭크 금융개혁법(Dodd-Frank Wall Street Reform)에 따라 설립된 소비자금융보호국(CFB)의 축소도 금융회사의 위험추구행위를 또다시 부추길 수 있다는 경고다.

한편, 2015년 말부터 모두 8번 단행된 연준의 금리인상에도 불구하고 2%대의 기준금리는 여전히 낮은 수준이라는 지적이 잇따랐으나 2019년 연준은 다시 금리인하기조로 통화정책의 방향을 틀었다. 초저금리 통화정책은 선진국에서 현재진행형이다. 스위스는 2018년 2.6% 성장하였으나 기준금리는 여전히 2015년부터 마이너스 금리를 유지하고 있다. 환율절상을 막고자 함이다.

아이러니하게도 5년 전 글로벌 경제의 성장 동력이 신흥국에서 선진국으로 넘어간 후 다수 신흥국은 어려워진 경제 여건에도 불구하고 높은 금리를 고수하고 있다. 2018년 0.8% 성장한 남아프리카공화국은 기준금리를 6.75%로 인상했다가 자본유출 압력이 완화된 2019년 7월에야 비로소 6.5%로 복귀했다.

연준의 금리인상이 계속될 때 빚이 많은 신흥국일수록 고통은 가중될 수밖에 없다. 국제금융연구소(IIF)에 따르면 신흥국은 2007년 글로벌 부채의 7%에서 2017년 26%를 차지해 4배 가까이 증가했고 비금융기업의 부채는 2008년 말 GDP 대비 56%에서 105%로 늘어났다. 글로벌 경제의 대침체로 수출 의존도가 높은 신흥국이 어려움을 겪게 되었는데, 이는 수출 대신 빚에 경제를 의존한 데 따른 결과다.

그 가운데서도 중국의 부채는 가장 심각하다. 국제결제은행(BIS)에 따르면 정부를 제외한 기업, 가계부문 등 비금융 민간부문이 빌린 신용은 2019년 6월 말 GDP 대비 209.1%에 이른다. 일본(160.3%), 미국(150.0%)보다, 그리고 빚의 대국인 우리나라(192.1%)보다도 더 크다. 더욱이 총 외채는 2조 달러가 넘는다.

경제이론에 따르면 환율을 시장에 맡기는 한 통화정책의 자율성이 보장된다. 그러나 글로벌 금융위기는 이 이론에 중대한 흠이 있다는 것을 보여주었다. 글로벌 경제의 자본흐름은 중심국 미국의 통화정책에 크게 영향을 받는다. 즉, 연준의 통화정책이 전 세계에 달러화 자금을 운영하는 글로벌 은행의 자금조달 행태에 영향을 미치고 이는 다시 글로벌 경제의 자본흐름과 자산가격에 지대한 파급효과를 동반한다. 연준이 금리인하기조에 들어가면 글로벌 은행은 저렴하게 조달한 달러화 자금을 전 세계에 뿌리고 반대로 금리인상기조에서는 풀었던 자금을 회수한다. 10년 만기 국채수익률이 한은 기준금리보다 미 국채수익률과 더 높은 상관관계를 가지는 이유다. 글로벌 경제의 집값 동조화는 또 다른 예다. 글로벌 은행을 매개로 연준의 통화정책이 글로벌 신용사이클을 일으켜 글로벌 자산시장의 동조화가 일어나게 된다.

그러므로 환율을 시장에 맡기는지 여부와 관계없이 연준이 금리인상기조에 들어설 때 자본유출 압력과 함께 시장금리가 높아지게 되고 이때 빚이 많거나 경상수지가 적자이거나 보유 외환이 부족한 주변국들은 노심초사할 수밖에 없다. 결국 자본유출 압력을 완화하기 위해 중앙은행은 국내경제 여건과 무관하게 금리를 동반 인상히게 된다. 통화정책의 동조화도 일어나는 것이다.

선진국에서는 포퓰리즘으로 무장한 보호주의가 대두되었다. 보호무역 현황을 데이터로 구축한 globaltradealert.org는 선진국을 중심으로 보호무역 조치가 날로 늘어나고 있음을 수치로 보여준다. 하버드대학의 로드릭(Rodrik)은 트럼프 대통령의 미국우선주의가 위험한 것은 관세보다는 미국과 글로벌 경제가 나란히 번영할 수 있는 대안이 무엇인지 그 비전을 제시하지 못하는 데 있다고 비판했다. 나라마다 무역전쟁의 불똥이 어디로 튈지 전전긍긍하고 있는 것이 그 증거다.

흔히 위기를 잘못된 정책에 대한 시장의 형벌에 비유한다. 그러나 연준의 금리인상으로 촉발된 신흥국 위기를 놓고 과연 시장의 형벌이 온당한 것인가에 대한 논란이 제기되고 있다. 칠레 출신으로 재무장관을 지낸 런던정경대학(LSE)의 벨라스코(Velasco)는 브라질보다 경제 펀더멘털이 나았던 아르헨티나가 극심한 외환위기로 몰린 사실은 신흥국 위기에 대한 기존의 시각에 오류가 있음을 보여준다고 주장했다. 외견상 아르헨티나의 경상수지적자는 브라질보다 크고 외채도 더 많다. 2018년 말 현재 보유 외환은 브라질의 1/7 수준도 안 된다.

그러나 한편 자세히 살펴보면 두 나라의 사정을 외채로만 판단할 수는 없다. 아르헨티나의 경상수지적자는 높은 투자율 때문이다. 사실 아르헨티나는 브라질보다 저축률이 더 높다. 그러나 투자율은 더 높아 브라질보다 수지적자 폭이 더 크다. 아르헨티나의 높은 투자율은 브라질(2017년, 1%)보다 높은 경제성장률(2.9%)을 가능하게 했다. 더욱이 아르헨티나의 재정적자와 국가채무는 브라질보다 훨씬 낮았다. 경제 기초여건을 비교할 때 아르헨티나가 브라질보다 나았다.

유동성 위기는 예상치 않게, 그리고 경제 펀더멘털과 별 관련 없이 올 수 있는 것이다. 지난 15년간 꾸준히 긴축재정을 해온 아르헨티나는 시장의 칭송을 받다 갑자기 어느 날 저주의 대상이 되었다. 벨라스코는 무책임하나 유동성이 높은 신흥국은 원죄(原罪)의 대가를 치르지 않아도 되나 검약하지만 유동성이 낮은 신흥국은 언제든 그 벌을 받을 수 있다고 개탄했다. 원죄*는 자국통화로 외채 발행이 불가능한 상황을 이른다. 결국 아르헨티나는 전년 대비 1분기 3.9%에서 2분기 -4.2%로 성장률이 자유낙하했으며 IMF에 손을 벌렸다. 그리고 1년 뒤 아르헨티나 역사상 9번째 그리고 금세기 들어 세 번째 국가부도 사태를 맞았다.

벨라스코의 지적은 마치 케인즈의 미인대회*를 연상케 한다. 나라 경제의 펀더멘털보다는 그 나라 경제를 보는 투자자의 인식이 더 중요하다는 의미와 다름없기 때문이다. 금세기 들어서만 이미 2번의 디폴트가 있었던 아르헨티나는 1년 뒤 또다시 외채 상환에 실패했다. 2001년 위기 전만 해도 1달러=1페소였던 환율은 20년도 안 돼서 60배가 뛰었다.

❄❄❄

파월 연준 의장은 연준의 금리인상전략은 두 가지 잠재적 정책 오류의 위험에 균형을 취하는 데 있다고 말했다. 첫 번째 위험은 너무 빠를 때 경기확장이 주기에 마감, 인플레이션은 2%에 안착하지 못하는 것이다. 또 다른 위험은 너무 늦을 때 경기가 과열, 인플레이션이 크게 높아지거나 금융불균형이 일어나는 것이다. 그의 발언을 빌리자면 2018년 12

월까지 연준은 후자의 위험이 전자보다 더 크다고 판단했다.

'성공은 위기로 이어지는 지나침을 낳는다'로 요약되는 금융불안정가설에 따르면 빚이 지나칠 때 경제는 언제든 갑자기 나빠질 수 있다. 즉, 빚과 경제상태의 관계가 선형이 아니라 어느 시점에서 변곡점이 존재하는 비(非)선형인 것이다. 불행히도 비선형이 어느 시점에 일어날지는 알 수 없다.

한편, 위기는 오직 빚으로만 오는 것은 아니며 알려지지 않은 미지의 것이 동반될 때 비로소 그 조건이 성숙된다. 이 미지의 것은 시카고학파 창시자의 하나인 프랭크 나이트(Frank Knight)가 정의했던 불확실성, 즉 근본적인 무지, 지식의 한계 및 미래의 사건에 대한 본질적인 예측 불가능성을 의미한다. 유사하게 부시 행정부에서 초대 국방장관을 지낸 럼스펠드가 인용, 회자된 'Unknown Unknown', 즉 '무엇을 모르는지 모르는' 것에 해당한다.

10년 전의 무지(無知)는 금융의 복잡계—주택담보대출이 증권화되고 이 증권을 기초자산으로 한 파생금융상품이 금융회사의 만기전 환활동을 통해 전 세계에 팔려나가고 집값 거품이 빠지자 저신용 모기지 사태가 글로벌 금융위기로 확산되었다—에 대한 몰이해(沒理解)에서 비롯되었다. 글로벌 경제위기가 다시 온다면 그것은 어쩌면 우리가 미처 모르는 어떤 것 때문일 수 있다. 만약 그것이 중국에서 비롯한 것이라면 그것은 우리로서는 가장 경계해야 할 가능성이다.

결국 2019년 해가 바뀌면서 연준은 시장에 항복을 했다. 그린스펀 풋(Put)처럼 파월 풋이 조어되었다. 1990년대에 조어된 그린스펀 풋은 마치 풋옵션(Put option)과 마찬가지로 연준의 통화정책을 주식투자자들이 투자전략으로 이용한다는 의미다. 그의 재임 시절(1987~2006) 그린스펀은 주식시장이 폭락할 때마다 금리를 인하, 투자자들의 위험추구성향이 위축되는 것을 막았다. 1987년 10월 검은 월요일, 저축대부조합(S&L) 위기, 걸프전쟁, 멕시코 페소화 위기, 아시아 금융위기(AFC), LTCM 위기, Y2K, 닷컴버블붕괴 등 당시 주식시장에 악재가 출현할 때마다 금리를 인하했다. 연준이 위기 때마다 금리를 내린다는 믿음은 연준이 투자자들에게 일종의 풋옵션을 제공한 것에 다름없었으며 연준은 투자의 안전판과 같은 역할을 한 셈이었다. 그린스펀 풋은 연준이 투자자들이 생각하는 연준의 금리정책에 추종하는 결과를 가져왔다. 결국 그린스펀은 후에 글로벌 금융위기의 도화선이 된 서브프라임 위기를 일으킨 책임이 있다는 비판을 받았다.

2019년 7월 연준은 금리를 인하했다. 이번에는 보험론을 제기했다. 금리인하가 물가상승률을 끌어올리는 한편, 무역전쟁이 미 경제에 파급되는 부정적 파급효과를 선제적으로 대응하기 위한 것이라는 논리다. 만약 무역전쟁의 파급효과가 크지 않다면 그만큼 인플레이션 압력은 높아질 것이며 그것은 당초 금리인하에 부응하는 것이라는 해설이다. 그러나 주식시장은 냉담했다.

윌리엄 더들리(William Dudley) 전 뉴욕연준 총재는 연준이 트럼프 대통령의 무역전쟁에 동조해서는 안 된다는 요지의 주장을 〈블룸버그〉에 기고했다(Dudley, 2019). 주장의 논리는 연준이 경제에 악영향을 미치는 무역전쟁을 금리인하로 수용한다면 이를 빌미로 트럼프 대통령은 전선(戰線)을 확대해 결국 더 나쁜 결과를 초래할 가능성이 있다는 것이다. 그는 한 걸음 더 나아가 연준의 결정이 2020년 대선에 미칠 영향을 고려해야 한다고까지 말했다. 그의 주장은 냉소적인 반응을 일으켰다. 연준을 비판하는 사람들에게 더 좋은 구실을 제공했을 뿐이며, 모욕을 참는 것이 실제로 행동에 나설 때 받을 평판보다 훨씬 낫다는 혹독한 비판을 받았다.

그러나 글로벌 금융을 움직이는 연준은 이미 정치에 포획되었다. 카니(Mark Carney) 영란은행 총재가 노딜 브렉시트가 최악의 결과가 될 것이라고 발언했을 때 혹독한 비판을 받았던 것처럼.

13

브레튼우즈 3?

이젠 팍스 아메리카나와
작별인사를 하세요.
_맥스 부트

미국은 소비가 경제를 주도하는 나라다. OECD 회원국 평균 소비가 GDP 대비 60% 조금 넘는 데 비해 미국은 70%에 이른다. 그래서 미국인들을 최종소비자(consumers of last resort)라고도 한다. 전 세계인구의 4.4%가 전 세계 GDP의 15% 남짓 생산하는 나라가 글로벌 경제의 궁극적인 소비주체라는 의미에서다.

최종소비국 미국은 대외적자를 보면서 글로벌 경제와 갈등을 빚게 되었다. 1970년대 초 수출과 수입이 GDP 대비 10%에 불과했으나 1970년대 중반부터 수입이 수출을 압도해 무역적자가 기조적으로 나타났으며 중국이 WTO에 가입한 2001년부터 적자는 크게 증가했다.

무역의 확대는 그것이 가지는 긍정적인 효과와 함께 경쟁력이 떨어지는 산업이 위축되는 부작용을 초래했다. 앞의 "6. 트럼프의 미국우선주의는 어떻게 태어났나"에서 보았듯이 차이나 무역쇼크는 러스트벨트를 미 전역으로 확대시켰고 저학력 백인을 중심으로 일자리가 크게 감소하는 탈공업화가 진행되었다.

트럼프 대통령은 미국의 무역적자를 교역국의 불공정무역정책의 결과물로 인식하고 있으나 실제로 불공정무역의 증거는 찾기 어렵다. 같은 선진국인 EU, 캐나다의 관세가 다소 높은 것은 사실이지만 실제 관세율은 별 차이가 없다. 비관세장벽도 마찬가지다.

대신 경제교과서는 무역불균형을 저축과 투자의 갭으로 본다. 불균형은 투자의 수요가 저축의 공급보다 큰 미국에 교역 상대국이 부족한 저축을 공급해서 일어난 것이다. 2005년 당시 연방준비제도 이사회의 일원이었던 버냉키 전 연준의장이 글로벌 과잉저축(Global saving glut)을 언급한 것은 하나의 예다. 중국을 비롯한 신흥국의 과잉저축이 금리를 떨어뜨리고 미국의 투자 수요를 자극해 불균형이 심화되었다는 지적이다.

무역불균형의 요인이 글로벌 과잉저축이든 또는 미국의 과잉소비든 어떻게 이토록 불균형이 오래 지속될 수 있는 것인가? 미 경제분석국(BEA)이 발표하는 각종 통계로부터 계산하자면 1960년부터 2018년까지 GDP 대비 무역수지적자의 단순 누적치는 101%가 넘는다. 경상수지(=무역수지+본원소득수지+이전수지)적자도 93%에 가깝다. 어떤 다른 나라도 감당할 수 없는 수치다. 이 의문의 답은 종전 후 지금까지 유지되어온 달러화 중심의 국제통화질서에서 찾을 수 있다.

제2차 세계대전 후 국제통화질서는 미국이 금 1온스=35달러의 액면가를 유지하고 주요 교역국들이 미 달러화에 대한 환율을 고정하는 브레튼우즈체제로 요약된다. 브레튼우즈체제의 흠은 금의 액면가를 유지할 때 연준의 통화정책과 상충이 일어나는 데 있었다. 금의 액면가를 유지하기 위해서는 금의 공급과 달러화의 공급이 같은 비율로 증가해야 한다. 당시 서유럽, 일본의 높은 경제성장은 기축통화인 달러화에 대한 왕성한 수요를 일으켰고 이 수요는 대미 흑자를 통해 충당되었다. 따라서 금의 공급이 늘어나지 않는 한 액면가를 유지하기 위해서는 미국 내의 통화량은 그만큼 감소해야 했다.

이처럼 국가 통화가 글로벌 통화로 사용될 때 일어나는 갈등을 벨지움 출신의 예일대 교수 트리핀(Triffin)을 본떠 트리핀 딜레마*라고 한다. 결국 연준의 확장적 통화정책에 따른 인플레이션은 미국이 금의 액면가를 유지할 수 없게 하였고 변동환율제도가 고정환율제도를 대체했다. 그러나 달러화 중심의 국제통화질서는 여전히 유지되었다. 그 후 아시아 금융위기를 계기로 세계경제는 그 전례를 찾아볼 수 없을 정도로 글로벌화되었고 신흥국이 글로벌 경제에 편입되었다. 이제 글로벌 경제에서 차지하는 중국의 구매력 기준의 GDP 비중은 미국을 앞지르고 중국과 인도의 경제력은 미국과 유로 지역을 합친 것에 버금갈 정도로 성장했다.

신흥국의 팽창은 달러화에 대한 막대한 수요를 일으켰다. 특히 글로벌 경제의 자본이동성이 크게 높아짐에 따라 주변부 국가들은 자기보험으로서 안전자산, 즉 막대한 규모의 보유 외환을 쌓았고 무역불균형은 더욱 확대되었다. 시간이 흘러 고정환율제도에서 변동환율제도로, 서유럽과 일본에서 중국 등 신흥국으로 교역 상대국이 바뀌었을 뿐 달러화 중심의 국제통화질서 하에서 트리핀 딜레마는 여전히 유효하다.

차이가 있다면 변동환율제도하에서 달러화가치가 하락할 가능성이다. 글로벌 통화로서 달러화에 대한 높은 수요는 궁극적으로 미국의 경상수지를 악화할 것이기 때문이다. 그러나 그 가치가 하락할 때 달러화는 더 이상 글로벌 통화로 사용되기 어렵게 되어 자가당착에 빠지게 된다. 달러화가 글로벌 통화로서 계속 남아 있을 것인지의 여부는 결국 미국의 대외수지 불균형의 지속 가능성에 달린 문제다. 지속 가능하다면 달러화가치가 하락할 위험도 없기 때문이다.

글로벌 금융위기가 한창이었던 2009년 3월 저우(周) 당시 중국의 인민은행 총재는 달러화를 대체할 IMF 중심의 새로운 글로벌 통화를 제안했다. 보유 외환의 대부분인 달러화 자산의 가치가 하락할 가능성에 대한 우려와 함께 국제통화로서 인민폐 위상을 높이고자 하는 의도에서다. 마침내 2016년 10월 위안화는 IMF의 특별인출권(Special Drawing Rights)에 편입, 엔화를 제치고 유로화 다음의 높은 비중을 차지했다.

❧

과연 미국의 수지 불균형은 지속 불가능한 것일까? 이 질문에 답하기 위해서는 미국의 대외수지와 대외자산 및 대외부채가 어떤 패턴을 가지는지에 대한 분석이 필요하다. 미국은 비록 경상수지가 적자임에도 불구하고 본원소득수지 가운데 투자수지는 흑자일 뿐 아니라 2010년부터 줄곧 GDP 대비 1%를 넘어섰다. 본원소득수지는 거주자가 해외에서 벌어들인 소득에서 비거주자가 국내에서 벌어들인 소득을 차감한 값이며 급료 및 임금소득수지와 특자소득수지로 구성된다. 비록 만성적인 무역수지적자로 인하여 미국의 대외부채(34.8조 달러, 2018년 말)가 대외자산(27.8조 달러)을 압도하지만 대외자산이 벌어들이는 수입이 대외부채에 지급하는 지출보다 커서 대외자산이 초과수익을 내고 있는 것이다. 이 초과수익은 국가 통화인 달러화가 글로벌 통화로 사용될 때 얻는 미국민이 재무적 이득에서 비롯된다. 즉, 미국민의 입장에서 달러화의 조달비용이 저렴하기 때문에 그만큼 높은 투자수익을 내는 게 가능한 것이다.

한편, 투자수지흑자로 경상수지가 무역수지보다 그 적자폭이 작지만 그 차이는 크지 않다. 대외원조로 인한 만성적인 이전소득수지적자 때문이다. 그러므로 초과수익만으로는 수지 불균형의 지속 가능성을 가늠하기는 어렵다.

하버드대학의 리카르도 하우스만(Ricardo Hausman)은 국제수지통계로는 잡히지 않는 부(富)가 미국의 수지 불균형을 지속 가능케 한다는 물리학에서 따온 암흑물질(Dark matter)가설을 제기했다. 팽창하는 우주를 안정하게 하는 암흑물질은 비록 그 존재를 증명할 수는 있으되 측정할 수는 없다. 그는 대외자산과 부채가 국제수지에 반영되는 거래요인뿐 아니라 시장가치와 환율의 변동 등 평가효과에 따른 비거래요인에도 의존하는 사실을 주목하고 이 비거래요인을 암흑물질로 규정했다.

미 경제분석국(BEA)이 발표하는 미국의 연간 순대외자산의 변동을 국제수지통계로 반영되는 거래요인과 대외자산과 부채의 재평가에 따른 비거래요인을 비교할 때 순대외자산의 변동은 거래요인보다는 비거래요인에 더 크게 의존하는 추세를 보인다. 이는 불균형의 지속 가능성을 무역수지나 경상수지가 아닌 순대외자산에서 찾아야 한다는 것을 말해준다. 실제로 2001~2017년 기간 동안 비거래요인에 따른 순대외자산은 단순 누적치로 GDP 대비 20% 가까이 증가했다.

비거래요인이 존재하는 것은 무엇보다도 달러화가 글로벌 경제에서 안전자산의 역할을 수행하는 데서 비롯한다. 쉬운 예로 신흥국이 대미 무역흑자를 미 국채에 투자, 보유 외환으로 적립하고 미국은 매각한 미 국채 대금을 신흥국 주식에 투자한다고 하자. 이 거래는 미국의 안전자산을 신흥국의 위험자산과 교환한 것에 다름없다. 미국이 투자한 신흥국 주식의 평균 수익률이 미 국채보다 높다는 사실을 고려하면 무역불균형은 지속 가능할 수 있다. 요컨대 무역불균형은 위험자산의 투자로부터 얻는 위험프리미엄으로 치유될 수 있다. 글로벌 경제가 트리핀 딜레마를 극복하는 길을 스스로 찾은 것이다.

비록 글로벌 경제에서 차지하는 미국의 위상은 줄어들었어도 금융의 위세는 여전하다. 국제결제은행(BIS)에 따르면 달러화가 거래되지 않는 외환거래는 전 세계 외환거래의 10% 남짓할 뿐이다. 앞서 언급하였듯이 배리 아이켄그린(Barry Eichengreen)은 『얼토당토않은 특권』에서 달러화의 위상이 예전과 같지는 않겠지만 도끼로 제 발등을 찍는 일만 없다면 앞으로도 여전히 글로벌 통화로서 유일무이(唯一無二)할 것이라고 결론을 내리고 있다. 그의 주장은 상당히 설득력이 있다. 그런데 미래에도 이 특권이 유지된다는 것은 글로벌 통화로서 달러화 가치에 큰 흔들림이 없으며 따라서 무역불균형은 지속 가능하다는 것을 시사한다.

그러나 2018년 무역전쟁의 여파로 인한 글로벌 주식시장의 침체로 비거래요인에 따른 순대외자산은 GDP 대비 6.7% 감소했다. 경상수지적자 등 거래요인에 의한 순대외자산 감소분 2.1%까지 합치면 2018년 한해 순대외자산은 GDP 대비 8.8% 감소, 2018년 말 순대외자산은 GDP대비 -46.6%에 이른다. 미국은 무역전쟁으로 제 발등을 찌었다.

한편, 하우스만은 무역의 중심이 상품에서 서비스와 지식으로 이동하는 사실에 주목하고 미국이 수입 철강에 관세를 매기고 EU가 아마존, 구글 등에 세금으로 보복한다면 미국은 막대한 손실을 볼 것이라고 단언했다. 10년 가까이 미국의 서비스수지흑자는 GDP 대비 1%를 넘어섰을 뿐 아니라 거대기술기업은 해외에 막대한 이윤을 쌓고 있는데, 만약 보복으로 비거래요인이 크게 위축된다면 암흑물질을 생산하기 어려워지기 때문이다. 실제로 2019년 9월 조세회피혐의로 4년간 조사를 받았던 구글은 프랑스에 10억 달러를 벌금과 추가조세납부액으로 지급했다.

미국이 수출보다 더 많은 수입을 할 수 있는 것은 글로벌 통화로서 달러화가 누리는 얼토당토않은 특권 때문이다. 트럼프 정부가 원하는 공정한 무역은 결국 그 특권을 포기하겠다는 것이며, 그것은 아이켄

그린이 지적하였듯이 도끼로 제 발등을 찍는 것에 다름없다.

그렇다면 미국을 대신할 나라가 있을까? 필자가 아는 대부분의 미국인 학자들은 단호히 부인한다. 그러나 작지만 이미 조짐은 시작되었다. 미국을 제외한 11개국이 참여하는 호주와 일본 주도의 다자간 협정인 포괄적 · 점진적환태평양경제동반자협정(CPTPP)이 출범했다. 위안화가 SDR에 편입된 후 중국은 일대일로 사업을 통해 위안화의 국제화를 추진하고 미중 무역전쟁에 대비, 달러화 대신 위안화를 사용하는 위안화 블록을 위해 노력을 기울이고 있다.

경상수지 가운데 이전소득수지는 대외원조와 같이 대부분 미국 자신의 특권을 누리기 위해 전 세계에 뿌린 돈이다. 1960~2017년 동안 GDP 대비 단순 누적치는 31%가 넘는다. 종전(終戰) 후 기간을 포함하면 실로 막대한 규모가 될 것이다. 만약 트럼프 대통령이 그 특권을 포기한다면 지금까지 쓴 돈은 회수할 수 없다. 말 그대로 소탐대실이다.

❖❖❖

미국의 사회 · 정치 · 경제의 변화는 대외정책의 변화로 나타났다. 브레튼우즈체제, 더 나아가 미국 주도의 국제질서는 무너지고 있다. 그동안 미국의 대외정책은 IMF, 세계은행, WTO, UN, 나토 등 다자간 국제기구를 통해 규칙에 기반한 국제통화 및 무역질서와 시장 중심의 민주주의를 확산하는 자유주의 패권(Liberal hegemony), 즉 팍스 아메리카나에 있었다. 미국이 추구했던 자유주의 패권은 자유무역, 인권, 민주주의의 확산으로 요약되는 미국의 가치가 올바르고 달성 가능하며 지속 가능하다는 믿음에 기반하였다. 이 자유주의 질서는 팍스 아메리카나의 이념적 토대가 되었고, 브레튼우즈체제는 자유주의 패권을 구현하는 제도였다.

미국 리더십 위기에 관한 많은 문헌 가운데 시티그룹(Citigroup)이 발간한『글로벌정치위험보고서』(2016)는 장기적 시야에서 리더십을 발휘하는 데 필요한 자원의 희소성을 주제로 논하고 있다(Fordham et.al., 2016). 냉전시대 미국은 막대한 힘을 가지고 최종중재자로서 지역적 분쟁을 억제하고 안정과 자유시장을 지향하는 나라들을 지지하고 도왔다. 1989년 냉전체제가 와해되면서 급속히 이룬 글로벌 경제의 통합은 많은 나라들이 미국이 제공하는 서비스를 취하고 적대적 관계에 있는 나라들조차 이에 편승했다.

그러나 포스트 냉전시대에 들어서자 미국의 위상은 예전과 같지 않게 되었다. 중국이 강대국으로 부상하고 9·11 테러 후 대량살상무기를 빌미로 한 이라크 침공과 같은 군사개입으로 미국에 대한 신뢰와 리더십이 훼손되고 국방 자원이 낭비되었기 때문이다. 특히 최종중재자로서 역할을 뒷받침한 정치적 자본이 고갈되고 대신 국내문제에 치중하는 내부지향적 성향이 주류정치계의 지지를 얻었다. 비록 미국은 여전히 모든 면에서 강력한 나라이기는 하나 그 영향력은 제한적일 수밖에 없다. 미국의 리더십이 흔들릴 때 미국이 구축한 국제질서를 이행할 역량도 크게 위축될 것이기 때문이다. 대체할 새로운 질서가 없는 상황에서 미국이 이끌었던 시대에 이룬 번영도 더 이상 기대하기 어렵게 되었다.

이 보고서가 강조한 팍스 아메리카나에 소극적이었던 주류정치계는 2016년 미 대선으로 몰락했다. 미국이 얼마나 빨리 변화하고 있는지 보여주는 대목이다.

현 트럼프 정부의 대외정책 변화에 대해 국제관계 전문가들은 어떻게 평가하고 있을까? MIT 정치학자 배리 포센(Barry Posen)은 트럼프 정부가 고립주의가 아닌 비(非)자유주의 패권(Illiberal hegemony)을 추구하고 있다고 보았다(Posen, 2018). 그 근거로서 한편으로는 미국우선주의를 내세워 동맹국들이 무임승차하고 있다고 비난하고 다른 한편으로는 북한, 이란에 대해 강한 압력을 행사하고 분쟁 지역에서 무력행사로 대응하는 것을 들었다. 취임 후 미국의 이해에 역행한다는 이유로 환태평양경제동반자협정(TPP 12)를 탈퇴하고 파리 기후협약을 폐기한 것은 좋은 예다. 그는 비록 자유주의 패권의 실험이 실패로 끝났다고 하더라도 트럼프가 추구하는 비자유주의 패권은 목적 없는 1등에 불과하며 어떤 전략적 우월성도 없다고 비판했다.

같은 맥락에서 피터슨연구소의 아담 포센(Adam Posen)도 미국이 구축한 자유주의 질서, 즉 규칙에 기반한 국제경제질서가 훼손되고 있으며 이로 인해 글로벌 경제의 복리를 해칠 것이라고 경고했다(Posen, 2018). 그는 좋은 제도는 지속 가능한 번영에 필수적이며 미국이 주도한 국제질서는 좋은 제도를 수출, 글로벌 경제의 번영에 기여했다고 강조하였다. 국제관계의 속성상 미국이 주도한다는 것이 명령을 내리는 것은 아니며 회원이 싫으면 떠나는 일종의 클럽과 같고 미국은 회비를 징수할 수 있을 뿐이라고 미국의 역할을 제한적으로 평가하였다. 따라서 미국 사회에 널리 퍼진 그릇된 믿음—미국이 글로벌 공공재를 공급하고 다른 나라들이 무임승차하고 있다—은 현실과 다르다고 주장한다. 현실은 동맹국들에게 핵 억제와 안전 보장을 제공하고 미국이 주도해 설정한 국제 룰에 따라 해상과 영공을 상업적 목적으로 자유롭게 항해하는 것이 미국이 공급하는 두 가지 중요한 공공재이며 이로부터 미국 역시 혜택을 받고 있다고 강조하고 있다. 그는 오히려 미국이 무임승차를 하고 있다고 주장한다. 국제기구 분담금의 태만, 기후변화에 대한 부적절한 대응, 글로벌 금융위기를 초래한 과도한 금융규제 완화 등 미국의 무책임한 행태에도 불구하고 다른 나라들이 책임을 묻지 않은 것은 미국이 계속해서 국제질서를 주도하기를 원하고 있기 때문이라는 입장이다. 즉, 미국 리더십의 혜택이 미국의 상당한 위선을 눈감아줄 수 있을 정도로 컸다는 의미다. 그러나 미국이 여봐란듯이 규칙을 위배하는 행태를 계속한다면 국제질서 자체가 위협받을 수 있다고 경고하였다.

포센은 2017년 말 공개된 트럼프 정부의 국가안보전략(National Security Strategy, 2017)은 미국이 70년간 이끌었던 리더십과 가치를 전면 부정하고 있다고 주장한다. 대신 경제와 국가안보의 경계를 허물고 다자간 대신 양자간 무역협정으로 협력이 아닌 강권을 행사, 미국의 모든 국가권력 요소—정치, 경제, 군사—를 통합해 미국우선주의 원칙에 입각한 현실주의를 추구하겠다는 의지를 드러냈다. 그는 트럼프 정부가 공언한 국가안보전략을 실제로 실행하기는 어려울 것으로 보았다. 왜냐하면 글로벌화는 이미 되돌리기 어려울 정도로 깊숙이 진행되었고 글로벌 경제에 편입된 나라들은 중심국이든 주변국이든 서로 긴밀하게 연결되어 있기 때문이다.

그럼에도 불구하고 만약 실행에 옮긴다면 글로벌 경제와 궁극적으로 미국도 심각한 피해를 입을 것이라고 경고했다. 그것은 곧 규칙에 기반한 자유주의 질서가 무너지는 것을 의미하기 때문이다. 국제무역이 가장 직접적인 영향을 받게 되어 교역이 위축되고 현실적으로 미국의 리더십 없이는 국제 공조가 일어나기 어렵기 때문에 한 나라 또는 지역적 경제위기가 다른 나라와 다른 지역으로 쉽게 확산될 수 있는 것이다. 글로벌 경제에 제로섬 게임으로 인한 근린궁핍화(近隣窮乏化)가 공조에 따른 수렴을 대체하게 될 것이기 때문이다. 준수할 규칙에 대한 동의 없이 경제적 마찰과 군사적 대치를 분리하지 않을 때 자첫 심각한 결과를 초래할 수 있다. 포센은 세계는 더 위험하고 덜 공정하고 더 궁핍하게 될 수밖에 없을 것이라고 결론을 내렸다.

국제통화질서는 금의 액면가를 유지하는 고정환율제도인 브레튼우즈 1에서 달러화가 금의 액면가를 유지할 수 없어 태환성을 잃어버리는 브레튼우즈 2로 이행했다. 다시 브레튼우즈 2에서 미국의 영향력이 쇠퇴하는 브레튼우즈 3로 이동한다면 IMF, 세계은행, WTO 등 국제통화질서를 감시하고 이행하기 위해 만들어진 제도가 충분히 그 역할을 수행하기는 쉽지 않다. WTO가 좋은 예다. 세계은행에 맞서 중국이 창설한 아시아인프라투자은행(AIIB)은 다른 예다. 과연 IMF가 한 나라 또는 지역의 금융외환 불안을 글로벌 경제로 확산하지 않도록 제대로 제어할 수 있을지 두고 볼 일이다.

한편, 브레튼우즈 3에서도 달러화는 여전히 다른 통화와 비교할 수 없는 높은 위상을 가질 것으로 기대된다. 풍부한 유동성, 다양한 만기 구조와 발달된 파생금융시장 등 안전자산으로서 달러화를 대체할 수 있는 통화가 없기 때문이다. 그러나 아담 포센이 지적하였듯이 미국이 달러화를 전략적 수단으로 사용할 때 시장은 자연스럽게 달러화를 대체할 통화를 찾게 될 것이며, 리브라(Libra)*는 잠재적으로 유력한 후보다. 중국과 러시아 간 무역결제통화로 달러화를 줄이는 노력은 또 다른 예다. 한편, 만약 미래에 민주당 좌파가 집권하고 MMT(The Modern Monetary Theory, 현대화폐이론(MMT)에 따른 통화정책을 추진하려 한다면 브레튼우즈 3는 조기에 종료될 수 있다.

글로벌 금융위기 당시 연준은 글로벌 경제의 최종대부자로서 선진국 5개국 외에 우리나라를 비롯한 신흥국 5개국 중앙은행에 유동성을 공급했다. 2013년 선진국 5개 중앙은행과 스왑라인을 상설화했다.

그러나 미국우선주의에 부합하지 않는 한 연준이 또다시 최종대부자로서의 역할을 수행할 것을 기대하기는 어렵게 되었다. 대신 연준의 통화정책이 글로벌 경제의 주변국에 미치는 부정적인 파급효과를 고려하면 주변국들은 자본 통제를 강화하는 정책에 의지하려 할 것이며 이는 곧 세계화의 후퇴를 의미한다.

반세계화는 저소득국가가 가장 큰 어려움에 처하게 되는 경제 환경을 조성하게 된다. 국제자본이동성이 낮을 때 소득이 낮은 나라가 소득이 높은 나라를 따라잡는 수렴이 일어나는 것은 기대하기 어렵기 때문이다. 우리나라가 1960~70년대 고속성장을 할 수 있었던 것은 성장에 필요한 저축과 자본이 부족했던 당시 외국자본에 의존해 투자를 했기 때문이었다. 앞에서 여러 번 강조했듯이 무분별한 해외자본의 흐름은 심각한 경제적 불균형을 초래할 위험이 있다. 실제로 우리나라도 아시아 금융위기뿐 아니라 크고 작은 위기를 수차례 겪었다. 라인하트가 공저한 『이번엔 다르다』(*This Time Is Different*, 2009)에 따르면 우리나라는 17년 이상 위기로 고통을 받았다. 그럼에도 불구하고 해외자본은 저소득국가가 선진국으로 진입하는 데 필수적이다. 그것은 단지 필요한 자본을 제공받기 때문만은 아니다. 해외자본이 자본 유치국이 관련 제도를 선진화하고 국제규범을 준수함으로써 성장을 위한 틀을 구축하고 선진 기술을 습득하는 데 큰 기여를 할 수 있기 때문이다.

제3부
대침체

하버드대학의 경제학자

Globalization Paradox,

없으며 민주주의 또는 국가권력과 양립할 수 있을 뿐이라고

수 있을 때 정부는 시장 기능을

디지털기술혁명과 자유주의의 퇴조

것이다. 황금구속복을 입고 있을 때 세금을 걷거나

유치할 수 있 복지 재원은 국채를 발행하거나 세금을 걷거나

입을 때 경제 크지 않다. 세계화는 소수 엘리트가 주도하는

로드릭(Danny Rodrik)은 민주주의 가 들어설 여지는 크지 않기 때문이다. 미국과 프랑스에서 출간된 『엘리트의

2011)에서 현재와 같은 높은 수준의 세계화 외로 빠져나갈 수 있기 때문에 바뀌고 있다. 미국과 프랑스에서 출간된 『엘리트의

진단했다. 세계화를 둘러싸고 '삼자택이(三者擇二)'의 외로 빠져나갈 수 있기 때문이다. 세계화는 국가 간

활성화하고, 건전재정 등 안정적인 경제 여건과 ## 중국의 두 얼굴 일어나는 변화를 일찍 감지했다. 세계화는 국가 간

여기에 사회복지와 같은 구성원 리트 시대는 기존의 엘리트 가운데 두고 두 나라에서 일어나는 변화를 일찍 감지했다.

그 정도 ## 국가자본주의와 시장경제 를 배격하는 포퓰리즘이 세계화의 책임이라는 주장도 쉽사리 부정하기는 어렵다.

세 번에 걸쳐 풀리처를 수상했던 〈뉴욕타임즈〉 시대는 기존의 엘리트 가운데 두고 ## 안전자산을 둘러싼 글로벌 경제의 갈등

엘리티즘에서 포퓰리즘으로 경제이론의 예측은 경제학자들이 통계적 검증을 통해 밝힌 「기술 진보→불평등」의

로드릭(Danny Rodrik)은 프리드먼(Thomas Friedman)은 한 나라 안에서의 예측은 뒤에서 (Globalization and Inequality, 2018)이 가장

2011)에서 현재와 같은 수준의 세계화와 다른 차원에서 세계화를 인과관계는 경제학자들이 세계화와 불평등 작은 기여를 했을 뿐이라는 결론을 내렸다. 불평등을

진단했다. 세계화를 둘러싸고 '삼자택이(三者擇二)'는 민주주의와 국가권력과 ## 초연결시대의 역설

신 경제적 자주권의 희생을 감수해야 한다는 대한다면 교각살우(矯角殺牛)할 수밖에 없다. 포퓰리즘이 경제를

활성화하 ## 그렇다면 한국은 무엇을 해야 하는가? 의미다(Friedman, 2000). 글로벌 경제 중심 국가에서

벌이게 된다. 여기에 사회복지와 같은 구성원들의 요구, 즉 민주주의가 트럼프의 미국우선주의는 어떻게 생겨났나 공존할 수 없으며 민주주의 또는 국가권력과 버구들이 입게 된다. 한편, 하버드대학의

돈을 찍어 마련해야 하는데 그 정도가 지나치면 투자를 유치할 수 있도록 친기업 정책을 양립할 수 있을 뿐이라고 ization Paradox,

시대에서 일어난다. 그러나 이제 엘리트 시대면 자본과 노동은 쉽게 해외로 황금구속복을 입고 있을 때 정부는 시장 기능을

황혼』(Twilight of the Elites)이라는 같은 제목의 두 책은 대서양을 배격하는 투자를 유치할 수 있도록 친기업 정책을

불평등을 극복하는 데 결정적인 기여를 했다. 그러나 동시에 한 나라 안에서 들어설 여지는 크지 않다. 복지 재원은 다른 나라 정부와 경쟁적으로

자유무역이 고소득국가의 저숙련노동자를 해칠 포퓰리즘의 시대로 바뀌고 있다. 세계화를 발행하거나 세금을 걷거나

파급효과로 확인할 수 있기 때문이다. 그러나 「세계화-불평등」의 것이라는 경제이론의 예측은 뒤에서 설명하듯이 미국에 대한 중국의 무역충격이 초래한

확고부동한 인과관계에 비해 미약하다. 아마도 엘하넌 헬프먼(Elhanan Helpman)의 『세계화와 불평등』(Globalization and Inequality, 2018)이 가장

최근에 수행된 연구일 것이다. 그는 기존의 연구결과와 마찬가지로 미국에 대한 중국의 무역충격을 통해 밝힌 「기술 진보→불평등」의

자유무역의 탓으로 돌리기에는 자유무역의 혜택과 마찬가지로 세계화가 불평등에 작은 기여를 했을 뿐이라는 결론을 내렸다. 불평등을

인과관계를 제대로 규명하지 않은 채 나타난 현상으로 세계화가 불평등에 작은 기여를 했을 뿐이라는 결론을 내렸다. 불평등을

망가뜨린 역사적 사례는 수없이 많다. 역설적이지만 세상의 이치를 판단한다면 포퓰리즘을 규제한다면 교각살우(矯角殺牛)의 우를 범하는 것이다.

일어난 포퓰리즘은 글로벌 경제를 망가뜨릴 수 있다. 포퓰리즘의 가장 큰 피해는 더 크게 일어날 수밖에 없다. 포퓰리즘이 경제를

비록 능력주의가 자유주의 산물이지만 능력주의가 제대로 작동하지 가장 큰 피해는 분노한 보통사람들에게 돌아간다. 포퓰리즘이 경제를

인류 역사상 최고의 번영은 자유주의 이념이 정립되었기 때 않는 우리나라와 같이

그랬던 것처럼 자유주의가 극복해야

14

위기

진짜 엔지니어는 다리를 짓지만 금융 엔지니어는 꿈을 짓는다.
그리고 그 꿈이 악몽으로 판명될 때 다른 사람들이 그 대가를 치른다.
_앤드루 셍

❖❖❖

미 중서부 와이오밍주 북서쪽에 1,300km²에 걸쳐 북미 원주민 다코
다족(族)의 지족(支族) 이름을 딴 그랜드 티톤 국립공원(Grand Teton
National Park)이 조성되었다. 이 국립공원 내 록키산맥에 양쪽으로 뻗
은 잭슨 홀(Jackson Hole)이라고 부르는 계곡은 장대한 경치와 송어낚
시로 유명한 곳이다. 이곳에서 캔자스시티 지역 연준은 매년 8월 하순
연례 경제정책 심포지움을 개최해오고 있다. 미국의 중앙은행인 연방
준비제도는 수도 워싱턴의 연방준비이사회와 뉴욕시를 비롯한 전국
12개 지역의 연방준비은행으로 구성되어 있다. 캔자스시티도 연방준
비은행이 소재한 지역이다. 1982년부터 시작한 잭슨 홀 컨퍼런스는 전
세계 주요 중앙은행, 학계, 정부 인사들이 참여, 가장 유명한 경제 컨퍼

런스로 자리매김을 하였다.

당시 연준 의장이었던 고(故) 폴 볼커(Paul Volker)씨가 좋아하는 플라이 피싱 때문에 콘퍼런스 장소를 옮겼다는 전언(傳言)이 있는 잭슨 홀 컨퍼런스가 전 세계적으로 널리 알려진 것은 글로벌 금융위기 (GFC) 때문이다. 2007년 미국의 저신용 주택담보대출의 부실에서 비롯된 서브프라임 위기는 결국 다음 해 글로벌 경제의 중심부가 망가지는 GFC로 확산되었다.

2008년 9월 초순 늦여름 햇살이 여전히 뜨거웠던 금요일 오후 금융연구실 책임가는 필기에게 금융 공황이 오는 것 같다고 말했다. 다음 주 월요일 아침 총재실 주례회의에서 국제담당 부총재보는 대형 투자은행 대부분이 도산 위험에 직면했다고 보고했다. 같은 날 오전 국내 자금시장에 경색이 일어났다.

2007년 9월부터 2008년 4월까지 미 연준은 서브프라임 위기에 대응, 연방기금금리 목표를 5.25%에서 2%까지 내리고 은행과 국채 전문 딜러에 대한 다양한 유동성 지원 프로그램을 가동하였다. 3월 유동성 위기에 처한 자산 규모 6위의 투자은행 베어스턴을 JP모건(JP Morgan Chase & Co.)이 인수하도록 자금을 지원하기도 하였다.

9월 리먼 브라더스가 도산하자 또다시 연준은 은행, 제2금융권, 비금융기업, 머니마켓펀드(MMF)시장 등을 상대로 다양한 대출 창구를 개설, 긴급 유동성을 지원하였다. 추가로 주택서낭증권시상 안정화를 위해 6000억 달러의 매입 프로그램을 발표했다. 이 밖에도 신용부도스왑(CDS)을 대량 매각하고 실제로 신용사건(Credit event)이 일어나 도산 위기에 빠진 AIG에 대해서도 긴급 지원에 나섰다. 신용부도스왑은 보험 상품과 유사하지만 옆집 차가 사고를 낼 때 주인이 아닌 내가 보험금을 탈 수 있다는 데 차이가 있다.

연준의 유동성 지원 프로그램은 도마에 올랐다. 스탠포드대 존 테일러(John Taylor) 교수는 연준의 유동성 지원 프로그램을 통화정책(monetary policy)과 산업정책(industrial policy)을 합친 통산정책(Mundustrial policy)라고 비꼬았다. 금융회사가 보유한 독성자산(毒性資産, toxic assets)을 안전자산으로 교환해주어 질적완화 통화정책이라는 비판을 받았던 연준은 보수주의 단체로부터 "연준을 점령하라."는 공격을 받기도 했다.

2008년 10월 말 유럽중앙은행*과 스위스중앙은행에 제공했던 스왑라인을 한국은행을 포함한 14개국 중앙은행으로 확대하고 5800억 달러를 공급했다. 당초 연준이 브레튼우즈체제 하에서 환율안정을 위해 시작했던 선진국 중앙은행과의 스왑라인을 달러화 유동성을 공급하는 창구로 활용하고 멕시코, 브라질 등 신흥국까지 대폭 확대한 것을 두고 의회에서는 비판이 쏟아졌다.

연준이 이토록 상업은행만이 아닌 투자은행, 보험회사, 비금융기업, 나아가 초단기에서 장기에 이르는 자금시장과 해외까지 유동성을 지원한 것은 대공황 당시 연준이 범한 실수를 반복하지 않겠다는 반성에서 비롯한다. 통화론자들에게는 성서(聖書)와도 같은 밀튼 프리드먼(Milton Friedman)과 애너 슈바르츠(Anna Schwartz)는 공저한 『미국 화폐사(貨幣史) 1867-1960』(A Monetary History of the United States, 1867-

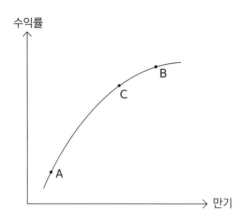

◆ **그림 2** 수익률곡선

1960, 1963)에서 연준이 대공황을 키웠다는 혹독한 비판을 했다.

　회고해보건대 많은 비판에도 불구하고 대공황 시절의 통화정책 연구에 헌신한 학자 출신인 버냉키(Ben Bernanke) 당시 연준의장이 아니었더라면 글로벌 경제는 더 큰 어려움을 겪었을 것이다. 『미국 화폐사』 제7장을 별도로 출간한 『대공황 1929-1939』(*The Great Contraction*, *1929-1933*, 2008)의 논평으로도 실린 2002년 프리드먼의 90회 생일축하 연설문은 지금 다시 볼 때 마치 위기를 맞아 결연한 각오를 다지는 버냉키의 출사표(出師表)를 읽는 듯한 느낌이다. 그는 "당신들이 옳습니다. 우리가 잘못했습니다. 당신들에게 감사합니다. 다시는 그런 잘못을 반복하지 않을 것입니다."라는 말로 연설을 마쳤다.

　금융의 핵심은 만기전환(滿期轉換), 즉 단기로 자금을 빌려 장기로 운용하는 데 따른 만기불일치 위험을 담보로 수익을 내는 데 있다. 〈그림 2〉는 만기가 길수록 수익률도 높아 둘 사이에 정(+)의 관계를 보여주는 수익률곡선이다. 은행이 A에서 예금자로부터 단기로 예금을 수취해 B에서 주택 수요자에게 장기로 대출할 때 B와 A의 차이에 해당하는 만기불일치와 수익률이 발생한다.

이때 다른 금융회사가 새로이 진입, C에서 은행이 수취한 예금을 빌려 은행 대신 B에서 대출을 한다고 하자. 이 금융회사의 진입으로 당초 은행의 만기불일치와 수익이 공유된다. 즉, 은행은 A와 C의 차이, 금융회사는 C와 B의 차이에 해당하는 만기불일치 위험을 분담하고 수익을 나누는 것이다.

한편, 은행과 금융회사가 위험과 보상을 공유하는 것에서 그치지는 않는다. 둘은 상호 연결되었기 때문이다. 이 상호 연결성은 은행의 예금자가 상환을 요구할 때 상환해줄 돈이 없는 은행이 자기 은행으로부터 자금을 조달한 금융회사에 대해 상환 요구를 하는 경우를 생각해보면 알 수 있다. 만약 어떤 이유로든 이 금융회사가 상환을 할 수 없다면 금융회사의 문제는 즉시 은행으로 파급된다.

금융 혁신은 A와 B 사이에 수많은 금융회사들이 진입함으로써 다양한 형태의 만기전환을 가능하게 하지만 대신 전례 없이 상호 연결성이 높아지는 결과를 가져왔다. 이 상호 연결성은 어느 한 금융회사의 만기불일치 위험이 제대로 제어되지 못할 때 다른 금융회사들도 위험에 노출되고 나아가 전체 금융시스템이 취약해질 수 있는 위험을 동반한다. 서브프라임 위기가 2000년대 초 닷컴버블 당시보다 경제에 미치는 파급효과가 그토록 컸던 것은 상호 연결성 때문이었다.

버냉키의 연준이 온갖 유형의 유동성 지원 프로그램을 가동한 것은 저신용 주택담보대출의 부실이 금융 혁신에 따라 높아진 상호 연결성으로 인하여 전체 금융시스템이 무너지는 사태로 악화되는 것을 막고자 하는 필사적인 노력이었다.

상호연결성이 가지는 잠재적인 위험은 조건만 맞으면 언제든 현실로 일어날 수 있다. 연준은 통화정책 정상화에 맞추어 양적완화 조치로 2015년 초 4.5조 달러까지 늘어났던 자산을 2019년 9월 초 3.8조 달러까지 줄였으나 이후 다시 증가해 12월 초 4.1조 달러로 늘어났다. 마치 또다시 양적완화가 일어나는 것 같은 이 사건은 연준이 단기자금 조달시장인 일평균 2.2조 달러 규모의 환매조건부채권(RP)시장의 안정을 위해 국채를 매입했기 때문이다. 즉, 시장에 유동성을 푼 것이다.

RP거래는 통상 익일에서 3개월 이하, 드물게는 2년까지 미리 약정한 만기일에 다시 매입(매도)하는 조건으로 국채와 같은 안전자산을 매도(매입)하는 거래방식이다. 쉽게 말하자면, 일정 기간 국채를 담보로 제공하고 돈을 빌리는 자금시장이다. 이때 담보가치를 할인하는데 이 할인율을 RP금리라고 하며, 단기금리의 속성상 중앙은행의 정책금리 수준에 근접한다. 유로존의 경우 독일 국채를 담보로 하는 RP거래 시 할증률이 적용되는데 유럽중앙은행의 정책금리가 마이너스이기 때문이다.

현금을 많이 보유한 대형은행과 MMF 등이 자금을 공여하며 일상거래에 현금이 필요한 헤지펀드나 월가의 브로커, 딜러들이 보유한 국채를 제공한다. 현금이 일상적인 금융거래에 필요하듯이 RP거래 시 담보로 받은 자산은 약정한 만기 동안 제3자에게 담보로 재사용될 수 있다는 점에서 RP시장은 매우 중요하며, 2018년 일평균 2.2조 달러, 역 RP거래까지 포함하면 4조 달러에 이른다.

9월 중순 RP금리가 10% 이상 치솟았다. 이해하기 어려운 이 현상은 막대한 규모의 신규 국채가 발행되어 RP시장에 공급되는 담보가 크게 늘어나 RP금리의 상승 압력이 일어났기 때문이다. 트럼프 정부의 막대한 재정적자로 크게 늘어난 국가채무는 2019년 2월 말 22조 달러를 넘어선 뒤 11월 말 다시 23조 달러를 초과했다. 한편, 국가채무는 크게 증가하고 있으나 외국인의 미 국채 보유 비중은 감소하는 추세다. 미 재무부에 따르면 공공부문이 보유한 국채 가운데 외국 중앙은행을 포함한 외국인 보유 비중은 2012년의 48.6%에서 2018년 39.5%로 떨어졌다. 따라서 상당한 물량의 신규 국채를 은행을 중심으로 국내 민간부문이 떠안게 되어 대형은행이 RP시장에서 자금을 공급할 여력이 크게 줄어들었다.

이처럼 RP금리가 상승할 때 낮은 금리로 조달한 자금을 RP시장에 공급해 이윤을 취하는 차익거래 활동이 일어나게 된다. 그러나 연준의 최대 하루 1000억 달러 이상의 막대한 규모의 시장개입은 단기시장 간 차익거래가 제대로 작동하지 않고 있음을 시사한다. 무엇보다도 대형은행이 막대한 규모의 신규 국채를 매입하는 한편 강화된 건전규제로 자금을 공급하지 못하는 구조적인 요인이 자리잡고 있다.

연준의 RP시장개입이 언제까지 지속될지는 아무도 모른다. 그러나 연준의 유동성 공급은 결과적으로 RP시장으로부터 자금을 조달해 장기자산에 투자하는 헤지펀드, 사모펀드, 부동산투자신탁 등을 구제한 셈이다. 낮은 금리 하에서 수익률을 좇는 금융회사의 행태는 하등 달라진 것이 없다.

❊❊❊

"하우징(Housing)입니다." 글로벌 금융위기 1년 전 한국은행 컨퍼런스에 참석했던 당시 잭슨 홀 컨퍼런스 주제를 정하는 책임자의 답변이다. 같은 테이블에 앉아 있던 모두가 관심을 가지고 미국 주택시장 전망에 대해 물었다. 그는 "다소 어려움은 있겠지만"이라고 답했다. 그의 진단은 사실 많은 전문가의 견해를 반영한 것이다. 일부 비관론자가 있었지만 돌이켜보면 대부분 잘못된 논리에 기반한 주장이었다.

글로벌 금융위기가 일어난 11월 런던정경대학(LSE)을 방문한 영국 여왕은 "왜 아무도 알지 못했나요?"라고 물었다. 이듬해 7월 영국 학사원(British Academy)은 여왕에게 다음의 구절이 들어간 편지를 보냈다.

"…사실 금융시장과 글로벌 경제의 불균형에 대한 많은 경고가 있었습니다.… 어려움은 특정 금융상품보다는 시스템 전체에 대한 위험을 보는데 있었습니다. 위험은 최고의 수학적 분석을 이용하였으나 대부분 금융 활동의 일부에 국한하여 계산되있습니다. 그러나 큰 그림을 보지 못했습니다.…"

왜 미리 알지 못했을까? 아시아 금융위기 때 그랬듯이 글로벌 금융위기 후 비로소 그 위기를 예측할 수 있었다는 주장이 제기되었다. 위기 예측이 어려운 것은 모든 유형의 경제 예측이나 전망이 그러하듯이 아무리 표본 내 예측력이 높아도 표본 외 예측력이 떨어지기 때문이다. 경제는 마치 살아 움직이는 것처럼 변화무쌍하기 때문이다.

무엇보다도 위기 예측은 일기예보가 아니다. 절대자가 세상 사람들에게 경제위기를 예측하는 조기경보시스템을 주었다고 가정하자. 만약 경보가 작동하였다면 사람들은 모든 노력을 기울여 위기를 극복하려 할 것이다. 그래서 위기를 막았다면 비록 경보가 작동하였으나 결과적으로는 위기는 오지 않은 셈이 된다. 이 모순은 예측된 위기와 위기에 대응하는 경제주체의 상호작용에서 비롯한다.

위기를 예측할 수 없다면 위기 시 위기비용을 줄이는 차선책을 선택할 수밖에 없다. 국제사회는 선진국을 중심으로 금융회사의 레버리지를 억제하고 자본 충실화와 파생금융시장의 투명성을 높이는 등 금융개혁을 추진하였다. 트럼프 정부가 들어서 규제의 정도가 완화된 볼커 전 연준의장이 주도한 도드 프랭크 금융개혁법도 마찬가지다.

2010년 봄 미국 경제는 그런대로 안정을 찾은 것처럼 보였다. 연준은 6월에 들어서자 자산 매입을 중단했다. 그러나 글로벌 금융위기에 가렸던 유로존 위기가 고개를 들었다. 세인트루이스 지역 연준의 제임스 블로드(James Bullard) 총재가 비선형(非線型)의 가능성을 제기했다. 비선형이란 복수의 균형이 존재한다는 의미이며 경제가 언제든 다시 나빠질 수 있음을 경고한 것이다.

그러나 언론은 눈치채지 못했다. 그해 8월 잭슨 홀 컨퍼런스에서 버냉키 연준의장은 경제의 하방 위험이 커졌으며 디플레이션 위험에 대응해 연방공개시장위원회(FOMC)는 경제 회복을 위한 모든 역량을 발휘할 것을 천명하였다. 중단된 양적완화가 재개된 것이다. 이후 연준은 두 차례에 걸친 추가 양적완화를 단행하였으며 2014년 10월 자산 매입을 중단할 때까지 4.5조 달러의 자산을 쌓았다.

연준을 비롯한 선진국 중앙은행은 비통념적인 통화정책에도 불구하고 글로벌 경제가 대침체(Great Recession)로 빠지는 것을 막지는 못했다. 침체가 계속되자 교역국 간 수출시장을 빼앗으려는 이전투구가 일어나고 실업률이 줄어도 물가 압력은 높아지지 않는 기이한 현상이 지금까지 계속되고 있는 것이다.

2013년 잭슨 홀 컨퍼런스에서는 글로벌 경제 중심국의 통화정책이 글로벌 은행을 중심으로 글로벌 신용사이클을 일으키고 이 사이클에 주변국의 통화정책이 제약을 받는다는 주장이 제기되었다(Rey, 2013).

주변국의 통화정책이 중심국의 통화정책에 제약을 받는 현실은 비극이다. 글로벌 금융위기는 미국을 비롯한 중심국들이 저지른 잘못에서 비롯하였다. 중심국의 초완화적 통화정책은 주변국들에 막대한 자본이 유입되게 했고 이들 나라의 호황은 글로벌 경제의 회복에 결정적인 기여를 하였다. 그러나 초완화적 통화정책을 거둘 때 당초 그 위기와 아무 관련이 없던 주변국에 피해기 돌아가게 되었다.

2019년 8월 잭슨 홀 미팅에 참석하는 파월 연준의장의 마음을 불길한 경제지표와 화난 대통령 사이에 낀 노심초사(勞心焦思)일 것이라고 〈월스트리트저널〉은 읽었다. 제조업을 중심으로 각종 지표는 최장기 호황이 조만간 종료될지도 모른다는 신호를 보내고 있다. 이미 글로벌 경제는 완연히 꺾이는 모습이다. 7월 연준 회의록(Fed Minutes)은 연준이 트럼프 정부의 무역정책을 둘러싼 불확실성에 대해 우려하는 것을 보여준다. 전임자들과 다르게 공개적으로 연준을 비난하는 트럼프 대통령의 행보에 중앙은행의 독립성이 도마에 오르고 있다. 임기 도중 사퇴할 생각이 없다고 공언했던 파월 의장으로서는 연준이 지금까지 쌓아온 신뢰를 어떻게 지켜야 할지 고뇌하지 않을 수 없다. 그가 개막식 연설을 한 금요일 아침 트럼프 대통령은 미국의 압력에도 고개를 숙이지 않은 중국의 시(習) 주석과 함께 파월 의장을 미국의 적으로 몰아붙이며 격노했다.

15

빚

피차 사랑의 빚 외에는
아무에게든지 아무 빚도 지지 말라.
_로마서 13장

※

뜨겁게 달궈진 글로벌 부동산시장이 2018년 정점을 지나 식기 시작했다. 런던, 뉴욕, 시드니, 밴쿠버, 홍콩 등 세계 주요 도시의 중심 지역 주택 가격이 하락하고 있는 것이다. IMF가 발표하는 글로벌 주택 가격지수는 2013년부터 상승해 글로벌 금융위기 전 피크를 넘어섰다가 꺾이는 모습을 보인다. 〈텔레그래프(The Telegraph)〉는 그동안 저금리가 주택 가격을 끌어올렸으나 더 이상 올라갈 여지는 없으며 이미 2018년 3분기에 정점을 지난 것으로 보인다는 자산관리 전문가들의 경고를 전했다. 앞으로 안전자산에 대한 비중을 높여야 한다는 한 글로벌 은행의 조언도 곁들였다.

주택 가격은 물론 수요와 공급에 따라 움직인다. 수요가 늘어나면 주택 가격이 오르고 주택 가격이 오르면 공급이 늘어나 주택시장은 균형을 찾아간다. 주택 수요는 경제성장, 금리, 인구구조, 정부의 부동산 정책과 같은 거시경제적 요인에 의존하지만 대도시 주택 가격은 나라에 관계없이 높은 상관관계를 가지는 경향이 있다.

이 상관관계는 무엇보다도 글로벌 경제의 신용사이클에 중요한 배경이 있으며 마치 주식처럼 외국인 투자자의 주택 수요를 간과할 수 없는 또 다른 이유다. 러시아와 중국의 부자들이 미국, 호주, 캐나다, 영국의 주요 도시에 주택 가격을 끌어올렸다는 말은 예사롭지가 않다.

실제로 세계 주요 언론은 중국이 거주자들에 대한 외환 규제를 강화하자 2014년 시작된 해외부동산 투자 붐이 멈추었으며 세계 대도시의 고가 주택시장이 타격을 받았다는 상세한 기사를 보도했다. 2015년 뉴욕의 월도프 아스토리아 호텔을 19.5억 달러에 인수해 신기록을 세웠던 안방보험(An Bang Insurance)은 호텔 매입에 모두 55억 달러를 투자했으나 3년 뒤 매각에 들어갔다.

실물경제와 상관없이 글로벌 경제에 자산시장 붐은 오랫동안 지속되었다. 이 붐은 위험자산선호 성향이 씨앗이 되고 저금리로 인한 과잉 유동성이 기름이 되어 조성되었다. 풍부한 유동성이 위험자산선호 성향을 강화시켰고 이 결과 선진국 국채를 제외한 주식, 저신용 회사채, 신흥국 채권 그리고 부동산시장으로 유동성이 몰림으로써 이들이 호황을 보였던 것이다.

글로벌 금융위기를 계기로 비로소 실물경제와 별도로 신용 및 주식과 부동산시장 등 금융경제도 일정한 추세에서 벗어나 축소와 확장을 반복하는 패턴이 일어나고 있다는 사실에 관심을 가지게 되었다. 신용순환에 대한 이해와 경기순환과의 상호작용은 앞으로 규명되어야 할 중요한 과제지만 지금까지 몇 가지 정형화된 사실이 알려졌을 뿐이다.

우선 금융부문의 순환─신용순환─은 실물부문의 순환, 즉 GDP가 확장과 축소를 반복하는 경기순환보다 그 주기가 더 길고, 진폭이 더 큰 속성을 가진다. 신용순환의 주기가 10년 이상인 사례도 관찰된다. 주택시장을 생각해보면 어렵지 않게 수긍이 간다. 한편, 글로벌 금융위기에서 보듯이 신용순환과 경기순환이 하강국면이 겹칠 때 침체는 더 길고 더 깊다. 반대로 상승국면이 겹칠 때 자칫 경기과열이 지나칠 수 있다.

집은 보통사람들의 가장 큰 자산이다. 소득이 같은 두 사람이 어디에 집을 가지고 있는지에 따라 다른 인생을 살 수도 있다. 집값이 더 오래 더 많이 오를 때 거품 논쟁이 일어난다. 그러나 과연 집값에 거품이 끼었는지 여부는 사후적으로 알 수 있다. 글로벌 금융위기를 촉발한 서브프라임 위기에 가장 큰 책임이 있다고 비난받았던 그린스펀 전 연준의장이 강변했듯이 거품은 터져봐야 그것이 거품이었다는 것을 알 수 있는 것이다. 문제는 늘어난 빚이다.

❄

GFC를 계기로 비로소 주류경제학의 관심을 받은 고(故) 하이먼 민스키(Hyman Minsky)는 금융은 태생적으로 불안정하다는 가설을 제기했다. 그는 빚을 얼마든지 벌어서 갚을 수 있는 빚, 이자는 갚을 수 있지만 원금은 차환(借換)해야 하는 빚, 투자한 자산의 가치가 오르기만 바라며 돌려막는 빚 등 세 가지 유형이 존재한다고 보았다.

자산시장이 호황일 때 사람들은 빚을 내서 돈을 벌고 싶은 유혹에 빠지게 된다. 누군가 주식투자로 큰돈을 벌었다는 소문을 들을 때 나도 따라 하고 싶다는 생각이 나기 마련이기 때문이다. 이 유혹은 은행이 신용기준을 내려 쉽게 돈을 빌릴 수 있을 때 더 강하게 일어난다. 그러나 자산시장이 하락세로 돌아서면 빚에 견디지 못한 이들부터 헐값 매각이 일어나게 되고 빚을 진 사람들이 많을수록 자산시장의 침체도 더 깊어질 수밖에 없다.

글로벌 경제의 대침체는 빚을 진 사람들이 많을 때 나라 경제가 어떤 행태를 보이는 지에 대해 중요한 실증 결과를 제공했다. IMF의 『세계경제전망』(World Economic Outlook, 2012)은 가계부채가 많은 나라일수록 대침체기에 불황의 강도가 컸고 집값 하락에 따른 소비에 미치는 부(-)의 효과가 더 강하게 나타났다고 밝혔다. 나아가 IMF의 『글로벌금융안정보고서』(Global Financial Stability Report, 2017)에 따르면 가계부채의 증가가 단기적으로는 성장, 소비, 고용 등에 긍정적이지만 반대로 2~3년이 지나 중장기적으로는 성장을 위축하는 부정적인 파급효과를 미친다. 이 부정적인 파급효과는 GDP 대비 36~70%로 추정되는 임계치를 넘어설 때 강하게 나타나며 100%가 넘어설 때 성장기여도는 부(-)가 된다.

특히 빚을 져 집을 산 사람들이 많을 때 집값 하락은 부채 디플레이선을 일으켜 본격적으로 경제활동이 위축된다. 빚이 많은 경제에서 소비는 위축될 수밖에 없다. 빚을 갚기 위해서는 지출을 줄여야 하기 때문이다.

국제결제은행(BIS)이 발표한 한중일미(韓中日美) 4국의 부채를 비교하면 그 구성에 나라별 차이가 있다. 우선 한미(韓美)는 가계부채가, 중일(中日)은 기업부채가 더 큰 비중을 차지한다. 우리나라의 가계부채 비율은 2005년 일본을 추월한 후 2019년 6월 말 현재 92.9%로 4개국 가운데 가장 높고 2008년 1분기 정점에 달했던 미국과 5% 남짓 차이가 있을 뿐이다. 우리나라보다 GDP 대비 가계부채가 많은 나라는 스위스, 덴마크, 노르웨이, 네덜란드, 캐나다 정도다.

한편, 신흥국의 비금융 민간신용은 글로벌 금융위기 전보다 두 배 가까이 늘어났다. 선진국의 초저금리와 양적완화가 빚을 내기에 매우 우호적인 여건을 조성했기 때문이다. 대침체기 초입에서 약진했던 신흥국이 갈수록 고전하는 이유다.

노무라연구소의 대만 출신 이코노미스트인 리차드 쿠(Richard Koo)는 대차대조표불황*이라는 가설을 제기했다. 부채가 과다할 때 경제주체들은 재무건전성을 위한 채무재조정을 하게 되는데—가계는 소비를, 기업은 투자를 줄인다— 이 과정에서 경제가 불황에 빠지게 된다는 요지다. 개별 주체의 합리적 행동이 경제 전체에 부정적인 파급효과를 초래하는 절약의 역설이 일어나기 때문이다.

자산이 100, 부채가 80인 경우와 자산이 60, 부채가 40인 경우를 가정해보자. 두 경우 자산에서 부채를 차감한 순자산은 모두 20으로 같다. 이때 자산가치가 하락하면 같은 크기만큼 순자산의 가치도 하락하게 된다. 자산가치가 10% 떨어질 때 순자산은 각각 10, 6만큼 감소해 10, 14가 되나 20% 감소한다면 전자의 경우 순자산은 0이 되어 빚(80)만 남게 된다. 당연히 빚이 많을 때 상환하기 위한 노력을 더 많이 하게 되어 씀씀이가 줄어든다. 비록 자산가치가 줄어들지 않더라도 부채상환 시 투자한 자산이 쉽게 팔리지 않을 때를 대비해 지출을 줄일 수밖에 없다. 사실 빚을 내 투자한 자산가치가 계속 오르지 않는 한 허리띠를 졸라맬 수밖에 없는 것이다.

그는 기업, 가계, 정부 등 경제주체가 자금을 조달하고 운용하는 자금순환통계를 이용해 1990년에 시작한 일본의 대차대조표불황은 2006년이 되어서야 끝났으며 상식적 판단과 달리 정부 재정정책이 이 불황에 대응하는 데 큰 기여를 했다는 주장을 피력하였다. 나아가 글로벌 경제 대침체가 대차대조표불황에 그 요인이 있다는 주장을 제기하고 있다. 그는 빚이 많은 우리나라도 그 가운데 하나로 들었다.

빚은 사람을 옥죈다. 2019년 1분기 말 우리나라 가계는 금융회사로부터 꾼 1500조 원 가까운 빚이 있다. 10년도 안 돼 두 배가 되었다. 2019년 12월 통계청, 금융감독원, 한국은행 등 3개 기관이 공동조사해서 발표한 「가계금융복지조사 결과」에 따르면 2019년 3월 말 전체 가구의 57.5%가 1억 원이 넘는 금융부채를 보유하고 있다. 빚을 내서 집을 사거나 가게를 낸 사람은 집값이 내리거나 장사가 안 되면 밤잠을 설치며 고민한다. 정도의 차이가 있을 뿐 카드빚도 많을 때 후회하고 불편해하기는 마찬가지다. 도대체 빚은 우리에게 어떤 존재인가?

인류학자 그래버(David Graeber)는 미주와 참고문헌만 무려 100페이지에 이르는 저서『빚, 첫 5000년』(*Debt: The First 5000 Years*, 2009)에서 빚이 인류의 원초적 관계를 만들어냈다고 주장한다. 인류학자의 시각에서 빚이 우정, 결혼, 거래, 위계질서, 정부, 법, 종교, 전쟁 등 사회를 구성하는 프레임과 어떤 관계를 맺어왔는지 보여준다.

한 위계질서 안에서 구성원 사이에 광의의 빚을 주고받는 행위, 즉 사적 교류가 가져오는 복잡 미묘한 인간관계—가끔 언론에서 폭로되는 대학교수와 조교 사이의 갑을 관계에서 비롯하는 사건들과 같이—는 인류학자들의 오랜 연구 대상이었다. 그의 주장에 따르면 빚은 내재적으로 권력과 맞닿아 있다고 한다. '은혜를 모르는 자'와 같이 야비함으로 무장하면 그 권력은 더욱 강력한 힘을 가지게 된다고 주장한다.

경제교과서는 화폐가 욕망의 이중적 일치의 문제를 극복하기 위해 등장했다고 가르친다. 사과를 가진 영이는 감을, 감을 가진 바둑이는 배를, 배를 가진 철수는 사과를 원할 때 물물교환이 일어나기 어렵기 때문이다. 그러나 그래버에 따르면 화폐 이전에 빚이 있었으며 빚이야말로 가장 오래된 거래다. 원시부족을 연구한 인류학자들은 오래전부터 물물교환은 다른 부족 간에 가끔 일어났을 뿐 드문 일이며 돈의 기원에 오류가 있다는 것을 지적해왔다. 한 박식한 경제학 교수는 애초에 물물교환이 있었고 돈이 뒤따랐다는 아담 스미스의 주장에는 오류가 있다고 인정했다.

그래버는 차축시대(車軸時代), 즉 고대국가의 등장은 국가권력의 후원 아래 얽히고설킨 인간관계를 만들어낸 사회경제적 책무였던 빚이 법적 채무로 바뀌게 되었으며 빚이 본격적으로 인류 역사에 등장하게 되었음을 문헌을 통해 보이고 있다. 기원전 3000년경 고대 메소포타미아시대 수메르인들은 점자판에 거주자들의 채권채무관계를 기록하는 신용정보시스템이 존재했음을 보여주고 있다. 채무노예는 그 시대의 산물이었다. 중세에 들어와 비슷한 시기에 범세계 종교가 출현한 것은 이자 수취를 금한 율법에서 추측할 수 있듯이 오직 최고권력자만이 빚에서 자유로웠던 당시, 인류를 빚의 고통과 공포로부터 해방하고자 한 데 그 배경이 있다.

　　그는 고대 메소포타미아시대 수메르인들이 빚이 너무 많아 갚지 못하는 사람들에게 때때로 점토판의 채무 기록을 삭제해준 것처럼 성서에 나오는 희년(禧年)의 정신으로 정부가 채무자들을, 국제사회가 채무국을 보호해야 한다고 주장한다. 현대 금융기관들의 행태와 관련하여 그의 주장은 더욱 강해진다. 빚을 갚지 못하는 것과 부도덕한 것은 아무 상관이 없음에도 불구하고, 빚을 진 사람들의 도덕성을 강조하고 채무변제 약속을 지키라고 강요한다. 그의 주장에 따르면 현대 금융기관들은 도덕을 왜곡하고 있고 나아가 강도짓을 스스럼없이 행하고 있다는 것이다. 책의 말미에 나오는 그의 주장은 지나치고 비현실적이다. 그럼에도 불구하고 그는 빚이 우리 삶에 무거운 존재이며 결코 소홀히 넘겨서는 안 된다는 것을 훌륭히 보여주었다.

"미국은 금융부실을 털어내면 그만이지만 한국은 금융부실 대신 오랫동안 소비가 위축될 것이라고 생각한다." 언젠가 워싱턴에서 우연히 만나 한국과 미국의 가계부채를 비교 연구하고 있다고 자신을 소개한 미 연준 이코노미스트의 말이다.

모든 가계부채가 같은 것은 아니다. 한미 양국 모두 주택담보대출이 가계부채의 절대 비중을 차지하고 있지만 그 함의는 다르다. 우리나라는 미국과 달리 주택담보대출 시 은행이 부채상환권, 즉 소구권(遡求權)을 가지며 소구권의 존재 여부는 부채상환 시 다른 유인 체계를 가지게 한다.

예를 들어 집을 담보로 은행에서 3억 원을 빌려 5억 원짜리 집을 샀을 때 집값이 3억 원 이하로 떨어져 대출금을 갚을 수 없다면 비(非)소구대출로 돈을 빌린 사람은 집을 포기하고자 하는 동기가 일어난다. 이때 발생한 손실은 모두 은행이 부담하게 된다. 그러나 우리나라와 같이 소구대출로 돈을 빌렸을 때 집값이 아무리 떨어져도 대출금은 모두 갚아야 하는 것이 상책이다. 은행이 부채상환청구권을 가지고 있기 때문이다. 연준 이코노미스트는 이 차이가 두 나라의 경제에 미치는 파급효과를 정확히 지적했다.

우리나라의 GDP 대비 가계소비는 2002년 55.5%를 정점으로 감소하는 추세를 보이다 2015년 마침내 50% 미만으로 주저앉았다. 이 추세는 미국과 일본 그리고 OECD 회원국과 확연히 다른 모습이다. 동 비율의 감소가 가계소득의 부족 때문이라고 생각할 수도 있겠으나 가계층처분가능소득 대비 가계소비 역시 유사한 모습이다. 그러므로 가계부채가 소비의 성장기여도를 떨어뜨리는 요인으로 작용한 것은 확실하다.

문제는 GDP 대비 가계부채 비율이 100%에 근접했을 때 과다한 가계부채가 디플레이션 갭을 일으킬 가능성이다. 금리인하의 당위성으로 잠재성장률 또는 디플레이션 갭이 자주 인용된다. 성장률이 잠재성장률에 미치지 못할 때 금리인하는 마땅하다. 그런데 금리인하로 가계부채가 늘어나고 다시 늘어난 가계부채가 디플레이션 갭을 확대한다면 금리인하는 단기적인 효과가 있을 뿐 조만간 또 다른 금리인하를 부르게 되는 악순환이 일어날 위험이 있다.

한때 금융당국자는 주택담보대출의 연체율이 낮아 별 문제가 없다는 발언을 자주 했다. 그리고 지금도 언론에서는 '가계부채 뇌관'이라는 표현을 쓴다. 이 표현에는 가계부채로 인한 문제가 앞으로 언젠가 터질 수 있다는 경고의 의미가 있다. 그러나 가계부채가 가져온 문제, 즉 절약의 역설에 따른 내수 위축이 시작된 것은 이미 오래전이다. 단지 지금까지 경험한 위기와 그 성격이 다를 뿐이다.

과연 가계부채는 쉽게 관리 가능한가? 어쩌면 이 의문에 대한 답은 시라카와(白川方明) 전 일본중앙은행 총재의 발언에서 엿볼 수 있을지 모르겠다.

"나는 '잃어버린 10년'이라는 말이 싫다. 이 말에는 정책이 실패했다는 뜻이 내재되어 있기 때문이다. 정부가 엄청난 빚을 지고 돈을 풀었음에도 불구하고 일본이 장기불황을 겪은 것은 정책의 실패에서 비롯된 것이 아니다. 빚의 문제를 치유하는 것이 그만큼 어렵기 때문이다."

가계부채를 관리할 수 있으려면 경제성장이 이루어져야 한다. 가계부채가 경제에 부담이 되지 않기 위해서는 GDP 대비 가계부채 비율이 적정 수준으로 떨어져야 한다.『글로벌금융안정보고서』(2017)가 추정했듯이 그 적정 수준의 임계치를 70%라고 한다면 적어도 2019년 6월 말 수준인 92.9%보다 20% 이상 하락해야 한다.

높은 성장률이 과다한 가계부채를 손쉽게 관리 가능하기 위한 유일한 대안임을 생각하면 앞으로 상당 기간 동안 GDP성장률보다 가계부채성장률이 낮아야 한다. 그러나 이미 가계부채는 소비를 위축하는 요인으로 작용하고 있다. 따라서 성장을 내수에 의존할 수 없을 때 수출이 성장의 유일한 대안이나 수출이 부진하면 성장도 부진할 수밖에 없다. 한국 경제가 가계부채의 덫에 빠진 것이다.

16

생산성

중요한 것은 스피드.
속도를 높여서 가격을 낮추자. 속도에요 속도.
_백종원

❈

"생산성이 모든 것은 아니지만 장기적으로 볼 때 거의 모든 것이다. 시간
이 지남에 따라 생활수준을 향상시킬 수 있는 국가의 능력은 거의 전적
으로 노동자 한 사람당 생산량을 올릴 수 있는 능력에 달려 있다."

노벨상을 수상한 크루그먼(Paul Krugman)의 말이다. 비록 수요가
성장을 제약하는 병목이라고 믿는 대표적인 케인지언도 궁극적으로는
공급 측면에서의 생산성이 열쇠라는 사실을 인정하는 것이다. 요약하
자면 긴 호흡에서 바라볼 때 생산성이 나라 경제의 성장과 복지의 유
일한 잣대라는 의미다.

그런데 여기에는 두 가지 의문이 있다. 하나는 "왜 성장이 중요한가?"다. 당연한 것처럼 보일지 모르지만 대답하기는 쉽지 않은데, 필자는 강의시간에 다음의 예를 든다. 노동 친화적인 정부가 자본에서 노동으로 소득재분배를 추진한다고 하자. 이 소득재분배정책은 노동의 복지 수준을 개선하는 강력한 수단이기는 하나 자본의 소득이 모두 노동으로 이전될 때 더 이상 노동의 복지는 늘어나지 못한다. 따라서 소득재분배정책은 노동의 복지를 끌어올리는 '지속 가능한' 수단은 아니다. 성장이 유일한 대안인 것이다.

20세기 초 남미의 아르헨티나와 북미의 캐나다는 떠오르는 별과 같은 존재였다. 소득, 인종 구성, 부존자원, 교육 수준 등 공통점이 많았지만 두 나라는 반세기가 넘어서면서 경제적 격차가 벌어졌으며 아르헨티나는 브라질에게 남미의 맹주 자리를 넘겨주었고 다시 콜롬비아에게 추월당했다.

동일한 소득 수준인 두 나라가 있다. A국은 매년 1%씩 그리고 B국은 3%씩 성장한다면 5년 후 B국 소득은 A국의 1.1배, 10년 후 1.2배 정도에 불과하나 50년 후 2.7배, 100년 후 7.1배로 그 격차가 기하급수적으로 늘어난다. 결국 충분한 시간이 흐르면 성장이 한 나라 경제 성과의 모든 것을 말해준다.

크루그먼의 인용구에 관련한 또 다른 의문은 "왜 생산성이 성장의 동력인가?"다. 이 의문에 대한 답은 첫 번째보다 더 어렵다. 경제교과서는 한 나라의 GDP를 생산하는 생산함수, 즉 자본(K)과 노동(L)과 같은 생산요소의 투입에 따른 산출량(Y)의 관계를 다음과 같이 표현한다.

$$Y = AF(K, L)$$

위 식에서 A는 자본과 노동이라는 생산요소의 투입과 산출의 상관관계를 나타내는 생산기술로 볼 수 있다. 같은 양의 생산요소를 투입해도 생산기술에 따라 산출량은 얼마든지 달라질 수 있는 것이다. 투입된 총 생산요소 대비 GDP, 즉 생산기술의 생산성을 노동자 한 사람당 생산량을 올릴 수 있는 능력인 노동생산성과 구별하기 위해 총요소생산성(Total factor productivity, TFP)*이라고 한다.

크루그먼이 말하는 생산성은 사실 TFP를 의미하며 TFP가 증가할 때 노동생산성도 높아진다. 결국 그의 인용구는 생산기술의 지속적인 발전이 경제성장의 관건이라는 의미다.

그런데 생산기술의 생산성, 즉 TFP는 눈으로 볼 수 없기 때문에 직접 측정할 수 없는 문제가 있다. 이를 해결하기 위해 성장론의 창시자인 레스터 소로우(Lester Solow)는 다음과 같이 GDP 성장률을 생산기술, 자본, 노동별 성장기여도로 구분한 성장회계를 고안했다.*

$$\frac{\Delta Y}{Y} = \frac{\Delta A}{A} + \alpha \frac{\Delta K}{K} + (1 - \alpha) \frac{\Delta L}{L}$$

※ 모수 α는 GDP에서 차지하는 자본소득의 비율을 그리고 $1 - \alpha$는 노동소득비율을 의미한다. 나라마다 차이는 있지만 통상 선진국에서 α는 1/3 정도로 측정된다. 즉, 국민소득의 1/3은 자본소득으로, 나머지 2/3는 노동소득으로 볼 수 있다.

위 성장회계의 식으로부터 생산기술이 얼마나 진보했는지를 다음과 같이 측정할 수 있다.

$$\frac{\Delta A}{A} = \frac{\Delta Y}{Y} - \alpha \frac{\Delta K}{K} - (1-\alpha)\frac{\Delta L}{L}$$

식의 오른쪽 항은 모두 통계적으로 추정 가능하다. 그러므로 TFP는 비록 직접 측정할 수는 없지만 GDP 증가율에서 자본과 노동의 성장기여도를 차감한 값—이를 소로우 잔차(殘差)라고도 한다 —으로 구할 수 있다.

성장회계의 식에 따르면 생산기술뿐 아니라 투입된 생산요소(자본과 노동)도 성장에 기여한다. 그럼에도 불구하고 어떻게 경제성장이 소로우 잔차로 측정된 기술 진보에 전적으로 의존한다는 것인가? 이는 성장회계의 식으로부터 간단히 확인할 수 있다. 장기적으로 GDP 대비 자본스톡의 비율은 안정적이다. 다시 말해서 자본스톡의 증가율은 경제성장률과 유사하다. 이 사실을 이용하면 1인당 GDP 증가율($\frac{\Delta Y}{Y} - \frac{\Delta L}{L}$)은 전적으로 소로우 잔차에 의존하게 됨을 알 수 있다. 기술 진보의 중요성은 다음에 설명하는 아시아 금융위기(AFC)에서 극명하게 드러난다.

❦

성장이론이 본격적으로 관심을 받게 된 것은 1980년대 중반에 들어서다. 종전 후 많은 신생국이 탄생했다. 40년의 세월이 흐르자 이들 나라 사이에 상당한 경제적 격차가 벌어졌고 이를 규명하기 위한 연구가 진행되었다. 당연히 관심은 개도국 가운데 초고속성장을 이룬 아시아 네 마리 용의 성장회계에 있었다.

실망스럽게도 많은 연구는 일관되게 이들 나라의 고성장이 60년대의 서유럽과 같은 기술 진보라기보다는 자본과 노동과 같은 생산요소의 투입에 의존한 것이라는 결론을 내렸다. 크루그먼은 〈포린 어페어즈〉에 기고한 「아시아 기적의 신화」에서 아시아 네 마리 용의 고성장은 단지 투입에 따른 산출의 결과물에 불과하며 마치 사회주의 전성기인 1960년대 소련을 떠올린다고 폄하했다(Krugman, 1994). 쉽게 말해서 투입에 한계가 오면 이들 나라의 고성장도 멈출 수밖에 없다는 것이다.

3년 뒤 일어난 아시아 금융위기(AFC)는 크루그먼을 세계적인 인물로 만들었다. 자본 축적은 투자에서 비롯하는데 당시 우리나라의 GDP 대비 투자율은 세계에서 가장 높은 나라의 하나였다. 높은 저축률에도 불구하고 투자 수요가 너무 커 외채를 빌렸고 기업이 외채를 상환하는 데 어려움을 겪자 한국 경제는 허무하게 쓰러졌다.

AFC는 성장이 중요하나 성장의 질(質)이 문제이며 성장의 질은 지속가능성에 달린 것임을 보여주는 극단적인 사건이었다. 실제로 비슷한 시기에 미국의 1인당 GDP 성장률은 한국의 1/6도 채 안 되었으나 성장률의 80%가 기술 진보에 의존했다. 총요소생산성이 지속가능한 성장의 열쇠인 것이다.

그러므로 앞에서 소개한 크루그먼의 인용구는 다음과 같이 수정되어야 한다.

　"생산기술이 모든 것은 아니지만 장기적으로 볼 때 거의 모든 것이다. 시간이 지남에 따라 생활수준을 향상시킬 수 있는 국가의 능력은 거의 전적으로 기술 진보를 이루는 능력에 달려 있다."

　〈그림 3〉은 OECD 회원국의 총요소생산성 연 증가율을 보여준다. 정확히 기술하자면 5년 이동평균치이며 1985~1989년의 평균값을 1989년도의 값으로 재구성하였다. 이동평균치를 사용한 것은 계절성—성장률이 높은 해는 TFP 증가율도 높아지는 현상—을 제어하는 데 목적이 있다. 또 다른 이유는 "TFP→성장"의 인과관계 대신 "성장→TFP"의 인과관계가 일어나 이를 제어하기 위해서다. 글로벌 금융위기 후 글로벌 경제가 대침체에 들어간 시기에 총요소생산성도 급격히 감소했으며 위기 전으로 돌아가지 못하고 있다. 말 그대로 자유낙하하는 듯한 모습을 보이는 검정 실선의 우리나라 TFP 증가율은 저성장의 요인이 어디에 있는지를 보여주고 있다.

❖❖❖

자연스럽게 연구자들의 관심은 성장회계에서 기술 진보로 옮겨갔다. 지난 4반세기에 걸쳐 나라 경제 차원에서 기술 진보의 요인을 규명하는 연구가 정치, 사회, 법, 경제 등 다양한 영역에서 활발히 일어났으며 많은 것이 밝혀졌다. 이른바 신(新)제도주의라고도 하는 이 이론은 제

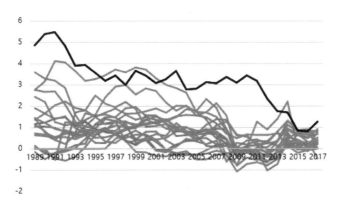

◆ **그림 3** OECD 회원국 총요소생산성 증가율(%)
자료: OECD

도의 상호작용과 그것이 경제에 미치는 파급효과를 밝혀내고자 하는 데 초점을 맞추고 있다.

안정된 물가와 운송, 통신, 교육 등 사회간접자본에 대한 투자와 같은 거시경제적 요인, 정보 및 거래비용을 낮추고 위험의 분산, 다변화를 가능하게 하는 금융, 재산권을 존중하는 법과 제도적 안정성을 갖춘 지배 구조 등이 그것이다. 1990년대에 들어와 많은 나라 중앙은행이 도입한 물가안정목표제 통화정책은 신 제도주의의 산물이다.

시장 규율이 기술 진보의 핵심적인 필요조건이지만 1980년대까지만 하더라도 일관성 있게 개방을 추진한 저소득국가는 아시아의 네 마리 용이 유일했다. 그러나 90년대에 들어와 많은 개도국들이 문을 열었고 글로벌 경제는 급속히 팽창했다. 물리학에서 독립해 경제학의 고유 영역을 개척한 시카고대학교의 합리적 기대 혁명가 로버트 루카스

(Robert Lucas Jr.) 교수는 저소득국가의 부패, 경제규제와 같이 자신이 스스로 만든 지대추구적 행위가 성장을 저해한다고 주장했다. 이제 번영의 방법을 몰라서 정체의 길에 들어선 나라는 없다.

한편, 많은 데이터가 축적되고 연산능력이 발전하면서 연구자들은 국제 데이터에 의존해 경제성장을 설명하는 요인, 즉 인과관계의 규명이 쉽지 않다는 것을 깨닫게 되었다. 측정의 오류, 표본수에 비해 지나치게 많은 성장 요인들, 상관관계와 인과관계의 모호성 등이 제대로 검증된 성장 요인을 찾기 어렵게 하는 것이다.

2018년 IMF의 연구진은 1962~2014년 182개국 데이터를 이용해 지금까지 제기된 통계학적 문제를 제어하고 경제성장의 요인을 규명한 보고서를 발표했다(Cherif et al., 2018). 이들은 그동안 성장 결정 요인으로 자주 인용되는 수출 고도화, 인적자본, 무역, 금융 발전과 제도 가운데 오직 수출 고도화만이 매우 유의미한 설명력을 가진다고 보고했다. 나머지 요인들은 수출 고도화를 증진함으로서 성장에 기여하는 것으로 해석했다. 성장의 요인을 데이터에서 규명하기는 현실적으로 매우 어렵다. 성장에 영향을 미치는 너무나 많은 요인이 상호작용하면서 존재하고 있기 때문이다.

수출 고도화는 한 나라의 수출에서 차지하는 생산성이 높은 재화와 서비스의 수출 비중으로 측정되며 이미 수출 고도화 정도를 지수화해 무엇을 수출하는지가 그 나라 경제성장을 예측할 수 있다는 연구가 발표된 적이 있었다(Hausmann et al., 2007). 가치사슬이 국제교역의 중심으로 자리잡으면서 수출 고도화는 IT, 금융중개 등 지식집약적 서비스가 자동차, 전자 화학제품 등 자본집약적 재화를 압도하는 추세가 일어나고 있다. 비교우위에 따른 특화가 번영을 가져온다는 고전경제학 이론을 실증적으로 확인한 것이다.

노스(North)가 공저한 『서구세계의 부상』(*The Rise of the Western World*, 1973)에서 『국가는 왜 실패하는가』(*Why Nations Fail*, 2012)에 이르기까지 제도가 성장의 핵심이라는 데 누구도 이의를 제기할 수는 없지만 이를 데이터에서 확인하기 어려운 것은 제도적 요인이 경제성과에 미치는 영향을 규명하기에는 표본기간이 너무 짧은 탓으로 보인다.

글로벌 경제의 대침체기에서 성장에 관련한 두 이슈가 떠올랐다. 하나는 포용적 성장이다. 포용적 성장은 성장의 지속가능성과 잠재력이 손상되지 않기 위해서는 성장의 혜택이 경제주체 간에 광범위하게 공유되어야 한다는 성장의 미시적 측면을 강조한다. 따라서 단지 빈부격차의 해소가 아닌 사회 발전을 주도할 혁신 인재풀을 넓히고자 하는 데서 그 당위성을 찾고 있다. 인구가 성장 동력이라는 주장은 하버드의 경제학자 마이클 크래머(Michael Kremer)가 제기했다. 인구가 많을수록 혁신 인재가 많기 때문이다. 기원전 5세기 인구수가 1억 명일 때보다 19세기 10억 명일 때 경제성장이 더 크게 일어났다. 유사한 시각에서 뉴질랜드가 유럽에 위치했었더라면 성장이 뒤처지지 않았을 것이다. 그만큼 교류가 많았을 것이기 때문이다. 이와 같은 점에서 포용적 성장은 총요소생산성을 높이는 데 중요한 기여를 할 수 있다.

또 다른 하나는 제4부에서 설명하려는 생산요소의 투입과 산출량과의 관계에 영향을 미치는 기술혁명이다. 정보 집약적인 생산활동의 속성상 기술혁명은 기업의 생산이 증가할수록 그 비용이 떨어지는 규모의 경제를 창출함으로써 승자독식의 길을 열었다. 그러므로 기술혁명은 양극화가 한 국가 안에서뿐 아니라 국가들 사이에서도 일어날 수 있는 가능성을 제기한다. 국가 간 양극화는 성장이론의 수렴가설—소득이 낮은 나라가 높은 나라보다 빠르게 성장하고, 경제가 발전함에 따라 한 나라의 성장률은 하락한다는 속성—이 더 이상 성립하지 않는 것을 말한다. 과연 기술혁명이 가져올 특이점(特異點)이 언제 일어날 것인지 지금 누구도 장담하기는 어렵다.

다시 〈그림 3〉으로 돌아가서 우리나라 총요소생산성 증가율이 글로벌 경제가 대침체기에 들어간 2011년경부터 추락한 구체적인 원인을 규명하기 위해서는 산업별, 기업별 총요소생산성을 구해야 한다. 관련 국내문헌들은 표본기간과 표본대상에 따른 차이는 있지만 매우 유사한 연구결과를 보고하고 있다. 이를 간략히 소개하면 다음과 같다. 우선 이 기간에서 서비스 보다는 제조업의 TFP 증가율 하락이 두드러지게 일어났다는 사실이다(김도완·이상엽, 2019). 다음으로 TFP 증가율 하락은 기업별로 선도기업군보다는 후행기업군에 의해 주도되었다(최창호 외, 2018). 이 연구결과는 2017년 대폭 증가한 수출이 수출시장점유율의 하락, 즉 수출경쟁력하락에도 불구하고 글로벌 경제의 성장랠리에 따른 해외수입증가에 따른 것이라는 또 다른 연구결과와 일관성을 가진다(김건우, 2018). 나아가 무역전쟁에도 불구하고 중국의 수출이 전년보다 다소 증가한 것과 달리 우리 수출은 감소한 사실에서도 확인할 수 있다. 이제 대대적인 개혁없이 한국 경제의 저성장은 불가피하게 되었다.

17

혁신

처음에 그 아이디어가 터무니없는 것이 아니라면
희망은 없다.
_아인슈타인

한 나라 경제는 소비, 투자, 수출과 같이 수요의 측면과 함께 기업과 같은 경제주체의 생산활동, 즉 공급의 측면에서도 평가된다. 경제를 보는 시계(視界)에 따라 단기에서는 경기 순환에 큰 영향을 미치는 수요에, 장기에서는 성장 추세를 진단하는 핵심 요인인 공급에 초점을 맞춘다. 단기적으로 수요가 중요한 것은 경기 호불황에 따른 소득, 고용에 미치는 파급효과가 크기 때문이다.

그러나 오늘 내일이 쌓여 10년 세월이 흐르듯이 단기가 누적되면 장기가 되고 장기에서는 단기 현상인 경기 순환이 사라지기 때문에 수요보다는 가용한 자본과 노동을 얼마나 효율적으로 고용할 수 있는지, 즉 생산성이 나라 경제의 핵심이 된다. 궁극적으로 생산성이 경제성장을 좌우하기 때문이다.

생산성이 뒷받침되지 않는 성장은 지속 불가능하다. 1997년 아시아 금융위기가 그 단적인 예다. 위기의 직접적인 원인은 해외 채권자들이 외채를 회수한 데 있었다. 외채를 회수한 것은 6% 가까운 경제성장에도 불구하고 외채상환 능력이 없다고 판단했기 때문이다. 당시 기업 경쟁력이 약화되어 구조조정이 시급한 상황이었지만 양적투자로 성장률을 무리하게 끌어올린 결과 대외적자가 갈수록 늘어나 외환보유고는 급감하고 외채는 크게 증가했다. 마찬가지로 글로벌 경제 가운데 가장 빠른 회복세를 보이는 미국 경제에 대한 경고음이 끊이지 않는 것도 생산성이 개선되는 조짐이 보이질 않기 때문이다.

지난 40년간 우리나라 제조업이 생산한 연간 부가가치*를 서비스업과 비교하면 시간대에 따른 차이는 있지만 서비스 생산은 제조업의 2배 정도로 비교적 안정적인 모습이다. 한편, 두 업종 간 노동자 한 사람이 생산한 부가가치, 즉 노동생산성은 정반대다. 1990년대 초반 무렵부터 제조업의 노동생산성이 서비스업을 추월하기 시작했고 20년도 안 돼서 제조업의 노동생산성은 서비스업의 2배를 넘어섰다.

물론 모든 제조업이 서비스업을 압도하는 것은 아니다. UN의 국제표준산업분류에 따르면 우리나라에서 제조업은 28개, 서비스업은 24개 산업으로 구성되어 있는데 서비스업에 속한 통신업은 제조업에 포함된 대부분의 산업보다 생산성이 높다.

요컨대 제조업과 서비스업의 생산성이 다르고 두 업종에 속한 52개 산업의 생산성도 같지 않다. 마찬가지로 제조업과 서비스업 외 농림

어업, 광업, 제조업, 전기가스수도 등 다른 업종에 속한 산업의 생산성도 다르다. 이와 같이 업종과 산업에 따른 생산성의 차이를 주목하고 그것이 경제에 미치는 함의를 최초로 제시한 경제학자는 윌리엄 보몰(William Baumol)이다.

✖✖✖

보몰은 1965년 공저한 논문 「공연예술에 관하여: 경제문제의 해부」에서 사소한 듯하며 당시 누구도 묻지 않았던 질문을 했다(Baumol and Bowen, 1965). 오케스트라, 발레와 같은 공연예술을 운영하는 비영리기관의 재정 상태가 취약한 것은 어떤 경제적 이유에선가?

이들은 공연예술의 정체된 생산성에서 답을 찾았다. 베토벤의 현악 사중주는 100년 전이나 지금이나 변함없이 4인의 연주자들에 의해 연주되며 악기나 연주기법에 혁신적인 변화도 없다. 한편, 경제의 또 다른 곳에는 생산성이 빠르게 개선되는 성장 부문이 존재한다. 여기서 정체 부문의 실질임금은 생산성의 차이로 인하여 성장 부문보다 낮지만 노동이 자유로이 이동하는 충분히 긴 시간대에서는 두 부문의 명목임금은 같아야 한다. 그렇지 않다면 아무도 공연예술을 업으로 하지 않을 것이기 때문이다.

따라서 만약 정체 부문의 생산성이 매년 0.5% 증가하고 성장 부문이 매년 10% 증가한다면 정체 부문의 생산물 가격은 성장 부문과 생산성 차이만큼 매년 9.5% 증가한다. 뒤집어 말하자면 성장 부문의 가격은 정체 부문과 생산성 차이만큼 하락하는 것이다.

그러므로 오케스트라 단원이나 발레리나들에게 지급하는 인건비가 늘어나는 것은 불가피하기 때문에 공연예술을 운영하는 비영리기관은 구조적으로 재정적인 문제에 빠지게 된다. 불황으로 후원 단체를 찾기 어려울 때 이들 기관은 재정적인 부담을 종종 단원에게 전가하기도 한다. 예술인으로서 재능과 성취감이 박봉을 견딜 수 있게 하는 힘이 되기 때문이다.

그러나 재정적 부담은 잠시 완화될 수 있을 뿐 성장 부문이 존재하는 한 결코 사라지지 않는다. 더욱이 미스티 코프랜드(Misty Copeland)와 같이 세계적인 광고 모델이 될 정도의 저명한 발레리나가 있다면 나머지 단원은 더욱 쪼들릴 수밖에 없는 것이다.

이처럼 성장 부문의 존재로 인하여 정체 부문의 가격이 오르는 현상을 보몰의 비용질병(費用疾病, The cost disease)*이라고 한다. 한때 자동차는 부자들만 소유할 수 있었던 시절이 있었다. 그러나 오늘날 각종 가전제품은 물론 자동차가 없는 사람은 드물다. 대신 중산층은 자녀 교육비, 집값, 각종 공과금에 시달린다.

제조업을 성장 부문, 서비스업을 정체 부문으로 단순화한다면 비용질병은 서비스업의 가격이 제조업의 생산성 증가에 의존하게 되는 인과관계를 가져온다. 이를 다시 52개 산업 전체를 놓고 볼 때 비용질병은 한 산업의 생산성 증가가 그 산업의 가격을 떨어뜨리는 부(-)의 인과관계를 가지게 한다. 실제로 미국과 EU를 대상으로 수행한 연구에 따르면 산업의 생산성이 10% 상승할 때 가격은 10% 하락하는 뚜렷한 추세를 보인다.

이와 같은 생산성과 가격 사이의 관계는 스마트폰과 헤어컷으로 쉽게 이해될 수 있다. 스마트폰은 기술 개발로 인해 가격 대비 성능은 점점 좋아지는 추세다. 바꾸어 말해서 기능 대비 가격은 하락한다. 그러나 헤어컷은 더 멋있게 자르는 것도 아닌데 그 비용은 오르기만 한다. 그 이유는 헤어컷의 가격이 오르지 않는다면 아무도 헤어컷을 할 사람이 없을 것이기 때문이다. 일반적으로 소득이 높은 나라일수록 헤어컷 비용도 더 높다. 소득이 높은 나라에서 물가 수준도 높은 추세를 보이는 것은 스마트폰이 아니라 헤어컷 때문이다. 스마트폰은 빈부격차에 상관없이 나라마다 비슷하다.

그러나 우리나라의 경우 비록 통계적 유의성은 있지만 생산성 10% 상승 시 가격은 1% 정도밖에 하락하지 않는다. 즉, 비용질병이 존재하나 미국이나 EU에 비교하면 그 정도가 1/10에 불과한 수준이다 (Kim and Oh, 2015). 비용질병이 미약한 이유는 두 업종 간 고용의 격차 때문이다. 1990년대에 들어와 제조업에서 고용이 줄어드는 탈공업화가 일어났다. 한편, 제조업뿐 아니라 농림어업 등 다른 부문의 고용 비중도 마찬가지로 줄어들었고 그 결과 서비스업의 고용 비중은 매년 1%p 가까이 늘어났다. 다른 산업에서 퇴출된 고용이 서비스업으로 진입한 것이다. 앞의 예로 설명하자면 헤어컷으로 고용이 밀려들어와 공급이 넘쳐 그 가격이 오르는 것을 억제하고 있다. 이와 같이 다른 선진국에 비해 단기간에 걸쳐 일어난 서비스업으로의 고용 이동은 앞서 보몰이 예로 든 공연예술과 마찬가지로 서비스 부문의 가격 상승을 제약하는 요인으로 작용한 것으로 보인다.

✥✥✥

보몰은 산업 간 불균형 성장이 단지 비용질병뿐 아니라 경제성장에도 부정적인 영향을 미치는 이른바 성장질병(The growth disease)의 가능성도 제기했다. 만약 경제에 정체 부문과 성장 부문이 같은 비중을 차지하고 성장 부문의 생산성이 연 4%, 정체 부문은 0% 각각 증가한다면 경제 전체의 생산성은 연 2% 증가하는 데 그친다. 만약 정체 부문의 비중이 성장 부문의 3배라면 연 1%로 떨어진다. 따라서 경제에서 차지하는 정체 부문의 비중이 클수록 경제 전체의 생산성과 실질임금상승률은 정체 부문의 생산성과 실질임금상승률에 수렴하게 된다.

그렇다면 한국 경제는 성장질병의 가능성은 없는 것일까? 충분하다. 왜냐하면 생산성이 낮은 서비스업이 경제에서 차지하는 비중이 매우 높기 때문이다. 비록 서비스업이 생산하는 부가가치가 제조업의 2배 정도로 크나 고용은 4배가 넘는다. 요컨대 GDP에서 차지하는 생산 비중이 전체 고용에서 차지하는 고용 비중에 비해 지나치게 높은 것이다.

이를 52개 산업을 놓고 다시 해석하자면 일부 생산성이 높은 산업의 존재에도 불구하고 저생산성 산업이 광범위하게 자리잡고 있기 때문에 전체 생산성은 낮은 수준에 머무르고 있다. 1인당 GDP로 측정한 미국의 노동생산성과 비교하면 한국의 노동생산성은 비록 지난 40년 동안 크게 개선되었으나 여전히 일본, OECD 등 다른 선진국과의 격차는 해소되지 않았다.

산업 간 불균형성장의 함의에 대한 보몰의 선구적인 연구는 수많은 후속 연구를 낳았다. 최근 경제성장 과정에서 제조업의 생산 비중이 하락하는 시점에 서비스업의 생산 비중이 크게 증가하는 산업구조 전환이 정형화된 패턴으로서 나타나고 있음이 확인되었다(Herrendorf et al., 2013). 이는 경제가 성숙함에 따라 성장 동력이 제조업에서 서비스업으로 이동하는 것을 의미한다. 서비스업이 더 이상 정체 부문이 아니며 어제의 정체 산업이 얼마든지 내일의 성장 산업으로 탈바꿈할 수 있다는 가능성을 확인한 것이다.

그러나 불행히도 한국 경제에 유사한 패턴은 일어나지 않았다. 제조업의 생산 비중이 정체되고는 있으나 뚜렷이 하락하는 모습은 보이지 않으며 서비스업도 급속히 증가하는 대신 정체되고 있다. 요약하자면 선진국이 경험했던 산업구조 전환이 한국 경제에서는 일어나지 않았다.

다시 헤어컷의 예로 들자면 스마트폰의 생산성이 10% 높아졌을 때 헤어컷의 가격이 1%밖에 오르지 않은 것은 양질의 일자리가 부족해 헤어컷의 고용 인력이 보수가 더 나은 곳으로 갈 곳이 없기 때문이다.

한국 경제에 선진국이 경험했던 산업구조 전환이 나타나지 않는 것은 몇 년 전부터 회자되는 한국판 러스트 벨트—경쟁력을 잃어버린 수출 제조업이 몰린 지역—가 미국의 러스트 벨트보다 우리 경제에 더 심각한 문제를 초래할 가능성을 제기한다. 한국판 러스트 벨트는 동서남권 해안 지역에 밀집되었으며 자동차·기계·조선 등 전통 주력 제조업이 소재한 지역이다. 주력 산업이 침체되자 지역경제가 악화되었다. 2008년 5월 정부는 통영·고성, 거제, 창원(진해구), 울산(동구), 영암·목포·해남 등 5개 지역에 대해 산업위기대응특별지역으로 지정하였다. 이 밖에도 군산, 부산 등도 어려움을 겪고 있다. 미국에서는 중국의 수입품 공세에 밀린 러스트 벨트 대신 서비스업을 중심으로 높은 보수를 받는 일자리가 창출되었다. 그러나 여태껏 산업구조 전환이 보이지 않는 우리나라에서 한국판 러스트 벨트의 후유증은 더 클 수밖에 없는 것이다.

보몰은 혁신을 강조했다. 그는 비용질병과 성장질병과 같은 성장의 한계에도 불구하고—마르크스와 정반대로— 자본주의체제가 유지될 수 있는 것은 혁신 때문이라고 생각했다. 혁신은 수요와 공급의 이론이 적용되는 영역이 아니다. 창조적 파괴를 주어한 조셉 슘페터(Joseph Schumpeter)의 말을 빌리자면 혁신경쟁이 가격경쟁과 다른 것은 문을 두드리는 것이 아니라 부수고 들어가는 것이기 때문이다.

그는 혁신과 모방은 때론 구분하기 힘들지만 혁신이 경제성장의 동인이며 교육시스템과 경제의 유연성이 혁신과 경제성장에 결정적인 영향을 미친다고 결론을 내렸다. 나아가 유사한 제품을 만들어내는 복제 기업가와 새로운 제품과 새로운 생산기술을 개발하는 혁신 기업가를 엄격히 구분하고 혁신 기업가가 나타나기 위한 네 가지 조건을 제시했다. 우선 비즈니스를 하기 쉽고, 재산권과 계약권이 보호되고, 경제의 파이를 키우는 활동이 촉진되고, 무엇보다도 성공하는 기업가와 우량 대기업이 혁신의 동기를 가져야 한다는 것이다.

2017년 타계한 보몰은 자신의 나라를 무척이나 자랑스러워했다. 언젠가 한 언론과의 인터뷰에서 그가 일생 동안 헌신했던 비용질병이론과 혁신에 대해 다음과 같이 요약했다.

"혁신 부문 없이는 중산층이 복지비용을 부담하느라 끊임없는 고통에 시달려야 한다. 그런 점에서 미국은 복 받은 나라다."

18

혼돈

❈

"절대로 내생성, 인과관계와 같은 단어를 대화에 올려서는 안 됩니다."
점심때인데도 불구하고 대형 컨퍼런스홀을 가득 채운 참석자들이 폭
소를 터뜨렸다. 우버(Uber)에서 시장 설계를 담당하는 젊은 이코노미
스트가 「기술기업에서의 경제학」이라는 주제의 논문을 발표하면서 비
경제학을 전공한 이들 사이에서의 생존법을 설파한 것이다.

　　매년 연초 전미경제학회를 중심으로 55개 경제 관련 학회, 단체가
연합해 학술대회를 개최한다. 이 가운데는 재외 내국인 경제학자의 학
술단체인 한미경제학회가 우리나라를 대표하고 있다. 2019년 1월 조지
아주 애틀랜타시에서 사흘 간 개최된 컨퍼런스에서는 전 세계 1만3천
명이 넘는 경제 분야 종사자가 참석해 500개 이상의 프로그램과 2000

편 이상의 논문이 발표되었다. 한편, 컨퍼런스 기간 동안 전 세계 이코노미스트들의 노동시장도 열린다. 박사학위를 앞둔 대학원생들, 이직을 원하는 이코노미스트들과 대학, 연구기관, 공공 및 정부기관 종사자들과 면담을 하는 구인·구직활동을 하는 장소다.

프로그램은 전통 경제학 분야와 중요한 경제 현안으로 구성된다. 2008년 글로벌 금융위기 당시 샌프란시스코에서 개최된 전미경제학회 컨퍼런스에서 존 테일러 교수는 자신의 학생뻘인 지역 연준 총재들 앞에서 테일러 준칙(Taylor Rule)을 어긴 낮은 정책금리 때문에 위기가 일어났다고 격하게 연준을 비난했다. 테일러 준칙은 그의 이름을 본떠 일정한 규칙에 따라 수행되는 연준의 통화정책을 말한다.

2019년 컨퍼러스에서는 인공지능 분야 인력과 협업으로 실시간 인플레이션과 같은 유용한 경기지표 데이터를 구축하는 것을 처음 선보였다. 공유경제 등 긱(Gig) 이코노미가 확고하게 자리잡으면서 가계조사, 고용과 관련된 기존 통계의 문제점을 찾아내고자 하는 시도는 조만간 경제구조 변화를 수치로 보여줄 수 있게 되었다는 점에서 중요한 의미가 있다.

지난 몇 년에 걸친 기술혁명의 파장—고령화, 고용, 임금, 불평등—은 핫 이슈다. "고령화→기술혁명"의 인과관계는 인류사회가 얼마나 합리적인지를 보여주는 매우 설득력 있는 연구다. 한편, 저임금 제조업을 중심으로 러스트 벨트가 미 전역으로 확대된 중국 무역충격의 이면에는 대신 고임금 서비스 고용이 확대된 사실이 보고되었다. 그러나 늘어난 서비스 고용이 러스트 벨트에서는 관측되지 않는 것은 외부

충격이 고용에 미치는 파급효과가 세대별, 지역별, 교육 정도에 따라 비대칭적이라는 속성을 다시 확인해주는 것 같아 씁쓸하다.

※※

2019년 컨퍼런스에서는 특이하게도 통화정책과 관련한 세 사람의 전·현직 연준의장들의 인터뷰 행사가 개최되었다. 아마도 과거 사례를 보면 연준의 금리인상정책이 언제나 해피엔딩(연착륙)으로 끝나지 않아 그만큼 초미의 관심사로 떠올랐기 때문일 것이다. 1994년 금리인상은 비록 멕시코와 동아시아 국가들에 외환위기의 단초를 제공했으나 적어도 자국은 경기침체 없이 연착륙했다. 이것은 중국의 외환 불안이 일어났던 2015년도 마찬가지다. 그러나 닷컴버블이 터진 2001년, 글로벌 금융위기가 일어난 2008년 미 경제는 내리꽂혔다.

"연준의 금리인상이 해외에 부정적인 영향을 미쳤고 이 효과가 다시 미국의 성장을 끌어내린 반향효과(反響效果)가 컸기 때문에 금리인상은 2015년 말 단 한 번에 그쳤다. 후회는 없다." 전 연준 의장 자넷 옐런(Janet Yellen)의 발언이다. 2015~16년 중국의 외환 불안은 심각했다. 내외국인의 자본유출이 광범위하게 일어났으며 위안화 환율 안정을 위해 인민은행은 8000억 달러 가까이 보유 외환을 소진했다. 중국의 외환 불안은 실물경제로 이어졌으며 다시 교역국 미국의 산업활동, 고용, 성장에도 상당한 파급효과를 미쳤다.

파월(Jerome Powell) 현 의장은 "인내심을 가지고 경제가 어떤 양상을 보이는지 관찰하겠다."고 말했다. 연준이 금리인상을 당분간 중단하겠다고 선언한 것이다. 시장은 1월과 3월 금리 조정은 없을 것으로 예측한다. 그러나 여전히 다수 연준 인사들은 3월 이후 금리인상의 충분한 여지가 있다고 생각하는 것으로 알려지며 파월 의장의 발언은 금융시장과 실물경제가 단절되는 모습에 잠시 쉬어 가겠다는 의중으로 읽혔다.

2018년 12월 또다시 금리를 인상한 연준은 2019년 두 차례에 걸쳐 금리를 올리겠다는 신호를 보냈다. 이와 같은 연준의 인상기조는 미국 경제가 조만간 인플레이션 갭이 확대될 것이라는 전망에 기인한다. 12월 비록 인플레이션은 주춤하였으나 고용은 월평균보다 무려 10만 명 가까이 증가했고 실질임금도 상승세를 탔다.

그러나 금융시장은 정반대다. 2018년 주식시장은 10년 만에 최악의 해를 보냈으며 하락은 4분기, 특히 12월에 집중되었다. 채권시장도 공포지수 VIX가 치솟은 10월 이후 장기금리가 하락세를 면치 못하고 있다. 유가도 10월을 정점으로 고꾸라졌다.

연준의 금리인상에 금융시장이 급속히 얼어붙는 것은 두 가지 가능성을 생각해볼 수 있다. 하나는 연준 측 인사 다수가 판단하듯이 너무 오랫동안 저금리에 익숙해진 금융시장이 패닉하는 것이다. 또 다른 하나는 금융시장이 실제로 경기침체가 일어날 가능성을 반영할 가능성이다.

"연준이 너무 멀리 나가고 있으며 자칫 경제를 침체에 빠뜨릴 수 있다." 세인트루이스 지역 연준 제임스 블라드(James Bullard) 총재가 언론 인터뷰에서 한 말이다. 12월 금리인상으로 충분히 선제적 조치는 완료되었으며 더 이상 금리를 인상한다면 오히려 경제를 망가뜨릴 수 있다는 소수의견이다. 선제적 통화정책이라 함은 인플레이션(디플레이션)이 실제 문제가 되기 전에 중앙은행이 금리를 인상(인하)하는 것을 의미하며 많은 중앙은행이 지향하는 정책이다. 그는 더 이상 금리를 인상하는 것은 지나치며 만약 경기가 후퇴할 조짐을 보인다면 금리인하도 고려해야 한다는 입장이다.

블라드는 수익률곡선 역전 가능성을 최초로 제기한 연준 인사다. 수익률곡선은 국채의 만기별 연 수익률을 연결한 곡선인데 만기가 길수록 투자자금이 묶이기 때문에 만기할증이 붙어 수이률이 높아진다. 그러나 미래에 불황이 예상될 때 투자 수요가 위축되어 투자자금을 조달하는 지표인 장기금리는 하락하게 된다. 이때 만기할증 대신 만기할인이 적용, 단기금리보다 오히려 장기금리가 더 낮아져 수익률곡선의 역전이 일어날 수 있다.

미국 경제는 1955.1월~2018.2월 기간에 걸쳐 9번의 공식적인 경기침체가 있었는데 경기침체에 앞서 모두 수익률곡선의 역전이 일어났다. 한편, 경기침체 대신 경기후퇴가 왔던 1960년대 중반의 사례를 제외하면 수익률곡선 역전 후 모두 2년 내 경기침체가 왔다. 통상 2분기 연속 마이너스 성장이 일어날 때 경기침체라고 하며 경기위축은 경기순환변동에서 확장 후 축소되는 현상이다. 우리나라는 통계청, 미국은 민간기구인 전미경제연구소(NBER)에서 사후적으로 발표한다. 2017년부터 장단기 금리차가 줄어드는 추세를 보이고 있으며 특히 10월부터 급속히 하락했고 2019년 5월부터 10월 초까지 10년 만기 국채와 3

월 만기 국채수익률곡선의 역전이 일어났다.

한편, 수익률곡선이 미래의 경기를 예측하는 데 유용하지 않아 '이번엔 다르다'는 주장도 설득력을 얻고 있다. 버냉키 전 의장은 글로벌 금융위기 후 양적완화와 자본 확충 등 강화된 금융규제로 수익률곡선이 왜곡되었다고 주장한다. 그러나 유용성이 다소 떨어졌을 뿐 '이번에도 다르지 않다'는 반론도 팽팽하다.

파월 의장은 컨퍼런스 인터뷰에서 "필요하다면 자산축소정책을 변경하는 데 주저하지 않겠다."고 말했다. 2018년 4분기부터 그 규모가 크게 늘어난 월 500억 자산축소프로그램이 아무 문제가 없다던 12월의 발언에서 물러선 것이다. 그러나 같은 시기인 4분기에 들어와 시장 변동성은 급격히 높아졌으며 당일 그의 발언은 투자자들이 주식을 투매한 촉매와 같았다. 많은 전문가들은 자산축소프로그램이 원인을 제공하였다고 믿는다.

금리인상과 별도로 위기 전 8000억 달러에서 양적완화 조치로 4.5조 달러까지 늘어난 연준 자산을 줄이는 자산축소정책으로 한때 연준 자산은 3.8조 달러까지 감소했으나 RP시장 안정화를 위한 국채 매입으로 다시 늘어났다. 한편, 현금통화 수요가 계속 증가하고 위기 후 시작한 지준부리(支準附利)는 통화정책 운용의 편이성 때문에 앞으로도 계속될 것으로 전망되기 때문에 적정 자산 규모가 위기 전보다 훨씬 클 것으로 보이나 여전히 민감한 이슈다. 지준부리는 은행이 중앙은행에 예치한 법정(法定) 지불준비금 이상의 초과 지불준비금에 대해 중앙은행이 이자를 지급하는 제도를 말한다. 마이너스 금리를 시행하고 있는 유로존과 일본의 경우 미국과 반대로 초과 지불준비금에 대해 마이너스 금리를 적용하고 있다.

연준의 자산축소는 금융시장에서 유동성을 빨아들이는 효과를 동반하기 때문에 단기자금조달시장과 주식과 같은 위험자산에 직접적인 영향을 미친다. 양적완화가 신흥국에 막대한 자본유입을 동반했고 들어오는 돈을 막기 위해 중앙은행들이 금리를 인하하자 빚이 크게 늘어났다. 반대로 (자산축소의 또 다른 표현인) 양적축소는 일부 신흥국에서 자본유출을 일으켰고 나가는 돈을 붙잡으려 금리를 높이자 빚잔치를 벌였다. 2018년 6월 인도중앙은행 총재가 연준의 자산축소를 비판하는 〈파이낸셜타임즈〉 기고문은 신흥국의 고민을 그대로 보여준다. 그러므로 비록 연준이 금리인상 속도를 늦춘다 하더라도 앞으로 자산축소가 재개된다면 글로벌 유동성은 위축되고 신흥국의 외환 불안은 계속될 것으로 보인다.

연준은 미국 경제를 낙관적으로 본다. 2019년은 2018년보다 낮지만 여전히 장기 추세보다 높은 2.3% 성장을 전망했다. 시장은 연준이 미국 경제를 과신하고 있다고 비난했다. 버냉키 전 의장은 시장이 징징댄다고 맞섰다. 왜 시장과 연준은 보는 눈이 다른 것일까? 이 다름은 IMF를 떠난 옵스트펠트(Morris Obstfeld) 전 조사국장이 "풍선에서 바람이 빠지고 있다."고 한 발언에서도 엿볼 수 있다. IMF는 2019년 세계 경제성장을 2018년처럼 3.7%로 전망했으니 정작 그는 자신이 없다고 말한 것이다. 실제로 7월 수정 전망은 3.2%로 내렸고 2020년 1월 다시 2.9%로 하향조정했다.

현재 글로벌 경제는 불확실성으로 가득 찼다. 미국과 중국의 무역 분쟁, 끊이지 않는 중국 경제에 대한 경고, 브렉시트, 지역적 분쟁 등 지정학적 위험의 고조, 국가주의와 포퓰리즘의 대두 등등. 이 불확실성에도 불구하고 10년 전과 달리 이를 극복할 역량은 크게 부족하다. 더 이상 국가 간 공조는 어렵고 통화, 재정 같은 거시경제정책 수단은 소진되었기 때문이다. 결국 자신감의 상실이 다름을 설명하는 것으로 보인다. 연준은 자신감을 계량화하지 않았다. 대신 시장의 목소리를 경청하겠다고 뒤로 물러섰다.

❖❖

2019년 7월 결국 연준은 대침체 후 처음으로 금리를 인하한 뒤 두 번 연속 금리를 내렸다. 1977년 처음 발행된 30년 만기 국채수익률은 2019년 봄이 되면서 완연한 하락세를 보였다. 여름부터 투자자들이 안전자산에 몰리면서 수익률은 기록을 갈아치우고 있다. 10년 만기 국채와 3월 만기 국채수익률 역전은 이미 5월 하순부터 시작되었다. 한동안 잠잠했던 주식시장은 또다시 요동쳤다. 격화되는 무역전쟁으로 글로벌 경제가 가라앉는 모습이 중국과 독일에서 눈에 띄게 감지되었다.

세계는 외견상 엄청난 호황을 누리며 글로벌 경제를 이끌어온 미국 경제가 언제 불황을 맞을지 숨을 죽이고 쳐다보고 있다. 미국의 경기확장기가 오래 지속되는 추세는 1980년대부터 시작되었으나 2009년 6월부터 계속된 경기확장은 경기순환 데이터가 구축된 1854년 이후 가장 길다.

이렇듯 오래 지속되는 미국의 경기확장이 가능한 것은 글로벌 경제의 통합과 기술 발전으로 기업들이 글로벌 공급사슬을 구축, 재고 및 생산관리를 효율적으로 수행할 수 있게 되었기 때문이다. 특히 경기변동에 민감한 제조업을 중국 등 해외로 돌리는 오프쇼어링과 공급 충격의 버팀목으로 떠오른 셰일산업의 덕이 크다. 투자는 그 변동성이 매우 높지만 지적재산 투자의 비중이 높고 거대기술기업이 공장을 짓는 제조업 대신 투자를 주도하고 있다. 고도화, 다변화된 경제는 그만큼 경기변동도 작은 것이다.

2019년 7월 〈이코노미스트〉는 S&P500에 포함된 대기업이 주당 순이익이 2분기 연속 감소했다는 기사를 실었다. 이익의 감소는 임금 등 고용비용의 상승만이 아니라 무역전쟁에 따른 기업 활동의 위축과 하드웨어 및 반도체 경기의 침체에서 비롯하고 있으며 앞으로 더 악화될 것으로 전망했다. 미 기업의 세후 이익이 GDP의 10% 가까운 사실을 생각하면 이 추세가 계속된다면 경제성장에 부정적인 영향을 미칠 것은 자명하다.

다른 선진국과 중국 등 신흥국의 형편상 미국의 불황은 곧 글로벌 경제의 침체로 확산될 가능성이 크다. 물론 불황의 강도를 서브프라임 위기와 비교할 수는 없다. 그동안 금융개혁 입법 등 안전망을 대폭 강화했기 때문이다.

대신 전문가들은 침체가 오래 지속될 것으로 전망하고 있다. 우선 대응할 통화재정정책 수단이 마땅치 않다. 위기가 10년이 지났어도 선진국은 초저금리 또는 마이너스 금리를 유지하고 있을 뿐 아니라 다수 선진국에서 여전히 양적완화를 시행하고 있기 때문이다. 더욱이 지난 10년간 초완화적 통화정책은 선진국, 신흥국을 막론하고 부채가 대폭 늘어난 결과를 초래했으므로 또다시 빚에 의존한 성장을 추진하기는 무모하다. 2019년 12월 스웨덴중앙은행이 마이너스 금리를 종료했다. 2015년 마이너스 정책금리를 시행한 후 민간부문의 빚이 GDP 대비 300%에 가까울 정도로 늘어나자 마침내 포기한 것이다.

실제로 미국은 1991년 시작했던 10년 호황기 동안 GDP가 40% 넘게 성장했으나 현재의 호황 10년에서는 고작 20% 성장했을 뿐이다. 낮은 실업률도 실상은 고용 여건이 위기 전 수준으로 회복된 것에 불과하다.

글로벌 경제를 뒤흔들었던 미중 무역전쟁이 진정 국면으로 들어서자 주식시장은 안정을 찾았다. 2019년 10월 미 연준은 세 번째 금리인하를 단행하고 당분간 금리를 조정할 여지는 없을 것이라는 신호를 보냈다. 투표권을 가지는 12인을 포함해 통화정책을 결정하는 공개시장위원회 참석자들이 예측하는 향후 정책금리 수준을 보여주는 점 도표(Dot plot)는 시장과의 적극적인 교감을 위해 2011년부터 발표하고 있다. 2019년 12월 통화정책 회의 후 발표한 점도표에 따르면 2021년과 2022년 각각 한 차례씩 금리를 0.25% 인상할 것으로 예상했다.

2017년 성장랠리로 잠시 반짝했던 글로벌 경제가 미국을 제외하고는 다시 부진의 늪에 빠지자 통화정책 무용론이 제기되었다. 10년 이상 지속된 선진국 중앙은행의 초저금리정책이 확고한 경제회복을 견인하지 못하는 것이다. 특히 대부분 중앙은행들이 특정 인플레이션을 타기팅하는 물가안정목표 통화정책은 만성적으로 목표 인플레이션에 미달하고 대신 자산시장의 거품을 조성함으로써 금융안정성의 위험을 높인다는 비판을 받았다. 나아가 정작 필요할 때 통화정책의 여력이 없는 상황에 대한 우려도 제기되었다. 자산시장과 실물경제의 괴리는 글로벌 경제를 작은 충격에도 취약하게 만들 수 있는 것이다.

통화정책 무용론은 다시 재정정책으로 관심을 돌리는 계기가 되었다. 그러나 선진국의 만성적인 적자재정은 국가채무를 크게 늘려 이미 상당수 국가에서 GDP 대비 국가채무비율은 100%를 넘어섰다(IMF DataMapper, 2019). IMF DataMapper(General government gross debt)에 따르면 2019년 10월 현재 미국(108%), 일본(237.6%) 등 G7은 120.5%, 선진국은 104.4%에 이른다. G7 가운데 예외적으로 독일이 45.6%, 한편 우리나라는 53.3%이다.

MIT 교수와 IMF 조사국장을 지낸 피터슨 연구소의 올리비에 블랑샤(Olivier Blanchard) 박사는 2019년 전미경제학회장 고별 강연에서 적자로 국가채무가 늘어나더라도 실질금리가 경제성장률보다 낮다면 핵심 지표인 GDP 대비 국가채무비율은 안정적으로 관리 가능하며 따라서 재정정책의 여력은 아직도 상당히 남아 있다는 요지의 견해를 피력했다(Blanchard, 2019). 비록 적자재정으로 국가채무가 늘어나도 정부가 국가채무에 지급하는 이자율이 성장률보다 낮다면 그만큼 GDP 대비 국가채무비율은 널 증가하거나 경우에 따라서는 오히려 감소할 수도 있다는 말이다. 이 가능성은 국가채무에 아무런 변화가 없을 때 국채금리가 성장률보다 낮다면 GDP 대비 국가채무 비율이 감소하는 것을 생각해보면 쉽게 이해된다. 그의 주장에 따르면 실제로 실질금리가 실질 GDP 성장률보다 낮은 G7은 적어도 제한된 범위에서 확장적 재정정책이 가능하다.

그러나 다음해 캘리포니아주 샌디에고시에서 개최된 2020년 전미 경제학회 컨퍼런스에서 경제학자들은 블랑샤의 주장이 비현실적이라는 반론을 제기했다. 요컨대 국가채무가 늘어나면 궁극적으로 금리도 오를 수밖에 없다는 것이다. 작은 희망이 실망으로 바뀌는 대목이다.

현재 자국우선주의가 게임의 법칙이 된 이상 10년 전과 같은 국제 공조의 가능성은 희박하다. 오히려 우려스러운 것은 글로벌 경제가 이 전투구할 가능성이다. 이 경우 환율의 경쟁적 절하 등 무역장벽은 더 높아지고, 이미 시작되었지만 지정학적 고려에 따른 글로벌 가치사슬의 재편이 더욱 가속화될 전망이다. 자칫 평범한 불황이 글로벌 경제에 일파만파를 일으킬 수 있는 것이다.

19

다보스

낙관론자는 우리가 최고의 세상에서 살고 있다고 주장한다.
비관론자는 이것이 사실이라는 것을 두려워한다.
_제임스 캐벌

❖❖❖

"낙관론은 별로 없다. 우리가 너무 비관적인가? 모르겠다. 그러나 올해
는 비관론이 대세인 것 같다." 20년 넘게 다보스포럼에 참가했다는 한
인사의 CNN 인터뷰다.

　　다보스는 스위스 동쪽 알프스에 위치한 인구 만 명 남짓한 휴양지
다. 주인공 한스 카스트로프가 사촌 요아힘이 있는 요양소에 문병을 가
면서 시작된 토마스 만의 장편소설 『마(魔)의 산(山)』의 무대인 이곳에
서 매년 초 기업인, 정치지도자, 학자, 언론인, 유명인사들이 모여 '더
나은 세상을 만들고자' 세계경제포럼(WEF)을 개최한다.

　　2019년 다보스포럼에 초청된 3,000명의 인사 가운데는 환경주의
자인 배우 맷 데이먼(Matt Damon)도 있었다. 초청받은 사람들만 올 수

있지만 기업인들은 참가비 외에도 참여 범위에 따라 6만~60만 스위스 프랑의 회비를 더 내야 한다. 다보스포럼 참석자가 모두 같은 위상을 가지는 것은 아니다. 정치 지도자나 고위관료가 착용하는 홀로그램 스티커가 있는 배지, 공식 대표의 흰색 배지, 호텔 입장만 가능한 붉은 배지에 이르기까지 매우 다양하다. 행사장 외곽에는 저격병이 경비를 설 정도로 삼엄하다.

세계화 4.0(Globalisation 4.0)이 2019년 다보스포럼의 주제다. 세계화 4.0은 2000년대 중국과 인도가 경제 강국으로 부상한 초세계화(Hyper-globaisation) 이후를 말하며 미래의 세계화를 논의하자는 데 그 취지가 있다. 아이러니하게도 세계화 4.0이 어떤 모습인지는 이번 포럼 행사가 제대로 보여주었다.

우선 트럼프 대통령과 정부 각료가 참석하지 않았다. 멕시코-미국 국경에 장벽을 설치하는 데 소요되는 예산을 놓고 의회와 대립, 역사상 가장 오랫동안 연방정부가 셧다운되었기 때문이다. 경제가 내리막에 들어선 중국의 시진핑 대통령도 불참했다. 브렉시트로 탈진한 영국의 메이 총리도 참석하지 않았다. 프랑스의 마크롱 대통령은 노랑조끼 시위에 발목을 잡혔다. 한때 메르켈을 대신할 유럽의 리더로 나섰으나 개혁을 추진할 동력은 크게 위축되었다.

다보스포럼이 개최된 주(週)에 영국의 〈이코노미스트〉지는 Slowbalization을 표제로 달았다. 세계화의 김이 빠지고 정체의 시대에 들어섰다는 의미다. 정체된 세계화는 1995년 설립한 세계무역기구(WTO)의 현주소를 보면 확연하다. 2001년 시작된 도하(Doha) 라운드는 여전히 교착 상태이며, 강대국 간 무역분쟁은 164개국이 준수해야 할 무역규범의 존재를 무색하게 한다.

　세계화가 정체된 것은 무엇보다도 글로벌 경제를 이끄는 선진국이 세계화의 부작용을 제대로 치유하지 못하였기 때문이다. 중국의 무역 공세는 러스트 벨트가 미국 내 광범위한 지역으로 확산되어 심각한 사회경제적 문제를 야기했으며 미국우선주의를 앞세운 트럼프는 45대 대통령에 당선되었다.

　무역이 미국을 바꾼 것처럼 난민은 유럽을 바꾸었다. 유엔난민가구(UNHCR)는 2016년 말 전 세계 난민을 2510만 명으로 추정하고 있다. 근래 시리아, 아프간, 남수단 등 지역분쟁으로 난민이 급증하였으며 아프리카 지역의 기후변화에도 요인이 있는 것으로 본다. 난민은 많아도 이들을 받아줄 선진국은 마땅치 않다. 유럽은 난민으로 골머리를 앓고 있다. 2014년 한 해만 해도 62.5만 명이 EU에 망명을 신청했으나 프랑스, 독일, 스웨덴, 영국은 지금까지 73만 명이 안 되는 이들에 대해 난민의 지위를 부여했을 뿐이다.

　난민 공포는 유럽의 극우정당이 약진하는 동력으로 작용했다. 스웨덴, 네덜란드, 프랑스, 독일, 오스트리아에서는 제2당이나 연정에 참여했고, 이태리는 서유럽 최초로 극우정권이 들어섰고, 슬로베니아는 제1당으로 부상했으며 헝가리의 오르반은 재집권에 성공했다. 영국은 EU를 탈퇴했다.

⁂

2019년 다보스에서 가장 큰 주목을 받았던 인사는 한때 자유세계의 총리로 칭송을 받았으나 연이은 선거에서 극우파에 밀려 2021년 정계 은퇴를 선언한 메르켈 독일 총리다. 메르켈 총리는 자국우선주의가 세계화와 양립할 수 없음을 다음과 같이 경고했다.

"오늘날 기존 국제질서의 타당성에 대한 의구심을 가지는 새로운 접근론이 대두되고 있다. 먼저 자신의 이익을 챙기고 나서 모든 이들에게 도움이 되는 질서를 세워나가고자 하는 것이다. 그러나 나는 그것이 과연 옳은 길인지에 대해 회의적이지 않을 수 없다."

자국우선주의가 세계화의 부작용을 치유할 수는 없다. 선진국 블루칼라 노동자의 고된 삶은 세계화보다는 자동화와 같은 기술 진보에 근본적인 요인이 있다. 기술 진보가 계속되는 한 미숙련노동에 대한 수요는 줄어들 수밖에 없다. 중국의 무역충격이 제조업에서 일하는 많은 미숙련노동자들의 일자리를 빼앗았다. 그러나 동시에 ICT(정보통신기술)와 같은 부문에서 전문직 고용이 다수 창출되었다. 결과적으로 생산성이 낮은 부문에서 높은 부문으로 생산활동이 전환하면서 저임금노동에 대한 수요가 고임금노동에 대한 수요로 대체가 일어난 것이다.

더욱이 미중 무역전쟁은 중국 경제를 곤경에 빠뜨린 것에서 그치지 않고 그 여파가 글로벌 경제로 확산되고 있다. 중국은 전 세계 구리 수요의 절반을 차지하며 최대 자동차시장이기도 하다. 구리 값은 2018

년 상반기를 지나면서 폭락세를 보이고 있고 자동차산업은 침체, 세계 자동차업계 구조조정이 확산되고 있다.

미국의 대중 수출은 지난 10년간 두 배가 증가했으며 중국에서 번 돈은 다국적기업의 중요한 영업이익을 차지한다. 그러나 애플, 캐터필라, 노스롭, 보잉 등 대중국 수출 비중이 높은 다국적 제조기업은 고전을 면치 못하고 있다. 2018년 12월부터 연속 감소세를 보이고 있는 한국 수출도 반도체, 석유제품의 대중 수출이 크게 감소한 데 그 배경이 있다.

2019년 2월 〈월스트리트저널〉은 미국이 중서부 팜 벨트 지역에서 파산을 신청한 농가가 급증하고 있다고 보도했다(Newman and Bunge, 2019). 캔자스에서 인디애나, 다코다에서 아칸소에 이르는 곡창지대가 농축산품을 수입하는 중국, 멕시코의 관세 보복으로 러시아, 브라질에게 밀려 불황을 맞은 것이다.

소로스는 포럼에서 시진핑 중국 대통령을 겨냥해 "머신러닝과 인공지능이 억압적인 정권의 손에 들어갈 때 열린사회가 처할 치명적인 위험에 주의를 환기하고자 한다."고 말했다. 세계 최대 통신장비업체 화웨이에 대한 제재는 미중 무역분쟁이 단지 경제문제만은 아닐 것이라는 의구심을 가지게 한다. 실제로 2018년 가을 출간된 백악관 보고서는 군수품에서부터 전자제품에 이르는 미국의 군사 관련 산업이 중국 기업에 과다하게 의존함으로써 위험에 처했다고 경고했다.

상당수 참석자들은 미중 간 무역협상은 수지 불균형을 개선하고 지적재산권 보호를 강화하는 등 중국으로부터 양보를 받아내는 수준에서 봉합될 것이라는 주장에 수긍했다. 대신 미중 간 대립은 장기화될 수 있는 것이다. 애플의 주요 공급업체 폭스콘은 베트남과 인도로 생산 시설을 확장할 것으로 알려지고 있으며 화웨이도 비슷한 계획을 가지고 있다. 그러나 그렇다고 해서 본질적인 문제가 해소되는 것은 아니다. 포럼에 참가한 기업인들은 결국 기술 관련 글로벌 공급사슬이 재편될 가능성을 제기했다.

더 우려되는 것은 웹 세상이 쪼개져 온라인 정보의 흐름과 전자상거래가 분열되는 스프린터넷(Splinternet)의 가능성이다. 인공지능과 5G 모바일은 빅데이터에 의존하지만 전자상거래와 국경 간 데이터 흐름을 관리하는 규칙, 즉 글로벌 거버넌스는 인터넷이 상용화되기 시작한 1997년 당시에서 별 진전이 없다. 데이터를 둘러싼 글로벌 거버넌스는 난제다. 미국은 느슨한 규제를 요구하는 기업을 대변하고, 중국은 빅데이터를 중앙에서 통제하기를 원하며, 유럽은 프라이버시를 우선시하기 때문이다.

미국과 중국의 기술기업문화의 차이와 상호작용을 기술하고 미래를 전망한 『AI 슈퍼파워』(*AI Superpowers*, 2018)를 출간한 대만 출신의 컴퓨터공학자이자 벤처사업가인 리 카이푸(Kai-Fu Lee, 李开复)는 다보스에서 인터넷이 중국과 나머지가 아닌 중국과 중국 앱을 사용하는 나라와 미국과 미국 앱을 사용하는 나라로 쪼개질 것으로 예측했다. 그는 인도, 동남아시아, 중동, 아프리카 일부에서도 알리바바와 텐센트에 의해 주도되는 중국 앱이 압도할 것이라고 전망했다.

글로벌 경제가 둔화되고 있다. 다보스포럼에서 라가르드(Lagarde)

당시 IMF 총재는 중국 경제의 둔화가 용인될 수 있는 수준이기는 하나 만약 하락세가 가속화된다면 큰 위험을 제기할 수 있다고 경고했다. IMF는 2018년 10월에 이어 2019년 1월에도 하향전망(2019년 3.5%)을 했다. 그리고 4월에도 10월에도 하향전망을 했다. 2020년 다보스포럼에서 발표한 2020년 1월 수정전망은 2019년 세계 경제성장률을 2.9%로 또다시 내렸다.

다보스포럼에서의 비관론은 단지 경기예측으로 설명할 수는 없는 것이다. 그렇다고 해서 이 비관론을 단지 사람의 감정, 즉 야성적 충동의 탓으로만 돌릴 수는 없다. 앞의 〈그림 3〉이 부여주듯이 지속가능한 성장의 지표로 삼는 OECD 회원국의 총요소생산성(TFP) 증가율은 글로벌 금융위기(GFC) 당시 급속히 하락했으며 대침체기를 지나면서도 여전히 예전의 수준을 회복하지 못하는 히스테리시스(Hysterisis)가 일어나고 있다. 히스테리시스는 경제가 큰 충격을 받았을 때 복원력을 상실해 이전의 상태로 돌아가지 못하는 현상이다. GFC는 자유주의적 질서 하에서 일어났다. 이 위기는 조기에 극복되지 못하고 깊은 상처를 남겼다. 글로벌 경제 곳곳에서 일어나는 자국우선주의는 그 당위성 여부를 떠나 자유주의를 대체할 새로운 질서를 모색하는 시도로 보인다. 다보스포럼의 비관론은 이 시도가 결코 올바른 대안이 될 수 없을 것이라는 부정적 인식을 공유한 데서 비롯한 것이다.

'결속력 있고 지속가능한 세계를 위한 이해관계자'라는 디소 긴 주제로 개최된 2020년 다보스포럼은 2019년의 연장이었다. 무역갈등, 기후변화, 고조되는 포퓰리즘, 미래 자본주의에 대한 의문이 키워드였다. 차이가 있다면 무역전쟁이 휴전되었고 기업들은 가치사슬을 재편하는 등 유연하게 대비하고 있다는 점이다.

또 다른 중요한 차이는 환경이 중요한 의제로 자리잡은 것이다. 이것은 기업과 산업이 환경에 대한 책임을 스스로 인정한다는 의미를 가진다. 그동안 기업의 비재무적 요소인 환경, 사회, 지배구조(ESG, Environmental, Social and Governance)를 종합적으로 고려한 사회책임투자는 일부 선진국의 연기금이 주도해왔다. 그러나 가습기살균제 사건이나 폭스바겐의 배기가스 조작사건은 기업의 윤리의식과 사회적 책임이 기업가치에 지대한 영향을 미친다는 사실을 일반인들에게 일깨워주었다. 앞으로 ESG투자는 더 많은 관심을 받을 것으로 보인다.

2019년은 투자자들에게는 많은 돈을 벌어다 준 또 다른 해였다. 2020년도 중앙은행이 불에 기름 붓기를 계속하는 한 여느 해와 다르지 않을 것으로 이들은 보았다. 비록 넘치는 유동성이 자산가격을 떠받들고 있지만 세계적인 경기침체가 곧 닥칠 것으로 생각하는 사람들은 보이지 않았다. 어느 언론 매체는 한 저명한 헤지펀드 투자자의 말을 인용했다. "위기는 아마 1~2년 정도 뒤에나 올 겁니다. 그때까지 음악이 연주되면 춤을 춰야죠."

20

EU

그래서
지금 나에게 기회가 있다고 말하는 거야?
_덤 앤 더머

✿✿✿

"우리가 뒷북을 칠 줄은 몰랐다." 2019년 3월 유럽중앙은행(ECB)의
마리오 드라기(Mario Draghi) 총재가 통화정책회의 후 기자회견에서
한 고백이다. ECB는 당초 마이너스 지준금리를 포함해 현 정책금리
를 올 여름까지 동결하겠다는 2018년 말 발표를 뒤집고 1년 연장했다.
덧붙여 '심각한 경제적 충격'이 일어나지 않는 한 장기대출프로그램
(TLTRO)도 더 이상 필요하지 않다는 11월의 공언도 뒤집었다. 지난 몇
개월 사이에 '심각한 경제적 충격'이 일어난 것이다.

국세기구를 비롯한 모든 기관이 경쟁적으로 2019년 유로존 경세
를 하향 전망했다. 3월 ECB는 2019년 유로존 19개국 성장률을 1.1%로,
EU는 1.3%로 내렸다. IMF와 OECD도 잇달아 하향 수정 전망을 했다.

2020년도 별로 나을 것이 없기는 마찬가지다. 2017년의 성장랠리를 정점으로 빠르게 식고 있는 것이다.

유로존, 나아가 EU가 부진한 것은 경제대국 독일이 고전하기 때문이다. 유로존 GDP의 30% 이하, EU GDP의 20% 이상을 차지하는 독일의 성장률은 2018년 전해보다 0.7%pt 감소한 1.5%로 내려앉았다. IMF는 2019년 0.5%, 2020년 1.1% 각각 성장할 것으로 전망하였다. 독일의 부진은 GDP 대비 50%에 이를 정도로 경제 규모에 비해 지나치게 큰 수출 부문의 성장기여도가 낮은 데 요인이 있으며, 주요 수출시장인 미국, 중국, 영국의 수입 수요가 위축된다면 하방 위험은 더 커질 수밖에 없다.

유로존을 중심으로 확산되고 있는 유럽 경제에 대한 비관론은 중심국 독일의 부진 때문만은 아니다. 그 뿌리는 19개국이 공동으로 사용하는 유로(Euro), 나아가 그 모태인 유럽연합(EU)이 당면한 구조적인 문제에서 비롯한다.

글로벌 금융위기가 전 세계를 덮쳤던 2008년 11월 〈파이낸셜타임즈〉 칼럼니스트 볼프강 문차우(Volfgang Munchau)는 「이제 유로존의 혜택을 깨달았다」(Munchau, 2008)는 제목의 기고문에서 위기는 궁극적으로 보다 강력한 경제 거버넌스를 만들어낼 것이며 유로존은 확대될 것이라고 예측했다. 당시 외채위기에 몰린 아이슬란드가 기준금리를 20% 가까이 올렸고, 유로화, 스위스프랑화로 주택담보대출을 끌어들여 한때 집값이 폭등했던 헝가리는 재앙을 맞았으며, 덴마크는 투기적 공격을 당했다.

그러나 문차우의 예측과 반대로 오히려 위기는 유로존에서 본격화되었다. 3년 만에 아이슬란드는 성장궤도로 재진입하는 데 성공했다. 그러나 PIIGS(포르투갈, 이태리, 아일랜드, 그리스, 스페인) 5개국 가운데 아일랜드를 제외한 4개국이 2013년까지 마이너스 성장을 기록하는 고난의 세월을 보냈다. 위기 전보다 GDP의 28%가 줄어들었던 그리스는 2017년에야 플러스 성장을 기록했다. 현재 경기침체를 맞은 이태리가 1% 성장을 넘어선 것은 2016년이다. 한때 55%를 초과했던 스페인의 청년실업률은 현재도 위기 전 수준의 2배에 가깝다.

　　IMF는 유동성 지원 프로그램을 총동원해 지원했다. 그리스, 아일랜드, 포르투갈 3국에만 920억 달러를 공여했다 스트라우스 당시 IMF 총재가 스캔들로 쫓겨나자 유로존 위기 극복을 명분으로 같은 프랑스인인 라가르드가 이어받았었다. 완고한 치과의사에 비유했을 정도로 한국 등에 가혹한 구조조정을 들이댔던 아시아 금융위기(AFC) 당시와 너무 달랐다(Henning, 2011).

　　그럼에도 불구하고 유로존 위기의 여진은 지금도 현재진행형이다. 2012년 국채 교환으로 1500억 유로의 채무탕감을 받았던 그리스는 2018년 다시 2032년까지 채무 상환을 연장 받았지만 IMF는 더 많은 채무탕감이 필요하다고 경고했다. 오성운동과 동맹당이 연정한 이태리 신정부는 ECB가 보유한 국채 2500억 유로의 채무면제를 이슈화 했다.

❧❧❧

유로존의 깊은 상처는 단일통화라는 공동 요인이 작용하고 있다. 빚을 갚지 못해 일어난 위기는 우선 씀씀이부터 줄여야 극복 가능하다. 위기

수습을 주도했던 IMF, 유럽위원회(EC, EU를 대변하는 기구)와 ECB가 남유럽 재정위기 국가들에게 재정개혁을 요구한 것은 당연하다. 그러나 성장 없는 재정개혁은 고통스럽기만 했다. 단일통화가 성장을 해외에서 찾는 경로를 차단한 것이다.

우리나라가 외환위기를 일찍 극복한 것은 IMF의 고금리 정책에도 불구하고 폭등한 원화 환율로 성장 동력을 수출에서 찾을 수 있었기 때문이다. 그러나 유로화 환율은 위기 당사국들에게 수출 활로를 제공할 정도의 수준에 크게 미달했고 대신 재미는 독일이 보았다. 재정개혁이 유일한 대안인 상황에서 증세와 정부지출 삭감에 따른 긴축재정은 총수요를 위축, 경기는 더 악화되었고 세원이 줄어 다시 정부재정이 악화되는 악순환이 일어났다. 더욱이 주조권이 없는 정부로서는 돈을 찍어 나라 빚을 청산하는 시뇨리지도 불가능했다.

유로존에 애초부터 흠이 있음은 위기가 일어난 뒤에야 비로소 알게 되었다. 유로존은 공동통화를 사용하되 각국이 주권을 행사하고 그 책임을 지는 일종의 국가연합체(Confederate)다. 유럽중앙은행(ECB)에는 유동성 위기 시 은행에 대해 국채와 같은 안전자산을 담보로 유동성을 공급하는 최종대부자 기능이 없다. 자칫 유동성 위기를 빌미로 ECB가 회원국 국채를 마구잡이로 사들일 우려가 있기 때문이다.

유로존 위기 때 PIIGS 은행의 예금이 독일 등 안전한 나라의 은행으로 유출되는 뱅크런이 일어났다. 이 은행들이 그 나라 국채를 다량 보유해 부실화의 우려가 있을 뿐 아니라 유로존이 와해될 가능성 때문이었다. 유로존을 살리기 위해 연준이 그랬던 것처럼 ECB도 PIIGS 은행과 증권시장을 상대로 다양한 유동성 지원 프로그램을 가동, 사실상 최종대부자 기능*을 수행했다.

금융회사에 대한 규제, 감독의 책임이 전적으로 그 금융회사가 속한 나라에 있음은 외견상 당연해 보인다. 그러나 위기에 몰린 스페인계 은행에 대한 자금 지원을 했을 때 지급보증의 부담으로 스페인 정부의 국채수익률이 폭등, 결과적으로 재정개혁이 더 어려워지는 부작용을 초래했다. 2014년 ECB는 은행에 대한 통합감독기구(Single Supervisory Mechanism, SSM)를 설치, 유로존 자산의 85%를 소유한 128개 은행에 대한 감독권을 유로존 19개국 정부로부터 이양 받았다.

재정통합(Fiscal union)은 남아 있는 뜨거운 감자다. 이 주장의 논지는 세 가지다. 우선, 금융안전망은 최종대부자만으로는 부족하며 예금보험제도가 뒷받침되어야 한다. 예금보험제도는 예금보험기금이 필요한데 부보기관으로부터 보험료를 받아서는 충분치 않으며 궁극적으로 재정이 투입되어야 한다. 다음, 경기변동에 19개국이 단일 예산으로 일사분란하게 대응하는 것이 훨씬 효과적이다. 따라서 공적자금이나 실업보험금을 19개국 정부가 공동으로 조성해야 한다. 셋째, 유로존 안에서 지역적 불균형을 막기 위해서는 재정의 이전(移轉)이 필요하다. 이 주장은 결국 유로존은 국가연합체가 아닌 미국과 같은 연방국가가 되어야 한다는 것에 다름없다.

유로가 출범한 1999년 로버트 먼델(Robert Mundell)은 최적통화지역이론에 대한 공로로 노벨상을 수상했다. 최적통화지역은 자신의 경제적 이해에 따라 단일통화를 채택한 지역을 말한다. 최적통화지역은 충격의 대칭성과 시장통합의 두 잣대로 만들어진다. 전자는 단일통화 지역이 유사한 경제 환경을 공유해야 한다는 것이다. 따라서 산유국과 비산유국, 산업적 특성이 다른 나라들이 단일통화를 채택하는 것은 옳지 않다. 시장통합은 생산물시장뿐 아니라 생산요소시장도 포함한다. 한 나라에 불황이 와 실업이 늘어날 때 다른 나라로 일자리를 찾아 손쉽게 이동할 수 있어야 한다. 따라서 언어가 다르고 문화 환경에 차이가 많다면 단일통화를 사용하는 데 장애가 된다.

최적통화이론에 비추어 볼 때 유로존은 실패했다. 무엇보다도 유로존이 단순한 국가연합체로서는 존립할 수 없음을 스스로 증명했기 때문이다. 그리스와 이태리 신정부는 유로존 탈퇴를 공약으로 들고 나왔다. 차라리 독일이 나가는 것이 낫다는 주장도 있다.

그러나 유로존을 탈퇴하거나 해체하는 것은 그 결과를 가늠하기 어렵다. 유로존에서 차지하는 GDP 비중이 2% 남짓한 그리스가 유로존을 떠날 가능성이 제기되자 글로벌 경제는 크게 흔들렸다. 복잡하게 얽힌 금융의 연계 때문이다. 유로존 협상에서 비참여(Opt-out) 권리를 얻었던 덴마크는 자국통화 크로네(Krone)를 유로화에 고정하되 유로존은 합류하지 않기로 결정했다. 덴마크가 고정환율제도를 버리는 것은 별 문제가 되지 않는다. 그러나 그렉시트(Grexit)는 마치 루비콘강을 건너는 것과 같다.

❧

1954년 6개국이 결성해 유럽석탄철강공동체에서 출범한 EU는 19년 뒤에야 합류한 영국과 2013년 가입한 크로아티아를 포함해 28개국으로 늘어났다. 1980년대부터 EU의 통합과 확장은 계속되었다. 경제적 동기에서 단일시장에 관심이 있었던 영국은 협상 과정에서 국경조약과 단일통화를 포함, 4개의 비참여 권리를 얻어냈다. 동유럽의 체제전환국들이 EU에 가입하면서 이민자들이 국내로 대거 유입되자 2016년 브렉시트를 선택했다.

영국 국민이 선택했지만 스스로 혼란에 빠진 브렉시트의 이면에는 EU가 공동시장, 국제교역, 경쟁과 같은 경제적 통합보다는 정치적 통합으로 기고 있다는 강한 경계심이 자리잡고 있다. 이는 1988년 고 대처 수상의 〈부르제 연설〉(Bruges Speech)의 한 구절에서 잘 드러난다.

"우리는 영국의 국경을 성공적으로 확장하지 못했다. 대신 브뤼셀에서 새로운 지배력을 행사하는 유럽의 초(超)국가가 유럽 차원에서 다시 국경선을 정해주는 것을 지켜볼 수밖에 없었다."

실제로 EU의 확장에 비해 당초 기대했던 경제적 수렴은 미진하다. 혁신과 창출의 장벽이 두텁고, 여전히 규제가 많기 때문이다 현재 구조개혁은 EU가 당면한 최대의 도전이다. 그러나 그것은 국내정치가 해결해야 할 몫이다.

2019년 5월 하순, 영국을 포함한 28개국 5.1억 명 EU 회원국 국민 유권자들이 임기 5년의 751명 의원을 직접 뽑는 EU 핵심기구인 유럽의회선거가 실시되었다. 투표율이 50%가 넘었던 선거에서 이민은 최대 이슈였다. 1979년 처음 출범한 후 줄곧 다수를 차지했던 중도 우파와 중도 좌파는 여전히 양대 정당이기는 하나 모두 합쳐 40% 남짓 의석을 차지, 비주류로 전락했다. 39년의 양당체제가 허물어진 것이다. 대신 좌파 녹색당과 극우 정당이 약진했다. 이로써 유럽의회는 여전히 EU를 지지하는 정당들이 다수 의석을 차지하였으나 그 어느 때보다도 분열되었다.

이르면 2020년 말 브렉시트가 완결될 수 있는 영국의 미래도 썩 밝지는 않다. 2016년 6월 브렉시트 후 3년 반 동안 상당수 금융회사들은 런던을 떠나 프랑크푸르트, 더블린, 암스테르담, 파리, 취리히, 룩셈부르크 등 새로운 도시로 인력을 재배치했거나 할 예정이다. 비록 보수당이 적은 규제, 자유무역, 기업 친화적 정책기조를 내세우고는 있으나 브렉시트가 확정될 때 영국에 본부가 있는 다국적 금융회사는 금융패스포트(Financial passport)*—EU내 한 곳에서 금융회사를 설립하면 EU내 어디든지 지점을 설립할 수 있는 권리—를 잃어버리기 때문이다. 언스트앤영(EY)은 7천 명 정도의 인력과 1.3조 달러 규모의 금융자산이 런던을 빠져나갈 것으로 추정하였다.

영국의 역사학자 데이비드 에저턴(David Edgerton)은 〈뉴욕타임즈〉 기고문에서 브렉시트가 북아일랜드와 스코틀랜드가 영연방에서 떨어져 나가는 계기가 될 것이라고 판단했다(Edgerton, 2020). 그의 주장은 앞서 "2. 자국우선주의"에서 설명했던 알레시나(Alesina)가 공저한 『국가의 크기』(The Size of Nations, 2003)를 기억하는 독자라면 쉽게 이해할 수 있을 것이다. 비록 영국이 떠나도 북아일랜드와 스코틀랜드는 여전히 EU라는 공동시장에 남아 있고 싶기 때문이다.

제4부

디지털혁명과 제2기계시대

21

가상화폐, 아나키즘의 구현

비트코인은 가치를 창출하는 자산이 아니다.
그래서 그 가치를 평가할 수 없다.
_워런 버핏

❧

대학 시절 경제원론을 수강한 독자는 교환의 매개수단, 계산의 단위, 가치의 저장수단으로서 화폐의 기능을 쉽게 떠올릴 것이다. 나아가 화폐는 물물교환에 따르는 거래비용—욕망의 이중적 일치의 문제—을 극복함으로써 경제적 효율성을 높인다는 내용도 기억할 것이다. 고전 경제학의 성서와 같은 『국부론』(*The Wealth of Nations*, 1776)에서 아담 스미스(Adam Smith)는 빵집 주인이 정육점에서 파는 고기를 원하나 정작 그 정육점 주인은 빵을 필요로 하지 않는 가상적인 상황을 설정했다. 이때 만약 화폐가 존재하지 않는다면 욕망의 이중적 일치가 일어나지 않기 때문에 두 사람 사이에 교환은 일어날 수 없다.

그런데 화폐가 어떻게 인류문명에 도입되었는지에 대해 대부분

경제학자들은 별 관심이 없다. 다만 널리 알려진 학술자료를 읽고 가늠할 뿐이다. 인류학자 노먼 엔젤(Norman Angell)이 소개한 폴리네시아 얍(Yap) 섬의 거석(巨石)통화, 같은 영국 출신의 경제학자 리차드 래드포드(Richard Radford)가 자신의 경험을 기록한 2차 대전 당시 포로수용소에서 사용된 담배통화 등이 그것이다. 언젠가 신문에서 흥미롭게 읽었던 미국 교도소의 고등어팩통화도 같은 범주로 볼 수 있다.

그러나 일찍이 비경제 사회과학 분야의 학자들을 중심으로 화폐의 기원으로서 아담 스미스의 '욕망의 이중일치'를 부정하는 주장이 제기되었다. 이들은 다양한 문헌고증을 통해 물물교환경제에서 화폐가 탄생한 것이 아니며 화폐의 본질을 오늘날 신용, 채권과 유사한 일종의 청구권으로 해석하였다. 인도유럽어족을 포함한 많은 언어에서 채무, 죄, 화폐에 해당하는 단어들이 같은 의미를 공유한다는 사실은 하나의 예다.

사회학자 제프리 잉험(Geoffrey Ingham)에 따르면 국가가 이 청구권을 양도 가능한 채무로 인정했을 때 비로소 화폐의 모습을 갖추게 되었다(Ingham, 2004/2011). 사람들이 현물 대신 청구권을 국가에 세금으로 '바쳤을 때' 이 청구권은 양도 가능한 채무, 즉 돈이 생겨난 것이다. 이를 화폐국정설(貨幣國定說)* 또는 차탈리즘(Chartalism)이라고 하며 이른바 현대화폐이론(The Modern Monetary Theory, MMT)이라고 부르는 이단(異端) 경제학의 이론적 토대가 되었다. 그는 국가권력에 의해 독점된 주조화폐시대가 신용화폐시대로 진화한 것은 경제학자들의 주장처럼 거래비용의 절감과 같은 경제적 효율성 때문이 아니라 화폐

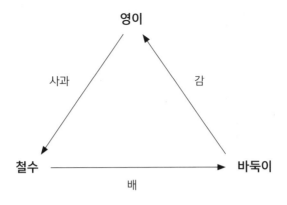

◆ **그림 4** 욕망의 이중일치

권력을 둘러싼 이익집단 사이의 갈등과 타협의 산물임을 강조하였다.

화폐의 본질을 규명하는 것은 중요하다. 인류문명사에서 일어났던 수많은 화폐의 출현과 퇴장을 설명해주기 때문이다. 물론 가상화폐도 예외가 아니다.

〈그림 4〉는 사과를 가진 영이가 감을 원하나 감을 가진 바둑이는 철수의 배를, 배를 가진 철수는 영이의 사과를 원해 셋 사이에 욕망의 이중적 일치가 일어나지 않는 경우를 보여준다. 이때 영이가 먼저 철수와 사과와 배를 교환한 다음 다시 바둑이의 감과 교환할 수 있겠으나 만약 손을 탈 때 과일의 신선도가 떨어진다면 좋은 방법이 아니다. 신선도가 떨어지는 것이 경제학에서 말하는 거래비용이다.

대안은 영이가 돈을 주고 바둑이의 감을 사고 바둑이는 감을 판 돈으로 철수의 배를, 다시 철수는 영이의 사과를 사는 것이다. 결국 돈이 세 거래에 사용될 때 신선도가 떨어지는 것과 같은 물물교환 시 발생하는 거래비용은 사라진다.

여기서 영이가 무엇으로 돈을 발행하든 중요하지 않다. 구성원이 돈이라고 인정하고 거래의 효율성을 높일 수 있으면 충분하기 때문이다. 거래의 효율성을 따른다면 운반하기조차 어려운 거석통화 파이(Fei)보다 파이의 소유권이 명기된 증서가 훨씬 낫다. 파이는 노먼 엔젤(Norman Angell)의 『화폐 이야기』(The Story of Money, 1929/1933)에서 서태평양에 위치한 마이크로네시아의 얍(Yap)섬에서 사용한 통화다. 지름이 3.5미터가 넘고 가운데 구멍이 뚫린 바퀴 모양의 거석통화 파이가 너무 무거워 대신 그 소유권증서를 돈으로 인정하는 오랜 관행이 있었다. 파이를 배에 싣고 이동하는 중 폭풍을 만나 바다에 빠뜨렸으나 주민들은 그 소유권증서를 여전히 돈으로 인정했다.

화폐의 대안으로서 영이에게 신용을 제공해 철수에게 사과를 팔기 전 바둑이의 감을 사 거래가 일어나는 신용시스템이 있다. 신용시스템은 영이, 철수, 바둑이 모두의 신용정보가 필요하다는 점에서 화폐시스템과 차이가 있다. 한편, 거래 상대방이 지리적으로 멀리 떨어져 있다면 영이, 철수, 바둑이가 돈을 주고받을 수 있는 별도의 청산결제시스템을 만드는 것이 필요하다. 그렇지 않다면 실제 돈을 주었는지 또는 받았는지 확인할 수 없기 때문이다. 한편, 신용시스템은 영이가 빚을 갚겠다는 약속을 전제로 신용을 공급하는 것이다. 신용카드가 좋은 예다. 그러나 영이가 약속을 지키지 않거나 영이의 신용을 다른 사람이 쉽게 가로챈다면 신용시스템이 제대로 작동하지 못한다. 따라서 사용자의 신용정보와 그 신용정보를 보호할 엄격한 보안이 필요하다.

❧

가상화폐는 영이가 멀리 떨어진 바둑이의 감 값을 직접 결제하는 것이 가능한 이상적인 화폐시스템이다. 사실 가상화폐(Virtual currency)보다는 암호화폐(Cryptocurrency)가 더 정확한 표현이기는 하다. 가상화폐는 돈을 주고받는다는 점에서 실물화폐와 같지만 별도의 결제시스템이 없이 사용자가 어디에 있든 쉼 없이 사용 가능하다는 데 차이가 있다.

가상화폐는 사용자 간 정보를 공유함으로써 금융이 가지는 비대칭적 정보의 문제, 즉 역선택과 모럴해저드를 제3자나 국가권력에 의존하지 않고 스스로 통제할 수 있도록 설계되었다. 한편, 기존의 금융시스템은 결제와 예탁과 같은 중앙집중시스템과 법적 구속력에 의존한다. 따라서 금융시스템의 신뢰는 금융회사의 공신력과 국가권력에서 나오지만 가상화폐의 신뢰는 시스템을 원활히 작동하는 기술에 기반을 둔다.

가상화폐거래를 비트코인의 거래메커니즘을 예로 살펴보자. 인터넷상에서 영이가 감 값으로 1 XBT를 바둑이에게 양도한 거래내역을 암호로 서명해 사용자들에게 전달한다. 이 돈은 영이의 계좌에서 이체되었고 두 번 사용되지 않은 것이라고 검증되면 소유권 이전을 기록한 블록체인(A blockchain)*에 업데이트된 원장(元帳)이 생성되고 모든 사용자들에게 배포된다.

여기서 보고된 거래가 참 거래인지 여부를 증명하는 것이 핵심이다. 이 거래를 검증하는 과정, 즉 작업증명(Proof of work)의 난이도는 네트워크 크기에 의존하는데 사용자가 늘어나고 거래가 쌓일 때 검증에 필요한 시행착오가 그만큼 늘어나기 때문이다. 작업증명에 성공하면 거래수수료와 신규화폐를 보상으로 받는다. 그런 이유로 작업증명을 채굴(Mining)이라고도 하며 채굴자에 대한 보상이 시스템을 안정적으로 유지하는 비용이다.

한편, 거래량이 증가할 때 더 많은 채굴이 이루어지고 따라서 통화량이 증가하게 되나 통화공급량이 일정 수준에 달하면 더 이상 신규 통화의 보상이 중지되두록 설계되었다. 인플레이션에 대한 우려 때문인 것으로 보인다.

가상화폐시스템이 반드시 블록체인에 기반한 것은 아니다. 아이오타(Iota)는 블록체인 방식이 아닌 분산원장*을 사용하기 때문에 채굴자가 없는 가상화폐다. 일본의 미즈호 그룹이 60개 은행과 컨소시엄을 구성해 내놓은 J-Coin은 디지털화폐이기는 하나 암호화화폐는 아니다. J-Coin Pay는 사용자의 은행계정을 통해 자금이 이동하기 때문에 핀테크의 산물이다. 페이스북의 리브라(Libra)의 운영시스템인 리브라 블록체인(Libra Blockchain)은 대문자 B에서 유추할 수 있듯이 가상화폐의 블록체인이 아니다. 분권화된 시스템이 아니기 때문이다.

❁

2009년 최초의 범용성을 가진 가상화폐로서 비트코인이 등장한 후 2,000개 이상의 가상화폐가 쏟아졌으며 2만 개에 가까운 가상화폐거래소가 전 세계에 분포되었다. 가장 큰 네트워크를 가진 비트코인은 가격이 오르기 시작한 2013년경부터 사용자가 크게 증가하였고 페이팔과 같은 대기업들도 결제수단으로 인정하였다.

가상화폐가격이 매우 높은 변동성을 보이자 가상화폐가 과연 돈인지 여부를 놓고 논쟁이 일어났다. 가상화폐가 돈이 아닌 투자자산이라면 가치를 평가하기 위해 그 내재(內在)가치를 따져봐야 하나 채권이나 주식과 달리 현금흐름을 창출하지 않기 때문에 쉽지 않다.

사용자 네트워크의 크기를 가상화폐의 내재가치로 본다면 네트워크의 가치가 사용자 수의 제곱에 비례한다는 멧칼프의 법칙(Metcalfe's law)이 유용한 잣대가 될 수 있다. 사용자가 1만 명에서 100만 명으로 증가할 때 네트워크 가치 즉 가상화폐의 내재가치는 100^2 즉 1만 배 증가한다. 그러나 만약 네트워크 사용자들이 거래의 편이성 때문이 아니라 투자 목적으로 가상화폐를 거래한다면 내재가치 대신 거품이 1만 배 증가한 것 일 수도 있어서 여전히 그 가치를 평가하는 데 어려움이 따른다.

한편, 가상화폐를 단순히 교환의 매개수단이 아닌 청구권으로 본다면 이 청구권의 소재를 생각할 때 주조권을 독점해온 국가권력과의 갈등은 불가피하다. 많은 나라에서 가상화폐에 어떻게 법적 지위를 부여할 지 고심하는 이유다.

가상화폐의 열풍은 가상화폐를 이용하여 자금을 조달하는 가상화폐공개(Initial coin offering, 이하 ICO) 붐을 가져왔다. 신생 기술기업이 발행하는 토큰을 법정화폐나 기존의 가상화폐로 매입하는 ICO는 매입한 토큰의 가치가 오를 것을 기대한다는 점에서 IPO와 유사하나 당초 규제의 대상이 아니었다는 데 중요한 차이가 있다.

기존 블록체인 플랫폼을 이용하는 ICO를 통한 토큰* 세일은 가상화폐 붐을 재생산하였고 더불어 피싱, 폰지와 같은 사기행위도 일어났다. 가상화폐를 이용한 불법행위가 기존의 금융시스템을 끼고 일어날 때 국가권력은 개입할 수밖에 없다. 2017년 9월 중국 정부가 모든 ICO를 금지하고 거래소를 폐쇄한 것은 가상화폐가 금융질서를 왜곡하고 해외자본도피수단으로 활용되는 것을 우려했기 때문이다.

우리나라와 중국 외에도 신흥국을 중심으로 많은 나라에서 ICO와 가상화폐를 거래하는 것을 금지하고 있다. 싱가포르는 증권법에 따른 규제를 하고 있으며 일반적으로 선진국은 신흥국보다는 그 정도가 미약하나 어떤 형태로든 규제를 하고 있다. 미국은 주(州)에 따라 ICO에 대한 규제의 정도에 큰 차이가 있으나 규제당국은 증권거래법을 준용해 규제하고 있다.

가상화폐와 관련해 가장 진보적인 규제 환경을 갖춘 일본은 관련 법을 개정해 2020년 4월부터 시행할 전망이다. 우선 '암호화폐'를 '암호자산'으로 그 명칭을 변경, 가상화폐를 투자자산으로 인정함으로써 관련 법을 적용하였다. 이 밖에도 거래소 해킹에 따른 투자자 피해 보상 등 가상화폐산업에 대한 정비를 하였다.

이와 같은 가상화폐에 대한 규제는 투자자를 보호해야 할 책임이 있는 정부로서는 당연하다. 그러나 가상화폐는 사람들이 투자자산으로 인식하듯이 당초 만들어진 취지와 다른 길로 가고 있는 것은 분명하다.

2019년 4월 뉴욕주 검찰이 거래소 비트피넥스(Birfinex)와 테더 리미티드(Tether Ltd.)의 모기업이며 홍콩을 기반으로 하는 아이피넥스(IFinex)에 대한 사기혐의 조사에 들어간 후 두 차례의 집단소송이 제기되었다. 테더는 그 가치를 미화 1달러로 고정함으로서 가상화폐시장에서 마치 현금처럼 거래할 수 있도록 2014년에 태어난 토큰이다. 스테이블코인(stablecoin)이라고도 한다. 실제로 비트코인 거래의 80%가 테더로 이루어지는 것으로 추정된다. 테더가 약속한 가치를 실제로 담보하기 위해서는 테더를 발행한 Tether Ltd.가 준비금을 100% 적립해야하나 제대로 된 회계감사를 받은 적이 없다. 73억 달러의 테더가 유통되지만 준비금을 얼마나 어떤 형태의 자산으로 보유하고 있는지 알려지지 않고 있다. 대신 테더의 웹사이트는 준비금을 현금으로 보유하고있다는 지난 수년간의 공지를 철회하고 대신 준비금을 현금, 기타 자산과 여신으로 보유하고 있다는 내용으로 교체했을 뿐이다.

❈

기술은 가상화폐에 대한 신뢰의 원천이다. 금과 달리 가상화폐는 완벽하지 않다. 기술의 발전이 지속되는 한 그 기술은 신뢰하기 어렵기 때문이다. 네트위크상에서 컴퓨터 코드로 운영되는 실험기업 DAO는 제2위 가상화폐 이더리움(Ethereum) 플랫폼을 통한 ICO로 1.2억 달러에 해당하는 자금을 조달했다. 그러나 DAO 펀드에서 총 발행된 이더(Ether)의 10%가 해킹당한 사건이 일어났다.

이 사건으로 사용자들은 투표를 통해 기존의 이더리움 블록체인,

즉 원장을 새로 교체했으나 며칠 후 폐기되었을 것이라 생각했던 기존의 블록체인이 상장되는 사태가 일어났다. 블록체인은 변경될 수 없다는 불역성(不易性)의 원칙을 고수한 사용자들이 기존 원장을 그대로 사용하고자 했기 때문이다. 은행시스템에서는 불가능했을 사건이 가상공간에서 일어난 것이다. 가상화폐가격이 폭등하자 기존의 가상화폐에서 갈라져 나와 생긴 또 다른 가상화폐가 다수 등장했다. 단연 비트코인이 압도적이다. 블록체인의 소스코드가 공개되었기 때문에 라이선스 필요 없이 개발자들은 손쉽게 새로운 소프트웨어를 만들 수 있다. 여러 갈래로 나뉜다는 의미에서 포크(Fork)라고 부른다(포크된 가상화폐 목록 사이트, https://forks.net/list).

한편, 2014년 일본 도쿄에 소재한 당시 세계 1위 비트코인 거래소가 파산했다. 가상화폐가 보안에 취약한 것은 돈이 든 소유자의 지갑이 원장과 분리될 수 없는 속성 때문이다. 지갑 안에 든 소유자의 개인키가 해킹을 당하면 모든 것을 잃어버릴 수 있는 것이다. 2018년 한 해에만 6개 거래소에서 10억 달러에 이르는 가상화폐가 해킹 당한 것으로 추정된다.

공신력과 국가권력에 기반한 제도 대신 수학적 증명을 수행하는 기술에 대한 신뢰는 그 기술을 만든 사람에 대한 신뢰가 전제되어야 한다. 시장경제에는 기업의 경영활동에 대한 정보를 이해관계자들에게 제공하기 위해 존재하는 회계제도가 존재한다. 그러나 가상화폐사회에서는 그 기술이 제대로 된 기술인지 여부를 검증할 수 있는 제도적 장치가 없다. 블록체인에 기반한 스마트계약은 매우 편리하지만 사용자는 그 계약에 어떤 흠이 있는 지 알 수 없는 것이다. 스마트계약은 종이계약 대신 컴퓨터 코드로 작성된 계약을 말하며 블록체인에 계약내용을 입력하고 계약조건 충족 시 네트워크상에서 계약내용이 실행되도록 하는 시스템이다. 노년층에 금융서비스를 제공하는 트루링크(True Link)의 카이 스틴치컴(Kai Stinchcombe)은 블록체인 세계를 무질서하고 혼돈에 빠진 중세 암흑시대에 비유했다.

현재의 가상화폐시스템은 흠이 있고 보안에 노출될 위험이 상존한다. 그러므로 가상화폐가 확고한 틈새를 찾아 안정적으로 성장하고 나아가 기존의 금융과 경쟁할 수 있기 위해서는 어떻게든 이 흠을 보완하는 끊임없는 노력이 필요하다.

한편, 기존 금융은 블록체인 기술을 금융에 접목하고자 많은 노력을 경주하고 있다. 새로운 데이터 관리시스템을 개발하기 위해 설립한 글로벌 금융회사들의 컨소시엄인 R3는 작은 예에 불과하다. 2019년 2월 JP모건 체이스은행은 그 가치가 미 달러화에 연동된 스테이블코인 JPM Coin을 만들어 금융거래 시 결제수단으로 사용할 것을 발표했다. IBM은 자체 개발한 국제거래 지불망 월드와이어(World Wire)에서 은행이 사용할 가상화폐를 개발할 계획이다. 캐나다, 영국, 싱가포르, 프랑스 중앙은행도 현금 대신 가상화폐를 사용하는 방안을 찾고 있다.

가상화폐가 당면한 또 다른 딜레마는 화폐로서 정체성이다. 높은 가격변동성은 가상화폐가 안전자산이기보다는 위험자산의 속성을 가지게 한다. 가상화폐가 위험자산의 속성을 가질 때 교환의 매개수단과 계산단위와 같은 화폐의 기능이 훼손되는 것은 불가피하다. 결과적으로 화폐의 범용성은 위축될 수밖에 없다. 여기에 가상화폐가 저금리 하에서 과잉유동성에 따른 거품일 뿐이라는 주장의 근거가 있다.

❀

결제회사, 소비자 테크 기업, 통신회사, 블록체인 기업, 벤처회사, NGO 등 27개사가 연합하고 페이스북이 주도해 만든 리브라(Libra)는 기존의 가상화폐와 금융시스템의 틈새를 파고든 가상화폐다. 리브라는 분권화된 가상화폐는 아니다. 공개 블록체인 네트워크가 아닌 27개사가 소유한 블록체인 네트워크에서 리브라가 거래되기 때문이다. 소셜미디어가 결제회사로 변신한 중국 텐센트의 위챗페이(WeChat Pay)와 특별히 다른 것이 없으며 사실상 또 다른 결제시스템이다. 차이가 있다면 사용자는 스마트계약을 할 수 있다.

리브라는 그 가치가 안정적인 스테이블코인이다. 테더(Tether)가 주장하듯이 1테더=1USD로 고정하는 대신 주요국 통화로 구성된 바스켓에 연동하되 준비금을 신용도가 높은 정부가 발행한 국채로 보유하고 사용자의 환매 요구에 대응한다. 싱가포르나 중국이 자국 환율을 통화바스켓에 연동하는 것과 유사하다. 사실상 예금을 수취하는 것과 다름없다.

24억 명의 페이스북 사용자를 대상으로 출범할 리브라는 시간적으로나 경제적으로 거래비용이 여전히 높은 기존 금융의 영역을 크게 잠식할 것은 확실하다. 더욱이 금융규제가 많거나 자본개장이 충분하지 않거나 화폐가치가 안정적이지 못한 나라는 크게 위협받을 수 있다.

선진국도 안심할 수는 없다. 이 화폐의 존재가 기존 금융시스템에 어떤 함의를 주는 지 지금으로서는 제대로 예측할 수 없기 때문이다. 현재로서는 리브라의 준비금을 신용도가 높은 정부의 국채에 투자할 때 안전자산이 희소해지는 문제가 제기될 뿐이다. G7은 세계 최대의 소셜미디어가 가상화폐를 발행하는 것을 방관하지 않겠다는 입장이다. EU는 리브라가 불공정거래의 여지가 있는지 여부에 대한 조사에 착수했다.

카니(Carney) 영란은행 총재가 "마음은 열되 문을 여는 것은 아니다."라고 말했듯이 금융당국이 리브라를 호의적으로 볼 수 없는 충분한 이유가 있다. 2019년 7월 G7 중앙은행, IMF, 국제결제은행(BIS), 금융안정위원회(FSB)와 공동으로 구성한 G7 스테이블코인 워킹그룹은 두 페이지 보고서를 발표했다.

이 보고서는 가상화폐는 돈세탁, 테러자금, 소비자와 정보 보호, 인터넷 안정성, 공정경쟁 및 준세법(遵稅法)과 같은 공공정책에 지대한 위험을 야기할 수 있다고 경고하였다. 대형 기술기업이나 금융회사는 기존의 방대한 고객 기반을 활용해 손쉽게 전 세계를 장악할 수 있기 때문에 당국은 글로벌 금융시스템에 대한 위험 및 영향을 평가하는 데 주의를 기울여야 한다고 강조했다. 스테이블코인에 대해 높은 수준의 규제기준과 건전 감독 및 감시를 통해 공공의 신뢰를 담보할 것을 제안했다.

비록 많은 문제점과 흠을 가지고 있지만 가상화폐는 사람들에게 또 다른 선택을 할 수 있는 기회를 제공하였다. 가상화폐의 존재로 인해 기존 금융은 더 높은 시장 규율에 노출되고 국가는 독점했던 주조권을 쉽게 남용하기 어렵게 된 것이다.

22

블록체인

디지털세계에서 복제 불가능한 것을
만들 수 있는 능력은 엄청난 가치가 있다.
_피터 슈미트

✸

서브프라임 위기를 맞아 납세자가 부실 금융회사를 구제하는 정부 조치에 사회적 분노가 치솟았던 2008년 10월 사토시 나카모토(中本哲史, Satoshi Nakamoto)라는 필명의 저자는 신뢰에 의존하지 않는 전자거래 시스템에 관한 논문을 공개했다(Nakamoto, 2008). 이듬해 초 비트코인이 세상에 나왔다. 나카모토가 채굴한 비트코인 블록이 최초로 생성되었고(블록 넘버 0), 보상으로 50 비트코인이 지급된 것이다.

이후 또 다른 가상화폐들이 나오고 사용자가 늘어나면서 본격적으로 세상에 알려지게 되었고 가상화폐시장은 폭발적으로 성장했다. 전 세계 밀레니얼 세대를 중심으로 가상화폐 투자 열풍이 불었다. 최초로 거래시장이 들어선 2010년 1달러가 채 안 됐던 비트코인은 2017년 말 20,000달러에 육박했고 가상화폐시장은 8000억 달러에 달했으나 그 후 롤러코스터를 탔다.

가상화폐가 당초 사토시 나카모토가 주장했듯이 신뢰에 의존하지 않는 전자거래시스템이 되기에는 흠이 많다. 사람들이 돈을 은행에 맡기는 것은 은행을 신뢰하기 때문이며 이 신뢰는 국가권력과 금융회사의 공신력에서 나온다. 한편, 가상화폐의 신뢰는 시스템을 원활히 작동하는 기술에서 비롯한다.

그러나 기술 발전이 지속되는 한 완벽한 기술은 존재하지 않는다. 그러므로 현재 기술이 창조한 가상화폐는 미래 기술에 의해 도전받게 되며 따라서 해킹 등 보안 사고에 노출되는 것은 어쩌면 불가피할 수도 있다. 더욱이 별다른 규제 없이 전 세계 2만 곳에서 거래되는 가상화폐는 인위적인 가격 조작의 여지가 많다. 거래소가 사법당국의 수사를 받는 일은 이젠 별 뉴스거리도 아니다. 비록 가상화폐의 기술은 신뢰한다고 하더라도 그 시장까지 신뢰할 수는 없는 것이다.

분권(分權)은 가상화폐가 창조된 첫 번째 이유다. 그러나 분권은 거래소 해킹과 같은 사고가 일어나거나 거래량이 폭증해 블록체인 프로그램을 교체 또는 업그레이드해야 할 기술적인 문제를 누군가 주도적으로 해결하는 것을 원천 차단한다. 블록체인의 소프트웨어 소스코드는 대부분 공개된다. 네트워크가 신뢰와 안전을 담보하고 협업을 통해 그 기능을 개선하기 위해서다. 그러나 가상화폐가 폭등하자 블록체인을 운영하는 커뮤니티의 이해관계는 첨예하게 대립하게 되었고 문제에 부닥칠 때 협업 대신 가상화폐는 여러 개로 쪼개졌다.

비트코인은 주조권을 독점하는 국가권력에 도전하기 위해 그 공급량이 제한되었다. 그 가치가 떨어지는 것을 막기 위해서다. 그러나 가상화폐의 가치가 오르자 그 공급도 늘어나 2019년 8월 현재 그 종류가 2500개에 가깝다. 희소성은 더 이상 가상화폐의 미덕이 아니다.

✺

가상화폐시장은 닷컴버블이 꺼졌던 2000년대 초를 연상하게 한다. 당시 나스닥에 상장된 많은 기술기업들이 도산했다. 그러나 축적된 정보통신기술(ICT)은 후에 기술혁명의 밑거름이 되었다. 마찬가지로 가상화폐가 운영되는 블록체인 기술이 다른 영역에서도 활용 가능하게 된 것이다.

모든 거래가 순서대로 기록되고 그 정보를 사용자 간에 공유해 삭제, 위조, 변조할 수 없는 블록체인 기술은 국가 간 자금이체에 소요되는 시간적, 경제적 비용을 획기적으로 줄일 수 있다. 결제 위험을 통제하기 위한 중앙집중시스템이나 은행과 같은 중개인이 필요 없기 때문이다.

국내 거주 철수가 미국에서 유학하는 영이에게 송금할 때 철수와 영이가 거래하는 국내은행과 미국은행 간 송금에 관련한 정보의 교환이 필요하다. 이 정보는 국제은행간통신협회(The Society for Worldwide Interbank Financial Telecommunications, SWIFT)를 통해 표준화된 메시지로 전달되며 송금 후 송금이 완료된 것을 확인하는 데 며칠씩 시간이 소요된다. 웨스턴 유니온과 같은 송금전문업체를 이용해도 SWIFT를 경유하는 것은 같고 은행 간 자금이체보다 시간은 단축되나 대신 수수료가 비싸다. 더욱이 해외 소재 은행 간 외국환 매매 시 외환거래에 따르는 외환결제리스크를 제어하기 위해 외환동시결제시스템(Continuous Linked Settlement, CLS)도 추가로 경유하는 것을 고려하면 얼마나 블록체인 기술이 유용한지 알 수 있다. CLS는 장외(場外)거래인 외환거래 시 결제 서비스에 전문화한 미국의 금융회사다.

물론 실제로 블록체인 기술을 현실에 적용하기 위해서는 국가 간 가상화폐 규제에 대한 공동규범이 필요하며 해킹 등 각종 사고에 따르는 분쟁을 조정하는 제도가 뒷받침되어야 한다. 분권화된 시스템에서 검증에 필요한 연산이 커지기 때문에 대용량 컴퓨터가 필요한 것도 기술적인 장애 요인이다.

블록체인 기술의 변조 방지 기능과 정보공유시스템은 생산공정이 지역별로 분업화되는 공급사슬망의 효율성을 크게 높일 수 있다. 통상 많은 양의 작업공정 데이터가 공급망 전체에 전달되는 데는 시간이 소요된다. 그 결과 수요와 공급의 불일치가 일어나 작업이 지연되고 물류비용이 높아지는 문제가 일어난다. 블록체인 기술은 실시간으로 데이터를 공유함으로써 보다 효율적인 생산시스템을 구현할 수 있다. 특히 여러 국가에서 생산공정이 일어나는 글로벌 가치사슬(GVC)의 경우 최종제품의 생산국을 판별하는 원산지규정은 자유무역협정국 사이에 중요한 분쟁의 대상이지만 블록체인 기술의 변조 방지 기능으로 이를 원천 차단할 수 있는 길이 열렸다.

싱가포르중앙은행(MAS)은 2018년 11월 싱가포르 거래소와 기술

기업들과 협력하여 서로 다른 블록체인 플랫폼에서 토큰화(化)된 자산을 결제하는 지불즉시인도(Delivery vs. Payment, DvP) 시스템을 개발했다. DvP는 금융자산과 현금의 교환이 동시에 일어나게 함으로서 결제위험을 제어하는 거래시스템이다. 이 시스템의 개발은 MAS가 업계와 협력해 청산과 지급결제를 위한 디지털 분산원장, 즉 블록체인을 개발하는 프로젝트(Ubin)의 일환이다. Ubin은 중앙은행이 발급하는 토큰에 기반해 지금보다 훨씬 사용하기 쉽고 효율적인 대안을 마련하는 데 궁극적인 목표가 있으며 상당한 진전을 본 것으로 알려진다.

SWIFT도 블록체인 플랫폼에서 국제 간 자금이체가 가능할 수 있기 위해 금융회사 블록체인 컨소시엄 R3와 협업을 통해 시스템혁신사업(SWIFTgpi)을 추진해 시범 운영하고 있으며 2020년 전면 시행할 것으로 알려진다. 이 사업이 실현되면 해외 은행 간 자금이체에 소요되는 시간을 시간 또는 분(分)대에서 초(秒)대로 줄일 수 있게 된다.

❧

블록체인 기술의 또 다른 구성요소인 스마트계약은 계약의 체결을 쉽게 하고 이행 시 구속력을 높이는 컴퓨터 프로그램이다. 스마트계약은 많은 종류의 계약조항을 자체 실행하거나 구속력이 있어 중개비용 없이 거래당사자가 계약에 명시된 의무를 수행하고 권리를 행사할 수 있다. 영이가 중고장터 사이트에서 누군지 모르는 철수와 직거래를 할 때 당초 계약과 다른 물건을 받을 상황을 고민하게 된다. 이 점은 대금을 받지 못할 수 있는 철수도 마찬가지다. 스마트계약은 사전에 정한 규칙을 두 사람 모두 준수할 때 비로소 거래를 성사하기 때문에 계약불이행을 걱정할 필요가 없다.

공유경제 인프라를 구축하는 독일의 스타트업 슬록 잇(Slock.It)은 전기자전거 임대사업을 스마트계약 기술에 의존하고 있다. 또 AXA는 항공편이 두 시간 이상 지연 시 스마트계약을 통해 고객이 별도 보상을 청구할 필요 없이 자신의 신용카드로 자동으로 현금을 보상받는 보험상품을 내놓았다. 스마트계약이 약정된 계약사건이 발생할 때 자동으로 클레임이 작동, 절차를 간소화하는 것은 보험계약자, 보험사 모두에게 비용을 줄일 수 있게 한다.

InfoCorp는 싱가포르 소재 블록체인 기술기업이다. 이 회사는 금융, 농업, IT를 통합한 새로운 사업 영역을 만들었다. 블록체인 기술을 이용해 저소득국가의 농민이 소유한 가축을 담보로 금융서비스를 제공하는 것이다. 통장을 가져본 적이 없는 이들 농촌 지역 농민에게 가장 소중한 재산은 가축이다. 블록체인 기술이 죽었던 자본, 즉 가축을 활용 가능한 자본으로 살려냈다.

이 사업을 위해 InfoCorp는 두 기술적인 과제를 개발했다. 하나는 현지 농민이 소유한 가축을 팜트랙(FarmTrek)이라고 하는 블록체인 플랫폼에서 담보로 활용할 수 있게 하는 것이며, 또 다른 하나는 이들에게 금융서비스를 제공할 수 있도록 하기 위해 센티넬 체인(Sentinel Chain)이라고 하는 역외금융을 조달하는 블록체인 플랫폼이다. Sentinel Chain은 2018년 4월 이더리움 블록체인을 기반으로 한 크라우드펀딩으로 1440만 달러의 토큰(SENC)을 발행했다.

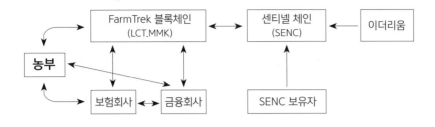

◆ **그림 5** 센티넬 체인 사업모델
　　　　출처: 센티넬 체인 백서(버전 31.1)

　　최초 사업은 2019년 미얀마에서 시행했다. 농부가 소유한 1700만 마리의 소를 담보로 활용함으로써 가축을 소유한 농부, 가축보험을 제공하는 현지 보험회사, 신용을 공급하는 현지 금융회사, 가축에 대한 정보를 보유하게 된 정부, 수수료 수입을 챙기는 센티넬 체인을 소유한 InfoCorp 등 모든 이해관계자들에게 새로운 기회를 제공한다.

　　백서(https://sentinel-chain.org/)에 요약된 사업내역은 다음의 〈그림 5〉와 같다. 그 실체와 소유권을 식별하는 디지털 여권을 가축에 부착하고 디지털 여권에 소장된 데이터는 별도의 블록체인(FarmTrek)에 저장, 기록된다. 모든 거래는 스마트폰 앱을 통하며 농촌 지역에서 은행과 같은 공적 금융에 접근이 어렵기 때문에 이 앱은 통장으로도 사용된다. 거래대금의 지급과 결제는 미얀마 화폐인 짯(MMK)과 그 가치가 1대1로 연동된 스테이블코인으로서 미얀마에서만 통용되는 토큰(LCT.MMK)을 사용한다.

　　센티넬 체인의 운영은 모기업 InfoCorp의 자회사(AgTech)가 가상화폐 SENC를 담보로 현지 가상화폐 LCT.MMK를 발행한다. 이 토큰이 의심 없이 거래되기 위해서는 발행된 토큰의 담보가치가 충분해야 한다. 이를 위해 담보로 설정된 SENC를 현지 가상화폐 LCT.MMK 발행액으로 나눈 담보비율을 200%로 설정했다. 짯(MMK)의 가치가 상승할 때 현지 토큰(LCT.MMK)의 가치도 오르기 때문에 담보비율은 200% 이하로 감소한다. 이때 AgTech는 SENC를 추가로 매입해 200% 담보비율을 유지하면 사용자는 LCT.MMK와 짯의 가치가 1대1로 유지된다는 확고한 믿음을 가질 수 있다.

한편, 사업이 성공해 토큰(LCT.MMK)의 수요가 늘어난다면 1대1의 교환비율을 유지하기 위해서 AgTech은 LCT.MMK 공급을 늘려야 한다. 따라서 담보인 SENC를 추가로 확보해야 하기 때문에 SENC의 시장가치는 높아진다. 이와 같이 SENC는 다른 가상화폐와 달리 실수요에 기반해 그 가치가 결정된다.

블록체인 기술을 이용해 농부들에게 가축을 담보로 여신과 가축보험을 제공해 포용적 금융을 실천하는 이 비즈니스모델은 아프리카와 같은 지역으로 확장하고 있다. 블록체인 기술과 스마트계약이 없었다면 어떤 금융회사도 광활한 농촌 지역에 금융서비스를 제공할 수는 없을 것이다.

사토시 나카모토의 비트코인은 분명 경이로운 존재였다. 사람들 머릿속에서 상상했던 초연결사회에서 유통되는 초국가화폐를 구현했기 때문이다. 그러나 짧은 시간에 이뤄진 엄청난 성공은 오히려 당초 나카모토와 같은 개발자들이 어떤 신뢰에도 의존하지 않는 안정적인 전자거래시스템을 개발하기 위한 노력을 좌절시키고 대신 탐욕이 지배하는 세상을 만들었다.

　가상화폐를 제도권으로 편입해야 한다는 주장이 제기되고 있다. 제도권으로 들어온다는 것은 곧 규제의 대상이 된다는 것과 다름없으며 이로써 가상화폐의 옥석을 가리는 데는 큰 도움이 될 것이다. 그러나 이 주장은 당초 가상화폐가 만들어진 취지에 어긋난다. 더욱이 제도권 금융과 중앙은행이 직접 가상화폐를 만들어 유통할 때 거래비용이 크게 줄어 그 효율성은 한층 높아질 것으로 기대된다. 이때 과연 가상화폐가 어떤 경쟁력을 가지고 자신의 자리를 지킬지 두고 볼 일이다.

23

초연결시대의 역설

인터넷이요?
그게 요즘도 있나요?
_호머 심슨

인류학자 데이빗 그래버는 『부채 첫 5000년』(2011)에서 경제적 관계는 세 가지 도덕적 원칙에서 이루어지며 이 원칙은 어느 인간사회나 마찬가지라고 기술하고 있다. 그는 세 원칙을 공산주의(Communism), 교환(Exchange) 그리고 위계질서(Hierarchy)라고 정의했다. 여기서 그가 정의한 공산주의는 사회주의가 아니며 공동체 개념이다.

사실 이 세 원칙은 단순히 경제적 관계를 넘어서 인간사회를 특징짓는 보편적인 속성이기도 하다. 가슴 뭉클한 사연은 거의 다 첫 번째 원칙에 해당한다. 일본 전철역에서 취객을 구하다 자신을 희생한 고 이수현 씨가 그렇다.

두 번째 원칙은 시장에서 일어나는 거래뿐 아니라 희소성의 원리를 적용하는 것을 말한다. 사람들은 의사결정을 할 때 시간을 절약하고 돈을 낭비하지 않고 부당한 손해를 보지 않으려 노력한다. 사람들은 길을 걷거나 운전을 하는 것과 같은 일상생활에서도 '편리함'과 '편리함의 대가' 사이에서 균형을 취하는 행동을 한다.

세 번째 원칙은 사회생활을 하면서 자주 겪는 일이다. 사람을 사귈 때 인사를 나누고 언제 어느 학교를 졸업했는지 그리고 고향은 어딘지 확인한다. 그리고 얼굴을 익히고 나면 자연스럽게 수평적 또는 수직적 관계가 형성된다.

여기서 두 번째와 세 번째, 즉 교환과 위계질서는 경제학자들이 오랜 동안 관심을 가져 온 주제다. 이 둘을 시장과 기업으로 각각 나타낼 때 기업이 어떻게 시장과 공존할 수 있는지를 규명하는 것이다. 쉽게 말해서 필요할 때 언제든 시장에서 과장, 부장, 사장을 채용할 수 있다면 기업으로서는 굳이 장기고용계약의 필요성은 없다. 같은 맥락에서 기업이라는 위계질서를 가진 조직도 반드시 필요한 것은 아니다. 이러한 의미에서 간단한 사업계획서(A white paper)로 자금을 조달하는 ICO는 비록 많은 분쟁의 여지가 있지만 혁신적이기는 하다.

이들은 기업이 존재하는 이유를 거래비용에서 찾고 있다. 상황이 불확실하고 복잡할 때 의사결정과정이 불분명하면 유용한 정보의 처리와 원활한 소통에 어려움이 따른다. 이때 기업이라는 위계질서를 가진 조직이 필요하다.

나아가 조직으로서 기업은 주-대리인 문제*를 쉽게 제어할 수 있다. 감시와 갈등 해결 메커니즘이 더 효과적으로 작동하기 때문이다.

그뿐 아니라 위계질서 안에서 정보 공유와 의사소통이 쉽게 이루어진다. 요약하면 기업은 시장의 거래비용을 효과적으로 통제하는 지배구조인 것이다.

위계질서는 단지 기업만이 아닌 정부, 대학, 국제기구 등 지배구조를 가진 모든 형태의 조직체가 생겨나게 했다. 국경을 초월한 자유로운 시장이 국가주권과 공존하는 글로벌 경제는 그 진화의 산물이다.

❖❖❖

세계화는 국가 간 경제적 격차를 줄이는 데 크게 기여했다. 그러니 동시에 한 나라 안에서 부익부 빈익빈을 초래했다는 비판을 받았으며 언제부턴가 불평등을 상징하는 단어가 되고 말았다. 실제로 2016년 The Economist/YouGov 여론조사는 세계화가 선(善)을 위한 힘이라고 응답한 영국, 미국, 프랑스 국민은 50%가 안 된다는 부정적인 결과를 내놓았다.

인터넷에 대한 비관론은 반(反)세계화의 또 다른 빌미를 제공하고 있다. 인터넷은 국가기밀과 개인정보를 해킹하고, 사이버공격으로 네트워크를 파괴하고, 가짜뉴스를 퍼뜨리고, 테러단체가 추종자를 모집하고 모의하는 통신수단으로도 사용되고 있다. 이렇듯 남용, 오용되는 인터넷은 오히려 글로벌 세계의 질서를 파괴할 수 있는 것이다.

이 부정적 효과는 세계화의 핵심요소인 정보의 자유로운 흐름을 주도하는 인터넷을 규제할 당위성을 제공하였다. 중국의 방화장성(防火長城), 구글과 페이스북이 구축한 웹기반 플랫폼에 대한 EU의 규제가 그것이다. 국가안보를 이유로 자유로운 정보의 흐름을 규제하는 움직임은 앞으로도 계속될 전망이다.

인터넷으로 가능하게 된 네트워크 세계가 이룬 정보민주화는 위계질서를 취약하게 하였으며 국가라고 해서 예외는 아니다. 그렇다고 정보민주화가 사람들을 더 행복하게 하지도 않았다.

1999년 블로거를 처음 만들었고 2006년 트위터를 공동 창업한 에번 윌리엄스(Evan Williams)는 2017년 5월 〈뉴욕타임즈〉와의 인터뷰에서 "모든 사람들이 자유롭게 말하고 정보와 아이디어를 교환할 수 있게 될 때 저절로 이 세상은 더 나은 곳이 될 것이라고 생각했다. 그러나 내가 틀렸다."고 고백했다.

윌리엄스는 가짜 또는 쓸모없는 콘텐츠에 짓눌린 세계를 벗어나고 선(善)을 위한 힘이 되는 미디어의 새로운 모델을 제시하기 위해 2012년 온라인 출판 플랫폼인 미디엄(Medium)을 설립했다. 그러나 5년 뒤 회사 직원의 1/3을 해고한 것은 높은 이상을 현실에서 구현할 비즈니스모델을 찾는 것이 얼마나 어려운지 말해준다.

우리가 행복을 느끼든 불행을 느끼든 이제 인터넷은 우리 삶의 일부가 되었다. 글로벌 세계가 네트워크화된 것이다. 정보민주화는 궁극적으로 어떤 함의를 가지는 것인가? 역사학자 니얼 퍼거슨(Niall Ferguson)은 『광장과 탑』(The Square and the Tower, 2017)에서 초(超)연결시대의 도래가 오랜 세월에 걸쳐 구축한 위계질서를 위험에 빠뜨리고 국가, 종교, 정당, 대학 등 그 구조물을 쇠퇴하게 하고 위기에 빠뜨리고 있다고 경고했다. 그는 탑과 광장으로 은유되는 위계질서와 네트워크가 시대에 따라서 조석(潮汐) 현상을 보였음을 다양한 역사적 사례를 통해 보여주고 있다. 이 책에서 역사의 교훈은 네트워크가 위계질서를 압도할 때 세상은 무정부상태가 되었다는 것이다. 마치 지휘관이 없는 군대나 지휘자가 없는 오케스트라처럼. 따라서 혁명적 상황이 계속되는 것을 원하지 않는 한 위계질서를 수립하고 정당성을 부여하는 것이 바람직하다고 주장한다.

퍼거슨은 분열, 비중개(非仲介), 분권화를 속성으로 하는 초연결시대에서 소셜미디어로 조성된 수평적 네트워크가 이미 정치 영역에도 구립하게 되었지만 당초 위계질서가 왜 생겨났는지는 생각해야 한다고 강조한다. 재스민혁명에 사람들은 환호했다. 그러나 그 뒤에 벌어진 불행한 사태는 국가라는 위계질서가 얼마나 중요한 것인지를 새삼 일깨워주었다.

문제는 위계질서의 정점에 있는 엘리트들의 지대추구행위가 초연결시대에 들어서도 여전히 만연, 위계질서의 존립 자체가 위협을 받게 된 상황에 놓인 것이다. 미국의 시사주간지 〈타임〉은 2017년 '침묵을 깬 여성들'(The Silence Breakers)을 올해의 인물로 선정하였다. 이들이 촉발한 #미투(#MeToo) 운동은 네트워크화된 대중이 위계질서 안에서 안주하고 즐기는 엘리트의 민낯을 드러내게 한 상징적인 사건이다.

초(超)연결시대에서 엘리트 집단이 스스로 사회에 대한 책무를 다하지 않는 한 엘리티즘은 포퓰리즘으로 대체될 수밖에 없다. 『헤게모니 이후』(*After Hegemony*, 1984) 저자 로버트 코헤인(Robert Keohane)은 포퓰리즘의 의미를 꼭 집어 말할 수는 없지만 '외세'와 자기 잇속을 챙기는 '엘리트들'의 공모로 밀려난 '진짜' 사람들이 있다는 '믿음'을 결정적인 특징으로 규정했다.

초연결시대에 정보민주화의 믿음에서 창조된 초(超)국가화폐는 주조권을 독점한 국가라는 위계질서에 도전장을 내밀었다. 2009년 세상에 처음 선보인 가상화폐는 2019년 12월 말 현재 그 수가 5,000개에 달하며 그 시장가치는 비록 롤러코스터를 타고 있지만 투자은행 골드만삭스 가치의 두 배가 넘는다. 일부 사람들의 호기심을 끌었던 ICT(정보통신기술)의 산물인 가상화폐는 이제 인터넷만 연결되면 세계 어디서나 거래 가능한 초국가화폐가 된 것이다.

법화(法貨)가 정부의 강제통용력에 기반하지만 가상화폐가 가치를 가지는 것은 네트워크 사용자들의 기술에 대한 신뢰에서 비롯한다. 지금도 이미 지불수단과 가치저장의 수단이라는 화폐의 핵심기능을 가지는 것을 생각하면 앞으로 가상화폐가 법화와 경합을 벌일 것은 불가피하다.

국가는 언제든 자신의 수입 이상으로 지출을 할 수 있는 권능을 가지며 이 권능은 국가가 독점해온 주조권에서 나온다. 이 독점적 지위는 국가가 돈을 찍어 빚을 청산하는 것을 가능하게 했으며 그 결과 물가가 상승했다. 물가가 오르는 것은 통화공급증가율이 경제성장률보다 더 높기 때문이다.

위의 〈그림 6〉은 1800년부터 200년이 넘는 기간 동안 영국의 물

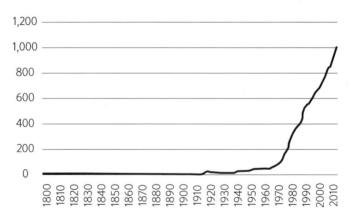

◆ **그림 6** 영국의 물가지수
　　출처: Office of National Statistics

가지수(기준치 10, 기준연도=1842년)를 보여준다. 물가는 금본위제도가
안정적으로 유지되었던 1914년 이후 조금씩 오르다가 1960년대에 급
격히 상승하였다. 물가는 오르지만 내리는 법은 없다. 왜 물가는 오르
기만 하는 것일까? 그것은 해마다 국가가 쓸 돈은 늘어나지만 빌린 빚
을 세금을 거두어 모두 갚기는 어렵기 때문에 대신 돈을 찍어 냈기 때
문이다.

　국가에 주조권이 없을 때 그 나라 경제에 미치게 될 영향은 공통
화폐를 사용하는 유로존 위기 당시 남유럽 국가에서 그 예가 극명하게
드러난다. 정부가 세금은 더 걷고 지출은 더 줄이는 것 외에 재정개혁
의 대안이 없을 때 이들 나라 국민들은 지성징에 따른 실업, 증세, 복지
축소의 고통을 겪어야 했다. 만약 자국통화가 있었더라면 돈을 찍어 재
정개혁의 고통을 줄이고 환율절하를 유도해 경제 회복은 더 빨랐을 것

이다.

　법화가 금(金)이 아니듯 가상화폐도 마찬가지다. 가상화폐의 내재(內在)가치를 찾기는 어렵다. 대신 중요한 가치는 사용자의 편이(便易), 보다 중요한 것은 정부의 규제─그것이 옳든 그르든─를 회피함으로써 얻는 규제차익과 같은 인위적 가치다.

　초국가화폐의 등장은 국가경제를 책임지는 엘리트의 지대추구행위에 대한 경고다. 자본이 해외로 유출되는 것을 규제하는 나라에서 가상화폐가 유용한 규제회피수단이 될 때 잘못된 정책에 내리는 시장의 형벌은 더 가혹해질 수밖에 없는 것이다.

24

기술혁명의 진실

언젠가 AI는
우리가 아프리카에서 화석 해골을 보듯이 우리를 볼 거야.
_Ex Machina

세계 시총의 상위 10개사 가운데 애플, 알파벳(구글의 지주회사), MS, 아마존, 페이스북, 알리바바, 텐센 등 7개 기술기업이 포함되고 있다. 2019년 상반기 세계 10대 기업 가운데 기술기업이 아닌 기업은 금융기업인 워렌 버핏의 버크셔 하더웨이(5위)와 JP모건 체이스(9위), 제조기업인 존슨앤존슨(10위)뿐이다. 2011년 애플(5위)과 MS(3위)가 상위 10개에 포함된 당시와 비교하면 전혀 다른 세상에서 살고 있는 듯한 느낌이다.

테크 자이언트는 자신의 기술력을 기반으로 새로운 산업의 영역을 구축하거나 기존 산업에 진출해 전 세계 산업계를 뒤흔들고 있다. 1994년 온라인서점에서 출발한 아마존은 2019년 4월까지 모두 95개

회사를 인수했다. 대부분 로보틱스, IT 관련 기술기업이지만 2017년 6월 미국, 영국, 캐나다에 431개 슈퍼마켓과 9만1천 명의 직원을 둔 유기농 전문판매업체인 Whole Foods를 인수하고 일 년 뒤에는 제약회사마저 인수, 전통 산업으로 영역을 진출하기 위한 발판을 마련했다.

알파벳의 자회사 웨이모(Waymo)는 구글이 2009년부터 시작한 자율주행기술 개발을 주도하고 있다. 현재 자동차업계는 GM(Cruise Automation), 메르체데스(Daimler Intelligent Drive), 포드(Argo AI), 글로벌 자동차부품회사인 Aptiv, 테슬라(Autopilot), 폭스바겐(Traffic Jam Pilot)이, 그리고 기술기업 우버(Uber) 등이 이 대열에 참여하고 있다.

"90% 기술이 완료되었지만 여전히 90%가 남아 있다. 기술의 90%는 시간의 10%를 차지했을 뿐이다.". 〈월스트리트저널〉이 인용한 웨이모에서 일하는 사이언티스트의 발언이다(stoll, 2019). 2018년 10월 웨이모가 자율주행택시를 애리조나주 피닉스시 교외에서 운영하기 시작했고 2019년 초 포드사의 아르고 AI가 워싱턴시를 시작으로 전국으로 시범운영을 확대하고 있다. 그러나 2007년부터 시작된 자율주행시스템이 당초 2019년이면 완성될 것이라는 예측은 빗나갔다. 〈월스트리트저널〉은 자율주행기술 개발을 놓고 벌어지는 기술기업과 자동차 제조업체 간의 경쟁은 결국 돈이 승자를 결정할 것이라고 진단했다. 비록 GM이 매출액의 12% 이상을 연구개발에 투자하고 있기는 하나 GM보다 16배가 크고 GM과 테슬라를 한꺼번에 살 수 있는 현금을 확보한 모기업(알파벳)을 둔 Waymo에 밀릴 수밖에 없을 것이라는 결론이다. 이미 전통 제조기업은 신생 혁신기업에 밀리고 있다. 파산보호에서 벗어난 GM은 2010년 획기적인 플러그인 하이브리드 승용차 볼트를 내놓았지만 테슬라에 밀려 볼트 생산을 중단했다.

웹 트래픽 웹사이트 statcounter.com에 따르면 2019년 구글은 전 세계 탐색엔진시장의 92%를, 페이스북 그룹은 전 세계 SNS의 70%를 차지하고 있다. 소비자가 뉴스, 음악, 영화 관람, 독서 등에 할애하는 여가시간이 줄어듦에 따라 관련 분야인 음반, 언론, 엔터테인먼트 등 전통 산업은 위축되고 있다.

2019년 블랙 프라이데이는 사상 최고의 매출 실적을 올렸다. 그럼에도 불구하고 쇼핑센터나 백화점을 찾는 사람들이 수는 줄었다. 방문객이 감소하자 소매업체들은 할인폭과 할인기간을 연장하였으나 수익 감소를 피할 수는 없었다. 소매전문컨설팅회사 ShopperTrack에 따르면 2017년부터 매장 방문객이 감소했으며 2019년은 6% 이상 감소했다. 온라인으로 몰렸기 때문이다. 데이터 분석업체인 Adobe Anaytics는 블랙 프라이데이 온라인 매출이 2019년 74억 달러로 작년보다 12억 달러 증가했을 것으로 추정했다. 월마트, 타겟, 베스트바이 등 전통 유통업체들도 온라인 판매를 확장하고 직원들을 재배치하고 있다.

미국 내 E-커머스의 50%를 차지하는 아마존은 다채널 소매업(Omnichannel retailing)의 선두주자로 유통산업을 휩쓸고 있다. 다채널은 고객이 온라인과 오프라인의 다양한 경로를 통해 매우 편리하고 안전하게 제품을 탐색, 구매, 반품할 수 있는 소매업 방식이다.

온라인 유통업체의 영업은 엄청난 양과 종류의 제품을 넓은 지역에 걸쳐 거주하는 수많은 소비자들에게 낮은 비용으로 빠른 시간에 배송하는 것이다. 그러므로 재고관리와 물류센터를 운영하기 위한 효율적인 공급사슬이 필요하다. 더욱이 빠른 배송을 위해서는 동일한 제품을 전국의 물류창고에 배치해야 하기 때문에 같은 제품이지만 그 유통경로는 매우 다양하다. 유통업체가 직접 구매한 제품과 제조업체가 직접 파는 제품과 유통업체도 제조업체도 아닌 제삼자가 파는 제품이 하나의 온라인마켓플레이스에서 팔리는 것이다. 이 상품의 혼합(Commingling)은 테스코나 월마트처럼 수직 통합된 통상적인 유통업체보다 운영의 효율성을 높이고 물류비용을 줄일 수 있는 장점을 가진다.

그러나 한편으로 상품의 혼합은 공급자의 입장에서는 자신의 상품이 다른 상품과 섞이는 것을 꺼리거나 반대로 가짜를 팔고자 하는 역선택의 문제를 일으키게 한다. 아마존은 이 문제를 통제하기 위해 끊임없이 노력해왔으며 경쟁업체에 비해 탁월한 이점을 유지할 수 있는 체계적인 솔루션을 구현했다.

소비자가 오프라인에서 온라인쇼핑으로 이동하자 많은 유통업체가 도산하거나 주가가 하락하는 어려움을 겪고 있다. 투자회사 Bespoke는 아마존으로부터 크게 영향을 받을 것으로 추정되는 유통기업 54개사의 주가지수(Death by Amazon Index, DAI)를 개발해 발표하고 있다. 이와 별도로 투자조사회사 CFRA는 웹트래픽을 분석해 아마존에 가장 크게 영향을 받는 20개 회사를 개발해 숏 세일(공매도)에 활용하고 있다. DAI는 2015년까지는 S&P 1500과 큰 차이가 없었으나 그 후 갈수록 그 격차가 벌어지고 있다. 2018년 말 2012년 대비 DAI의 누적수익률(25%)은 S&P 1500(75%)의 1/3에 불과하다.

아마존이 고소득층을 상대로 유기농제품을 판매하는 슈퍼마켓 Whole Foods 인수를 발표하자 슈퍼마켓 체인 크로거(Kroger's) 주가는 즉시 9%가 하락했고 유수한 유통업체가 아마존으로 인해 직접적인 타격을 받았다. 아마존에 당한 업체들은 대부분 소비자를 고객으로 하고 있기 때문에 우리에게도 익숙한 기업들이다. 타겟, 메이시, 스테이플, 베스트바이, 반스앤노블, 베드배스앤비욘드, 코스트코, 풋락커, 토이저러스, 빅토리아시크릿….

아마존효과는 기업에 그치지 않았다. 미 전역에서 경쟁력이 떨어지는 쇼핑몰과 소매점들이 문을 닫고 임대료도 떨어뜨렸다. 나아가 상업부동산뿐 아니라 기존의 유통업에 종사하는 사람들의 일자리를 빼앗는 바람에 주택부동산까지 위협하고 있다.

인공지능(Artificial Intelligence, AI)은 특정 영역에서 막대한 양의 정보를 가져와 특정 상황에서 최적의 의사결정을 내림으로써 주어진 목표를 수행하는 기술이다. 컴퓨터공학자들은 오래전부터 환자의 상태를 진단하고 자연언어로 대화하는 것과 같은 지식표현(Knowledge representation) 및 추론(Reasoning), 이미지와 음성인식, 자율주행, 금융활동을 구현하는 학습(Learning), 인간의 오감(伍感)과 같은 자각(Perception) 등의 문제를 인공지능으로 해결하고자 했다. 오늘날 강력한 연산력(演算力)와 함께 인터넷으로 가능해진 막대한 양의 데이터는 이 모든 것이 실제로 가능한 현실이 우리에게 다가올 수 있게 만들었다. 구글의 탐색엔진이나 페이스북 뉴스는 모두 인공지능을 기반으로 한 것이다.

2017년 구글 컨퍼런스에서 구글 CEO 선다 피차이(Sundar Pichai) 는 '모바일 first'에서 'AI first'로 전략을 수정했고 다시 2019년 '모두를 위해 일하는 AI'로 바꾸었다. 이제 인공지능이 사람들 삶의 모든 측면에서 생산성을 높이는 데 도움이 될 수 있게 되었다는 것을 의미한다. 거대기술기업들은 최고의 인공지능을 구축, 시장을 장악하고자 치열한 경쟁을 벌이고 있다. IBM이 왓슨(Watson)을, 구글이 구글 홈을, 아마존이 알렉사(Alexa)를, 애플이 시리(Siri)를 내놓았다.

AI에 전문화한 기술기업도 등장하고 있다. 미국의 클라우드 컴퓨팅회사 Salesforce Research는 비즈니스 소프트웨어에 아인슈타인(Einstein)을 장착했다. 현재 15~20개 기업이 AI 솔루션시장에서 각축을 벌이고 있으며 그 가운데는 소프트뱅크가 투자한 스타트업회사 반조(Banjo)에서 DJI, 화웨이의 HiSilicon, SenseTime과 같은 중국 기업들도 있다.

기술 패권을 놓고 거대기술기업 간 충돌이 일어날 정도의 기술혁명은 기존의 산업과 고용에 중대한 악영향을 미친다는 비관론이 제기되었다. 칼로타 페레즈(Carlota Perez)는 『기술혁명과 금융자본』 (*Technological Revolutions and Financial Capital*, 2002)에서 네오슘페터주의 경제학(Neo-Schumperian economics)—기술혁신이 주도하는 경제의 질적 변화가 어떤 동태적 과정을 통해 일어나는 지를 연구대상으로 한다—의 입장에서 산업혁명부터 닷컴버블까지 다섯 차례의 기술혁명의 역사를 고찰했다. 저자는 대략 50년을 주기로 기술혁명이 일어나고 있으며 금융자본이 새로운 기술을 산업이 수용하는 데 중요한 역할을 수행한다는 가설을 제기하고 있다.

페레즈는 현재 진행되고 있는 기술혁명을 현대자본주의가 그 모습을 드러내기 시작한 19세기 말에서 20세기 초의 상황에 비유했다. 당시 획기적인 기술 발전으로 대량 생산과 운송이 가능해짐에 따라 미국과 독일을 중심으로 거대기업이 탄생, 규모와 범위의 경제가 시작되었다. 인적 자본주의와 완전경쟁시장은 경영 자본주의와 과점적 시장으로 대체되었다. GE, 시어즈, 다우, 바이엘, AEG, Siemens 등 전통 거대기업은 대부분 당시의 산물이었다.

페레즈는 100년 만에 새로운 자본주의가 도래한다는 메시지를 준 것에 다름없다. 과연 기술혁명은 어떤 경제원리와 시장질서와 제도가 구축되는 자본주의를 가져오는 것인가? 가장 많은 젊은 중국인 폴러워를 가진 마이크로 블로거인 컴퓨터공학자 리 카이푸(李開復)는 인공지능의 시대가 오고 있으며 그것은 규모와 범위의 경제가 작용하는 것이라고 예측한다.

더 많은 데이터를 보유할수록 더 우수한 제품과 서비스를 생산할 수 있고, 우수한 제품과 서비스를 생산할수록 더 많은 데이터를 수집할 수 있으며, 수집할 수 있는 데이터가 많을수록 발휘할 수 있는 재능은 더 커지고, 재능을 더 많이 발휘할수록 제품의 품질이 향상될 것이기 때문이다. 그는 이미 현재의 기술 수준으로도 많은 영역에서 인공지능이 인간지능을 대체할 수 있게 되었다고 주장하고 있다(Lee, 2017).

마치 영화 〈오블리비온〉(Oblivion, 2013)을 떠오르게 하는 그의 으스스한 예측이 정확하다면 새로운 자본주의는 현재와 같은 복수의 기업이 시장을 점유하는 과점적 시장구조에서 하나의 기업이 시장을 장악하는 독점체제로 이행하는 것을 의미한다. 독점은 과점에 비해 한 산업의 생산이 줄어들어 그만큼 복지가 감소한다. 그러나 한편으로 인공지능의 속성상 끊임없이 새로운 산업과 시장을 창출할 것이기 때문에 독점의 폐해는 상쇄하고도 남을 수 있다.

예로 인공지능에 기반한 Influential(https://influential.co/)은 소셜미디어에서 많은 수의 추종자가 있는 인물을 찾아 제품을 홍보하는 기업에 매칭을 한다. 새로운 유형의 일자리가 생겨난 것이다. 구직자와 구인자를 연결해주는 인공지능매칭시스템은 직장을 탐색하는 시간을 크게 줄일 수 있게 했다. 마케팅뿐 아니라 미디어, 디자인, 인사관리 등 다양한 분야에서 인공지능에 기반해 솔루션을 제공하는 기술기업들이 활동하고 있다.

문제는 새로운 레짐으로 이행하는 과정에서 나타나는 부작용이다. 로봇이 영이의 일자리를 빼앗을 때 영이는 다른 곳에서 일자리를 구할 수 있다. 그러나 인공지능이 그 높은 확장성으로 철수와 바둑이까지 일자리를 빼앗을 때 많은 사람들이 일이 없는 상태가 지속될 가능성이 있는 것이다. 기술혁명이 두려운 것은 먼 미래가 아니라 현재를 포함한 가까운 미래에 벌어질 일 때문이다.

기술혁명은 경제교과서에서는 획기적인 생산성의 증가로 정의된다. 단 기간에 생산성이 엄청나게 증가할 때 일어나는 현상은 다음의 예로 쉽게 이해될 수 있다. 노동자 한명이 하루에 핀을 100개 생산한다고 하자. 이 경제에 100명의 노동자가 있다면 하루에 모두 1만 개의 핀이 생산될 것이다. 만약 기술혁신이 일어나 노동자 한 명이 하루 100개가 아닌 만 개의 핀을 생산할 수 있게 되었다고 하자. 이제 100명의 노동자는 하루에 백만 개의 핀을 생산할 수 있게 된다. 경제이론에 따르면 생산성이 100배가 증가했으므로 당연히 임금도 100배가 오르게 된다. 그러나 생산성이 100배 증가해도 여전히 사회가 필요로 하는 핀이 하루에 1만 개에 불과하다면 임금이 100배 오르는 대신 99명의 노동자가 해고된다. 그리고 사회가 필요로 하는 핀에 대한 수요가 하루 1만 개씩 늘 때마다 고용은 한 명씩 늘어난다. 핀에 대한 수요가 하루 백만 개가 될 때 비로소 100명의 노동자가 모두 고용되고 임금도 100배 오르게 되는 것이다.

이 예는 필자가 강의시간에 케인즈의 유효수요를 설명할 때 들곤 한다. 기술혁명의 두려움은 유효수요의 부족에서 비롯한다. 만약 유효수요가 부족하지 않다면 인공지능의 확장성은 곧 산업과 시장의 확장성에, 기술혁명은 곧 인류복지혁명에 다름없다. 수주 안에 화성으로 관광을 가는 것도 가능할 수 있기 때문이다.

실제로 기술혁명이 경제에 어떤 파급효과를 미치고 있을까? 기술혁명의 발원지인 미국은 2019년 50년 만에 최저 실업률을 기록했다.

적어도 외견상 기술혁명이 고용시장에 미치는 효과는 보이지 않는다.

그러나 매우 낮은 실업률에도 불구하고 실질임금은 정체되고 있다. 실질임금이 정체된 것은 물론 생산성이 정체되고 있기 때문이다. 기술혁명을 반영하는 생산성 증가가 통계상에 나타나지 않고 있는 것이다. 생산성 정체는 현재 전 세계에서 가장 빠른 회복세를 보이는 미국 경제의 가장 큰 취약점이기도 하며 오랫동안 잊혀졌던 장기침체(Secular stagnation)의 가능성을 다시 끄집어낸 계기가 되었다.

전문가들은 미국의 낮은 실업률과 정체된 실질임금이 공존하는 모순돼 보이는 현상을 저생산성 부문의 고용이 늘어난 데 따른 결과로 해석하고 있다. 2007년 이후 교육, 의료, 개인, 여가 관련 서비스업과 같은 저생산성 부문에서 7백만 명이 증가했으나 정보, 금융과 같이 부가가치가 5~10배 정도 높은 부문의 고용은 상대적으로 정체되었다.

결국 기술혁명이 고생산성 부문에서 저생산성 부문으로 고용이 이동하게 하는 요인으로 작용한 것일 수 있다. 고용시장은 호황이지만 저생산성 부문에서 고용이 더 크게 증가했기 때문에 경제 전체의 생산성은 정체된 것이다. 앞에 든 예에서 퇴출당한 99명의 노동자들이 허드렛일로 밥벌이를 한다면 기술혁신에도 불구하고 100명의 생산성도 함께 늘어날 것으로 기대하기는 힘들다.

요컨대 현 시점에서 기술혁명은 기계가 인간기술을 대체할 수 있는 부문에서의 노동수요를 줄이게 되었고, 그에 따른 과잉 노동공급은 한편으로는 노동시장에 임금을 억제하는 요인으로 작용하고 또 다른 한편으로는 저생산성 직종의 고용이 늘어남에 따라 전체 생산성이 증가하는 것을 억제하고 있는 것이다. 기술혁명을 글로벌 경제 차원에서 보자면 나라마다 고용시장의 호·불황에 따라 엇갈리나 정체된 생산성은 공통적인 현상으로 관측된다.

인공지능(AI)은 데이터를 기반으로 최적화하고 예측한다. 구글 딥마인드의 알파고와 대국(對局)에서 보았듯이 같은 일을 하는 인간보다 뛰어난 것은 전혀 이상할 것이 없다. 그러나 AI가 할 수 없는 인간의 영역이 있다. 창조적 사고, 공감, 직관력, 의문, 사회적 상호작용 등이 그것이다. 이것들은 데이터화할 수 없기 때문이다.

그뿐 아니라 기존의 방법론이 가지는 한계에서 크게 벗어나지 못하는 영역도 있다. 머신러닝(ML)은 AI를 기반으로 관련 분야의 테이터 수집→정보 분석→지식 학습→정의된 활동을 실행하는 알고리듬이다. 자동차 주행에서 자산 운용, 질병의 예측과 진단에 이르는 광범위한 영역에 적용 가능하다.

한 데이터 사이언티스트가 ML이 실전에서 질적 저하가 일어나는 문제를 인터넷 매체에 공유했다. 표본데이터에 기반해 개발한 수학적 모형이 실제 사용 시 잘 들어맞지 않을 뿐 아니라 갈수록 그 성과가 저하된다는 것이다. 일찍이 경제학이 해결할 수 없었던 문제를 ML도 당면한 것이다. 표본 내 예측이 아무리 뛰어난 예측모형이라도 표본 외 예측력은 예외 없이 떨어진다. 그 이유는 무엇보다도 예측하는 변수(주가, 위기확률, 성장률 등)가 일기예보가 아니라 경제 여건에 따라 끊임없이 변화하는 경제주체들 간 상호작용의 산물이기 때문이다. 따라서 새로운 데이터가 중요한 의미를 가지는 영역에서 ML의 문제해결능력이 취약해질 수밖에 없다.

인공지능을 포함한 인간들이 만든 기술은 궁극적으로 인간을 대체하기보다는 인간을 보완하기 위해서 존재하는 것이다. 리 카이푸의 예언대로 소수가 엄청난 부를 소유하고 엄청난 수의 실업이 발생할 때 기술 진보는 멈출 수밖에 없다. 기술 진보를 가져올 상업적 동기가 마땅치 않기 때문이다. 물론 연기금이 기술기업에 투자하고 그 수익으로 상당수 인구가 기본소득과 같은 혜택을 받는 공상과학소설 같은 가능성도 생각해볼 수 있겠으나 지금까지 인류가 이룩한 기술 진보는 번영의 동력이었다.

한편, 기술혁명이 가져올 딥 임팩트를 고려하면 이를 어떻게 준비하고 받아들일 것인지에 따라 나라의 운명은 얼마든지 갈릴 수 있다. 기술혁명시대에 맞는 교육시스템을 구축하고 고용시장을 정비하고 혁신 부문을 활성화하는 법과 제도를 개선하는 대신 수동적이고 방어적인 나라는 결국 글로벌 경제지도에서 사라지게 된다. 노스(North)가 공저한 『서구세계의 부상: 신경제사』(*The Rise of the Western World*, 1973)는 중요한 역사적 교훈을 준다. 제대로 재산권을 보호하지 않은 나라들은 한때 부강했으나 결국 유럽의 변방으로 물러났다.

2020년 전미경제학회에서 노동경제학자로 명성이 높은 리처드 프리먼(Richard Freeman) 교수는 스스로 생각하는 기계, 즉 AI가 또 다른 AI를 만들어내는 세상은 100년도 더 지난 후에나 가능하다고 생각하며 지금 AI 시대에 첫발을 들여놓았을 뿐이라고 발언했다. 많은 것을 생각하게 해주는 말이다.

	애플	알파벳 (구글)	MS	아마존	페이스북[2]	알리바바[3]	텐센
2011	2	16	8	67	–	–	170
2013	2	3	4	45	132	–	96
2015	1	2	3	24	14	22	30
2017	1	2	3	5	6	8	11
2019	1 (961)	4 (863)	2 (947)	3 (916)	6 (512)	7 (481)	8 (472)

1) 2분기 2019년은 6월
2) 2012.5월 상장
3) 2014.9월 상장
(출처: 블룸버그)

표 1   테크 자이언트 세계시총 순위[1] (괄호 안은 기업가치, 10억 달러)

25

BAADD?

The winner takes it all. The loser has to fall.
It's simple and it's plain.
_ABBA

❀❀❀

트럼프 대통령의 미중 무역전쟁은 그 핵심 타깃이 중국의 첨단기술 제
품이었고 기술 이전의 불공정 관행에 대한 극도의 불만에서 비롯되었
다. CNN에 따르면 미 무역대표부는 미국이 중국에 도난당한 지적재
산은 연 2250억 달러에서 6000억 달러로 추정하였다. 2017년 미국 지
적재산권 도용위원회가 발표한 수치와 유사하다.

　"매년 중국이 수천억 달러의 지적재산을 훔쳐간다."고 비난했던
트럼프 대통령이 중국을 경제적 침략을 추구하는 전략적 경쟁자로 규
정한 것은 무섭게 성장하는 중국의 첨단기업들 때문이다. 그리고 이들
기업의 등장에는 독일의 산업 4.0을 롤모델로 한 중국 정부가 주도하
는 중국제조(中國製造)2025에 그 배경이 있다.

비주얼 캐피탈리스트(Visual Capitalist)에 따르면 2018년 세계 20대 기술기업은 미국이 12개사, 중국이 8개사로 양분된다. 2013년 미국 13개사, 중국 3개사, 일본 2개사, 한국과 러시아가 각 1개사였다(〈표 2〉 참조).

	기업명	기업가치 (10억 달러)	유형	국가
#1	애플(Apple)	$915	소프트웨어 및 하드웨어	미국
#2	아마존(Amazon)	$828	전자상거래	미국
#3	알파벳(Alphabet)	$781	구글, 구글 자회사 모기업	미국
#4	MS	$771	소프트웨어 및 하드웨어	미국
#5	페이스북(Facebook)	$556	소셜미디어	미국
#6	알리바바(Alibaba)	$484	전자상거래	중국
#7	텐센트(Tencent)	$477	인터넷 서비스	중국
#8	넷플릭스(Netflix)	$173	미디어 서비스	미국
#9	앤트 파이낸셜(Ant Financial)[1]	$150	핀테크	중국
#10	세일즈 포스(Sales Force)	$102	소프트웨어	미국
#11	북킹 홀딩즈(Booking Holdings)	$100	온라인 여행서비스	미국
#12	페이팔(Paypa)	$100	온라인 결제서비스	미국
#13	바이두(Baidu)	$89	인터넷서비스	중국
#14	우버(Uber)[2]	$72	차량공유서비스	미국
#15	JD.com	$56	전자상거래	중국
#16	디디추싱(DiDi Chuxing)	$56	차량공유서비스	중국
#17	샤오미(Xiaomi)	$54	전자제품	중국
#18	이베이(eBay)	$37	전자상거래	미국
#19	에어비앤비(Airbnb)	$31	숙박공유	미국
#20	터우탸오(Toutiao)	$30	미디어	중국
1) 알리바바그룹의 Alipay 후신 2) 2019.5월 상장가격 824억 달러 (출처: Visual Capitalist)				

표 2　　세계 20대 기술기업(2018년 6월)

바이두와 샤오미까지 합치면 중국의 4개 기술기업의 시가총액은 9000억 달러가 넘는다. 이들 기업은 연 50% 이상 성장을 이루었고 지난 10년 간 1,000개 이상의 신규 벤처기업을 양성했다. 텐센트의 위챗(WeChat)은 사용자가 10억 명이 넘고 샤오미는 2010년 창립된 지 4년 만에 자국 시장에서 애플을 따라잡았다. 바이두는 인공지능에서 구글의 강력한 경쟁자로 부상하였다. 이들 기술기업은 사물인터넷에서 전자제품에 이르기까지 온라인과 오프라인 20개 이상의 영역에서 국제경쟁력을 갖추고 있는 것으로 평가된다.

신흥국 중국이 선진국으로 가는 경제발전 단계를 생략하고 어떻게 이토록 빠른 시간에 기술혁명시대의 선두주자 반열에 오르게 되었을까. 그것은 13억이 넘는 인구와 그동안 이룬 막대한 흑자로 기술혁명에 필요한 시장과 자금력을 모두 갖추었기 때문이다.

독일 출신 작가 토마스 람게(Thomas Ramge)와 옥스포드대학의 빅토 마이어-숀버거(Viktor Mayer-Schönberger)가 공저한 『빅데이터 시대의 자본주의 재창조』(*Reinventing Capitalism in the Age of Big Data*, 2018)는 빅데이터가 시장경제의 보이지 않는 손인 가격을 대체하게 되었으며 우리에게 친숙한 오프라인 기업을 옛것으로 만들었다는 기술혁명시대의 메시지를 던지고 있다.

효율시장가설에 따르면 가격은 유용한 시장의 정보를 전달한다. 쉽게 말해서 정보를 가지고 있지 못한 시장 참여자라 하더라도 다른 시장 참여자가 소유한 유용한 정보가 시장가격을 통해 전달받을 수 있는 것이다.

그러나 이 가설에는 흠이 있다. 만약 시장이 효율적이고 유용한 정보를 얻는 비용이 영(零)보다 크다면 아무도 유용한 정보에 대한 투자를 하려 하지 않을 것이다. 아무도 유용한 정보를 얻기 위해 노력을 하지 않는다면 시장가격은 더 이상 유용한 정보를 반영하지 못하며 따라서 시장은 효율적이지 못하다. 대기업이 시장을 예측하는 연구인력을 두는 것은 적어도 단기적으로는 효율시장가설이 성립하지 않는다는 것을 역설적으로 증명한다.

한편, 시장 참여자들이 모든 유용한 정보를 이용해 미래를 예측하는 합리적 기대 하에서 효율시장가설은 투자자들이 일관성 있게 초과수익을 실현하는 것은 불가능하게 한다. 시장가격이 유용한 정보를 전달하고 투자자들이 그 유용한 정보를 이용해 미래를 예측할 때 일관성 있게 시장을 이기는 것은 불가능하기 때문이다. 실제로 워렌 버핏과 같이 일생 동안 초과수익을 내는 뛰어난 투자자들은 전 세계에 손에 꼽을 정도다. 그러므로 효율시장가설이 장기적으로 성립한다는 것이 컨센서스다.

빅데이터는 기업이 시장가격보다 더 효율적으로 유용한 정보에 대한 접근을 가능하게 한다. 그런데 시장가격의 정보는 경제주체가 공유하는 것이며 일종의 공공재의 성격을 가지는 데 반해서 빅데이터는 사적 재산권이라는 데 중요한 차이가 있다. 누군가의 노력으로 축적해야 하며 상당한 투자비용이 따르기 때문이다. 경제발전에 대한 기술혁명의 함의가 전통적인 경제이론과 그 궤를 달리하는 대목이다.

이미 오래전에 인공지능이 개발되었다. 그러나 많은 사람들이 인터넷을 이용하고 그로부터 충분한 데이터가 축적되었을 때 비로소 인공지능은 현실세계에서 그 위력을 발휘할 수 있게 되었다. 결국 시장가격과 달리 데이터는 그 소유자의 재산이기 때문에 빅데이터의 소유자는 초과수익을 취하는 것이 가능하다. 그러므로 정보, 더 나아가 지식자본*이 중요한 생산요소일 때 이를 소유한 기업은 독점적 지위를 누릴 수 있게 된다.

AI는 빅데이터에 기반해 의료에서 자율주행, 금융서비스에 이르는 광범위한 영역에 적용될 수 있는 기술혁명시대의 핵심이다. 문제는 더 많은 데이터를 축적한 기업이 더 양질의 데이터를 채굴할 수 있고, 더 우수한 품질의 제품과 서비스를 생산할 수 있고, 따라서 더 많은 수익을 낼 수 있고, 다시 더 많은 데이터에 투자를 할 수 있다는 데 있다. 이와 같은 선순환구조는 승자독식이 일어나게 한다.

리 카이푸는 시장의 크기가 규모의 경제를 가능하게 하는 선순환을 일으키는 핵심이라고 주장하고 거대시장의 이점을 가진 미국과 중국의 기업이 글로벌 기술시장을 양분할 것으로 예측했다(Lee, 2018). 그는 중국은 정보보호규제가 약하고 정부가 AI산업을 지원하기 때문에 AI경쟁에서 유리하며, 데이터를 새로운 원유에 그리고 중국을 새로운 사우디아라비아에 비유했다. 7개 거대기술기업과 함께 중국의 바이두는 모두 소비자 인터넷시장에서 해외영업을 확대하고 있다. 이 밖에도 미국의 구글, 테슬라, 우버는 자동차 자율주행 분야에서, 중국의 아이플라이텍(iFlytek)은 음성인식에서, 메그비(Megvii)와 센스타임 (SenseTime)은 안면인식 분야에서 각각 두각을 나타내고 있다.

그러나 다른 시각도 있다. 2018년 IMF가 발간한 세계경제전망에 따르면 무역—특히 글로벌 가치사슬—과 직접투자는 기술선진국의 지식과 기술이 글로벌 경제로 확산하는 것을 가능하게 한다. 더욱이 국제 경쟁을 촉진하는 글로벌화는 기업들이 더 적극적으로 해외 기술을 받아들이고 더 큰 혁신의 동기를 가지게 한다는 실증적 증거를 제시했다.

서로 다른 이 두 주장의 최대공약수는 강한 혁신의 동기를 가진 기업이 막대한 선점의 이득을 취할 가능성이다. 1994년 인터넷서점으로 출발했던 아마존은 2015년 기업가치가 월마트를 추월했고 현재 세계 1위의 기업가치, 세계 최대 인터넷 매출, 미국에서 8번째 고용을 많이 창출하는 혁신기업이다. 2018년 전 세계에서 60만 명 이상을 고용하였다.

"당신의 마진이 나의 기회"라는 창업자이자 최고경영자 제프 베조스(Jeff Bezos)의 말처럼 아마존의 폭발적 성장은 기존 기업의 위축을 가져왔다. 2012년 콜린스(Collins) 온라인사전은 'amazoned'라는 신조어를 '온라인 경쟁자로부터 위협받는 오프라인 매장'이라고 뜻풀이를 했다.

이제 아마존은 소매, 서점, 식품점 등 오프라인 매장을 넘어서 클라우드 컴퓨팅, 상업용 부동산, 운송 등으로 진출하고 있다. 2018년 초 아마존이 JP모건 체이스, 버크셔 하더웨이와 합작해 미국 GDP의 17%에 이르는 헬스케어산업에 진출한다고 발표하자 관련업계의 주가가 폭락했다. 금융기업도 기술기업에 의해 amazoned되지 말라는 법은 없다. 이미 아마존은 JP모건 체이스와 협력, 요구불예금과 유사한 금융상품을 개발하는 것으로 알려지고 있다. 어떻게 amazoned를 피할 수 있는지가 비지니스계의 화두가 될 정도다.

이제 거대기술기업은 세계 상위 시총기업의 무상한 변화가 말해주듯이 범세계적인 차원에서 산업구조조정을 주도하고 있다. 이 산업구조조정이 의료보험업과 같이 지대추구적이며 비효율적인 산업을 경쟁적이며 효율적으로 재편하는 것은 매우 바람직하다.

❄❄❄

그러나 거대기술기업이 자신의 시장지배력을 남용해 새로운 혁신기업의 등장을 가로막는다면 혁신이 아닌 또 다른 지대추구적 행태가 일어날 수밖에 없다. 여기에 거대기술기업에 대한 규제의 근거가 있다.

미국은 1960년대 IBM, 1990년대 MS에 대해 반독점을 적용한 사례가 있으나 현재 거대기술기업은 단지 시장지배력을 남용한 데 그치지 않고 잘못된 정보, 가짜뉴스를 확산하고 개인의 프라이버시를 침해하는 또 다른 문제를 야기하고 있다.

더욱이 새로운 솔루션으로 부상한 AI산업은 데이터가 소중한 자원인 것을 깨닫게 했다. 이제 누가 그 데이터를 통제하고 데이터로부터 창출된 이윤을 어떻게 분배할 것인가 하는 새로운 과제에 당면하게 되었다.

2017년 EU는 구글의 불공정거래혐의에 반독점법을 적용해 27억 달러의 구글세를 징수한 데 이어 다시 2019년 3월 광고시장에서 경쟁을 훼손한 혐의로 17억 달러의 벌금을 부과했다. EU 중심국인 독일과 프랑스는 페이스북의 불공정거래행위에 대해 잇단 경고를 한 바 있다. 미국에서도 거대기술기업에 반독점법을 적용하는 논의가 제기되고 있다. 아마존을 비난했던 트럼프 대통령의 트윗도 결코 우연으로 보기는 어렵다.

기술기업에 대한 규제는 미국의 5대 기술기업이 매출의 25%를 올리는 유럽에서 가장 앞서나가고 있다. EU의 개인정보보호규정(General Data Protection Regulation, GDPR)은 기업이 EU에서 발생하는 거래 시 EU 국민들의 개인 데이터와 프라이버시를 보호할 것을 의무화하는 규정이다. EU의 규제방식은 기술기업의 이윤을 제한하고 기업을 분할하는 방식 대신 개인의 프라이버시를 보호하고 경쟁을 촉진하는 쪽으로 접근한다. 이윤을 제한할 때 독점이 항구적으로 지속될 수 있고 기업을 쪼개봐야 네트워크효과로 실익이 없기 때문이다. 비록 인스타그램을 페이스북에서 분리한다고 해도 인스타그램이라는 새로운 지배적인 네트워크가 또 하나 생길 뿐이다.

영국의 주간지 〈이코노미스트〉지는 기술기업을 BAADD이라고 약칭하고 적절한 규제가 필요하다는 주장을 제기하였다. 크고(Big), 반경쟁적(Anti-competitive)이고, 중독성(Addictive)이 있으며, 민주주의에 파괴적(Destructive to democracy)이라는 의미다. 소셜미디어를 통해 퍼뜨려지는 가짜뉴스와 극단주의는 민주주의에 심각한 위협으로 떠올랐다.

과연 승자독식을 제어할 수 있는 방법은 무엇인가? 지금까지 반독점정책은 과징금, 기업분할, 가격규제, 인수합병을 제한하는 것이었다. 2000년 미 연방법원은 끼워팔기를 한 MS에 대해 회사분할 판결을 내렸고 EU는 2013년까지 10년 동안 네 차례에 걸쳐 MS에 벌금을 부과했으며 구글세도 같은 맥락이다.

그러나 기술기업에 대한 규제가 쉽지 않은 것은 생산활동에 따르는 규모의 경제뿐 아니라 기술기업이 사용자로부터 데이터를 제공받는 대가로 무료서비스를 제공하는 거래구조 때문이다. 반독점법은 소비자 잉여를 확대하는 데 궁극적인 목적이 있다. 그러나 기업분할은 자칫 사용자 플랫폼을 제약해 사용자 편이에 부정적인 파급효과를 미칠 수 있으며 가격규제도 사용자가 무료서비스를 제공받는 한 의미가 없다.

기술혁명시대의 시장경제가 어떤 모습을 보일지 가늠하기는 어렵다. 다만 경로의존적인 시장경제의 역사를 되새겨볼 때 현재 벌어지는 국가 간 경쟁과 거대기술기업에 대한 규제가 미래 시장경제의 윤곽을 만들 것으로 보인다.

미국과 중국이 기술 패권을 놓고 계속 갈등을 벌이거나 과잉규제가 도입될 때 글로벌 경제의 기술 진보는 더딜 수밖에 없다. 반대로 규제가 미흡할 때 리 카이푸의 예측대로 양극화는 국가 간에도 일어나고 〈이코노미스트〉지의 주장대로 민주주의는 심각히 위협받을 수 있다. 올바른 규제가 도입될 때 IMF의 진단대로 글로벌 경제는 기술혁명이 전 세계로 확산되는 장(場)이 될 수 있다. 그러나 과연 무엇이 올바른 규제인지는 더 두고 보아야 한다.

26

글로벌 가치사슬과 지식자본

모든 사람들은
교환함으로써 삶을 영위한다.
_아담 스미스

❀❀❀

2018년 9월 트럼프 대통령은 애플이 관세를 맞기 싫으면 미국에서 생산해야 한다고 트윗했다.

"우리가 중국에 부과할 수 있는 막대한 관세로 인해 애플 가격이 인상될 수도 있습니다. 그러나 세금이 없고 세금감면 혜택도 있는 쉬운 해결책이 있습니다. 중국 대신 미국에서 만드세요. 미국에 공장을 지으세요."

애플사가 중국으로부터 완제품을 수입하나 사실은 생산과정의 일부다. 한 연구에 따르면 2009년 중국의 아이폰 수출에 따른 대중 적자는 19억 달러였다(Xing and Detert, 2010). 그러나 핵심부품을 공급한 일본과 독일과 같이 다른 나라들이 제공한 부가가치를 제외하면 대중국 적자는 7천3백만 달러에 불과했다. 애플이 제품을 글로벌 가치사슬(GVC)을 통해 생산하지만 기존의 수출입통계는 이를 반영하지 않는 데 따른 착시인 것이다.

애플 제품은 부품의 생산, 조립, 판매에 이르는 전 과정이 정교한 GVC를 통해 수행된다. 우선 미국, 아시아, 유럽에 소재한 수백 개 협력사로부터 부품을 아웃소싱한다. 팀 쿡(Tim Cook)은 CEO가 된 후 협상력을 높이기 위해 협력사들 사이에 경쟁을 조성하고 그 수를 크게 줄였다. 외주 받은 부품은 대부분 중국에서 완제품을 만들어 해외로 판매하고 나머지는 국내로 들여온다. 2017년 해외 판매는 판매액 기준으로 63%에 이른다. 들여온 제품은 UPS나 페덱스를 통해 온라인으로 판매된다. 애플은 아마존, 월마트에 이어 미국 내 세 번째 전자상거래 기업이다. 나머지는 캘리포니아주 엘크 그로브(Elk Grove)시에 있는 창고에 보관해 직판하거나 통신사, 도소매, 중고상으로 유통된다. 제품서비스는 애플 마니아들이 맡고 사용자가 새 모델로 업그레이드할 수 있도록 아이폰 트레이드 프로그램도 운영한다.

〈그림 7〉은 GVC에서 각 생산 단계별 부가가치를 보여준다. 1992년 에이서(Acer) 컴퓨터 창립자인 대만 출신의 스탠 시(Stan Shih)가 처음 소개한 이 그림은 스마일곡선(Smiling curve)*이라고 부른다. 그는 PC 생산의 가치사슬에서 양쪽 끝의 R&D와 마케팅이 가장 수익성이 높은 영역이라고 확신했다. 이제 스마일곡선은 GVC를 상징하는 용어가 되었다.

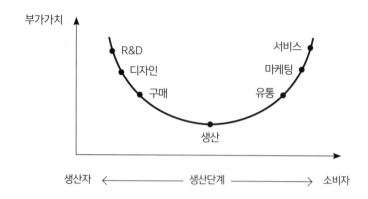

◆ **그림 7** 스마일곡선

40여 개국을 대상으로 한 투입산출 데이터를 제공하는 세계투입산출데이터베이스(WIOD)에 따르면 GVC를 통한 무역은 글로벌 경제가 대침체에 들어선 2011년 정체되었으나 여전히 부가가치 기준으로 전 세계 무역의 60~67%를 차지하는 것으로 추정된다. GVC 무역이 21세기 무역패턴으로 자리잡은 것이다.

2세기 전 리카도(Ricardo)는 국제무역이 비교우위에 따라 일어난다고 설명했다. 그는 영국이 양복을 만드는 데 100시간, 포도주를 생산하는 데 120시간의 노동이 각각 소요되나 포르투갈은 같은 양복과 포도주를 만드는 데 각각 90시간, 80시간의 노동이 투입되는 예를 들었다. 영국은 포르투갈보다 절대적으로 생산성이 낮아 두 상품의 생산에 더 많은 노동시간이 소요된다.

한편, 영국은 포르투갈보다 상대적으로 양복의 생산성이 더 높다. 포도주 생산에 투입된 노동을 양복 생산으로 돌릴 때 더 많이 양복을 생산할 수 있기 때문이다. 같은 이유로 포르투갈은 상대적으로 포도주 생산성이 더 크다. 그러므로 영국은 양복에, 포르투갈은 포도주에 비교우위를 가진다. 당시 영국이 포르투갈에 양복을, 포르투갈이 영국에 포도주를 수출한 것은 비교우위에 따른 결과임을 리카도가 보인 것이다. 리카도의 비교우위론은 1세기 뒤 생산요소로서 자본이 추가로 고려되면서 무역이 국민경제에 미치는 함의를 풍부하게 했고, 1960년대까지는 국제무역의 패턴을 설명하는 데 별 문제가 없었다.

그러나 1970년대에 들어와 당시 서독 등 유럽과 일본이 수출시장에 본격적으로 뛰어들면서 국제무역은 크게 확대되었고 무역패턴도 종래의 산업 간 무역이 아닌 같은 종류의 상품을 서로 수출하는 산업 내 무역이 활발하게 일어났다. 유럽과 미국이 포도주를, 일본과 미국이 자동차를 서로 수출하는 무역패턴이 일반화된 것이다.

그뿐 아니라 1990년대에 들어와 중간재를 수입하고 다시 가공해서 최종재를 수출하는 무역패턴—1970년대 우리나라 마산 수출자유지역이 그렇듯이—이 다국적기업을 중심으로 일어났다. 이 무역패턴은 저소득국가들도 대거 참여함으로써 전 세계가 글로벌 경제로 통합하는 데 크게 기여했다. 특히 2001년 중국이 WTO에 가입하면서 GVC는 21세기 무역을 주도하게 되었다.

1980년대 이후의 무역패턴은 더 이상 비교우위만으로는 설명될

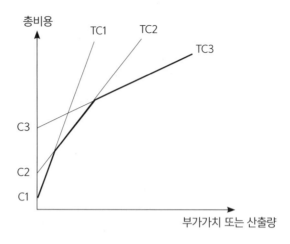

● **그림 8** 생산과정의 분업과 규모의 경제
출처: Global Value Chain Development Report 2017 (2018)

수 없다. 연구자들은 전통 무역이론이 가정하는 완전경쟁이 비현실적임을 깨닫게 되었다. 그 이유는 생산이 늘어날 때 평균생산비용이 줄어드는 규모의 경제가 작동하기 때문이다. 나아가 기업 차원의 미시 데이터로부터 같은 산업에 속한 기업이라고 하더라도 수출을 하는지 여부에 따라 그 기업의 생산성에 뚜렷한 차이가 있다는 것도 밝혀냈다. 특히 운송비용의 하락과 정보통신기술(ICT)의 획기적인 발전은 제품의 생산과정을 설계, 부품 조달과 조립, 유통 등 각 단계 별로 세분할 수 있게 하였다. 이와 같은 생산과정의 분업이 규모의 경제를 가져온 것이다.

〈그림 8〉의 TC1은 대학시절 경제원론에 나오는 기업1의 총비용 곡선이다. C1은 고정비용을 나타내며 TC1이 직선인 것은 생산 수준과

관계없이 일정한 한계비용을 가정했기 때문이다. 기업2의 총비용곡선인 TC2는 고정비용은 기업1보다 높으나 대신 한계비용이 낮다. 한편, 해외에 소재한 기업3의 고정비용 C3는 다른 두 기업보다 훨씬 높으나 대신 TC3곡선의 기울기, 즉 한계비용은 매우 낮다. 이와 같이 기업에 따른 다양한 형태의 생산함수는 생산과정의 분업을 가능하게 한다.

생산의 분업은 먼저 기업1이 생산을 하다가 TC1과 TC2가 만나는 점에서 기업2에게 넘겨지고 다시 TC2와 TC3가 만나는 점에서 기업3가 이어받아 일어난다. 이때 한 기업이 도맡아 생산할 때보다 세 기업이 분업할 때 생산비용이 줄어드는데 생산이 늘어날수록 한계비용이 낮아지기 때문이다.

이 〈그림 8〉은 중요한 함의를 준다. 우선 기업의 고정비용이 같을 때 한계비용이 가장 낮은 기업, 즉 총비용곡선의 기울기가 가장 낮은 기업만이 GVC에 참여할 수 있다. 이것은 동종 업종이라고 하더라도 수출기업의 생산성이 더 높다는 정형화된 사실과 부합한다.

다음은 GVC에 참여하는 기업의 지배구조다. 만약 GVC를 주도하는 기업이 혁신적 기술을 가지고 있다면 외국에 소재한 기업3에 대한 통제를 손쉽게 하기 위해 그 기업의 경영권을 소유하는 것을 선호한다. 트럼프 대통령이 중국이 기술을 훔친다고 비난하는 것은 중국에 직접 투자 시 광범위한 산업 분야에서 지분 참여를 통해서만 가능하도록 한 중국 정부의 규제를 비판한 것이다.

다국적 의류업체 자라(Zara)는 수직계열화된 공급사슬의 효율성을 극대화함으로써 정상에 섰다. 제품의 디자인과 생산은 대부분 본사가 소재한 스페인에서 이루어지며 일부 해외 아웃소싱을 통해 아시아 등 해외시장을 공략하고 있다. 중앙집중적인 디자인과 생산에 따르는 고비용 등 각종 제약 여건을 극도의 효율성을 추구함으로써 극복하고 있다. 1975년에 창립해서 96개국에 2200개가 넘는 매장을 운용하는 자라는 연 2만4천 개 제품의 디자인에서 판매까지 4~6주 정도를 소요한다. 이 회사는 전 세계 매장을 찾는 고객의 취향에 관한 데이터를 실시간으로 전송받아 제품 개발에 필요한 정보를 수집하면서 제품의 디자인을 완성하는 전략을 고수하고 있다. 이와 같은 전략은 온라인시장의 확대가 자라의 성장에 크게 기여하게 했다. 한편 전 세계 매장에 매주 두 번 소량의 제품을 배송함으로써 재고를 엄격히 관리하고 브랜드 이미지를 높이고 있다.

세 번째, 〈그림 8〉에서 보았듯이 GVC가 나라별로 상이한 기업의 비용함수를 생산의 분업화에 활용함으로써 규모의 경제를 추구할 유용한 방법임을 생각하면 왜 다자간 자유무역이 양자간 자유무역보다 유리한지 이해된다. 양자간 자유무역에서는 원산지규정은 딱히 하나의 잣대로 정해진 것이 아니며 중요한 다툼의 대상이다. 한국 기업이 제3국을 경유, 미국에 수출할 때 한미 FTA는 수출품이 한국 제품인지 여부를 판단하기 위해 원산지규정을 잣대로 들이댄다. 이 규정은 제3국이 미국과 FTA를 체결했는지 여부와 무관하다.

그러나 다자간 무역협정을 맺은 역내국가들 간에는 전혀 문제가 되지 않는다. 만약 환태평양동반자협정(TPP)이 체결되었더라면 일본 기업이 베트남을 경유, 관세 없이 미국에 수출할 수 있었다. 나아가 효율성을 높이기 위해 생산의 분업을 더욱 세분화하여 한 나라에 수입과 수출이 반복적으로 일어나는 것도 가능하다. 그렇기 때문에 일본은 포괄적·점진적환태평양동반자협정(CPTPP)을 주도했다. 같은 이유로 트럼프 정부는 TPP를 파기했다.

※

무엇보다도 GVC가 가장 혁신적인 무역패턴으로 자리매김한 것은 서비스를 교역 가능하게 한 것이다. 생산과정의 각 단계별로 서비스가 중요한 생산요소로 투입되기 때문이다. 최종생산물을 기준으로 전 세계 수출에서 차지하는 서비스의 비중은 20% 남짓하며 시간대에 관계없이 안정적이다. 그러나 세계은행이 4개 기관과 협업한 보고서에 따르면 부가가치를 기준으로 측정할 때 2009년 서비스 비중은 40%를 넘어선 것으로 추정하였다(*Global Value Development Report 2017*, 2018).

힉스(Hicks)는 산업혁명이 금융 혁신으로 비로소 가능했다는 사실을 인지했다. 비록 산업혁명에 필요한 지식과 기술은 갖추어졌지만 위험부담이 크고 막대한 규모의 투자가 따라야 했기 때문이다. 마찬가지로 GVC는 운송, 물류, ICT(정보통신기술)의 발전으로 지리적으로 멀리 떨어진 곳에서 전 생산과정을 모니터링할 수 있기 때문에 21세기 무역패턴으로 자리잡게 되었다.

서비스는 단지 생산과정을 단계별로 연결해주는 데 그치지 않고 시(Shih)가 꿰뚫어보았듯이 스마일곡선의 양끝에 위치한 R&D와 마케팅, 유통과 같이 그 자체로서 높은 부가가치를 창출하는 핵심 생산요소다. 그러나 서비스거래는 그 속성상 상품교역처럼 관세나 비관세 장벽 대신 규제의 제약을 받는다. 따라서 기업이 서비스와 관련된 GVC 참여는 그 기업이 소재한 나라의 규제—규제체계가 포지티브 또는 네가티브인지, 외국인에 대한 예외조항이 있는지—가 결정적인 영향을 미친다.

글로벌 경제의 대침체에 따른 보호무역주의의 대두는 GVC를 위축하는 요인으로 작용하였다. 비록 관세가 낮다고 하더라도 생산의 효율성을 극대화하는 GVC가 성장하기 어려운 환경을 조성하기 때문이다. 이 점은 비관세 장벽도 마찬가지다. 여기에는 중국 기업이 기술 받전에 따른 외주의 내주화도 한몫을 했다.

우리나라 기업을 대상으로 한 국내 연구도 GVC 무역이 가지는 함의를 다시 확인해준다. 기업의 생산성이 수출기업인지 그리고 GVC에 참여하는지 여부에 결정적으로 의존한다(허정, 2018; 최창호 외, 2018). 나아가 GVC 참여도가 생산성이 높은 선도 기업군과 나머지 기업군 사이의 생산성 격차를 설명한다. 한편, 대침체기에 들어와 생산성이 급속히 정체되고 있는데 특히 수출제조업을 중심으로 고위기술과 중고위기술에서 생산성 증가율이 둔화되는 모습이 뚜렷이 나타난다(김도완·이상협, 2019). 이와 같은 연구결과는 글로벌 경제 차원에서 제조업을 중심으로 GVC가 크게 위축되었다는 세계은행의 보고서 내용과 무관하지 않다. 당연히 국내 기업의 GVC 참여도도 하락했을 것이기 때문이다.

한편, 1995~2017년 기간에 걸쳐 43개국 23개 산업의 GVC를 분석한 맥킨지보고서는 세계은행보고서보다 더 구체적인 그림을 보여준다(Globalization in Transition, 2019). 우선 산업별로 총생산에서 차지하는 총수출의 비중은 글로벌 금융위기 후 상품을 생산하는 거의 모든 산업에서 감소했다. 특히 우리나라의 핵심 수출 부문인 반도체, 전자제품, 화학, 자동차, 기계 및 운송장비 등 글로벌 혁신 부문(고위 및 중고위 기술 분야)에서 두드러진다.

비록 글로벌 경제의 서비스교역(2017년 5.1조 달러)은 상품교역(2017년 17.3조 달러)보다 여전히 낮은 수준이지만 지난 10년간 서비스교역은 상품교역보다 60% 이상 빠르게 성장했다.

그러나 GVC에서 차지하는 서비스의 비중은 국제수지통계가 제시하는 것보다 훨씬 빠른 속도로 증가하고 있다. GVC에서 서비스의 역할을 부가가치를 기준으로 측정하면 R&D, 마케팅, 금융, 소프트웨어, 디자인, 기타 지적재산권 관련 서비스와 실제 비용을 수반하지 않는 국경 간 디지털 서비스 흐름까지 포함할 때 서비스는 13.4조 달러의 부가가치를 창출한다. A국이 B국에 수제맥주 제조법을 수출할 때 지적재산을 대여한 것이기 때문에 국제수지통계상 A국의 서비스 수출로 집계된다. 그러나 A국이 자동차를 디자인하고 B국에서 생산한다면 비록 가치사슬에 A국이 부가가치에 기여했음에도 국제수지통계에서는 이를 반영하지 않는다. 만약 생산된 자동차가 다시 A국으로 수입될 때 국제수지통계는 상품수입으로 기록한다. 앞의 스마트폰의 경우와 마찬가지다. 한편, 상품의 부가가치는 투입된 서비스를 제외할 때 13조 달러로 오히려 서비스의 가치보다 작다. 맥킨지보고서에 따르면 이미 GVC

에서 차지하는 서비스 비중은 부가가치를 기준으로 할 때 상품보다 더 크다.

다음으로 금융중개, IT 서비스 등 지식집약서비스 부문의 GVC가 약진했다. 이 부문은 비록 국제수지통계상으로는 그 교역 규모가 매우 작지만 실제 고용(2017년 1억5300만 명)과 생산 규모(20.6조 달러)는 글로벌 혁신 부문(1억3100만 명, 21.5조 달러)에 못지않다.

결국 맥킨지보고서는 GVC가 제조업 강국인 우리나라에 매우 불리하게 진화하고 있다는 것을 시사한다. GVC에서 차지하는 제조업의 역할이 상대적으로 그리고 어쩌면 절대적으로도 덜 중요해지고 내신 서비스가 대체하고 있으며 지식집약적 서비스 부문의 GVC의 위상이 날로 높아지고 있기 때문이다. 맥킨지보고서는 제조업 강국인 한국의 기업과 산업의 생산성 정체가 왜 그토록 급격하게 일어났는지 제대로 설명한다. 덧붙여 생산성 정체에 따른 저성장은 구조적인 것이며 결코 극복하기 쉽지 않을 도전이라는 함의를 준다. 우리보다 앞선 선진국과 달리 여전히 산업구조 전환이 일어나지 않는 한국 경제로서는 뼈아프다.

27

제2기계시대

아무것도 모르는 사람들이
AI가 세상을 지배할 것이라고 말한다.
_Internet meme

“기술은 우리가 하는 일을 더 잘할 수 있게 했다. 그러나 지금 그 기술이 많은 이들을 쓸모없게 만들고 있다.” 창간한 지 160년이 넘었고 애플 창업자의 미망인 로렌 파월 잡스(Laurene Powell Jobs)가 인수해 더 유명해진 정치문화평론지 〈디 애틀랜틱(The Atlantic)〉에 기고한 노아 스미스(Noah Smith)의 「노동의 종말」에 나오는 대목이다(Smith, 2013). 로봇이 인간의 노동을 위협하고 있다는 경고다.

우리 사회는 딥 마인드의 알파고와 이세돌 간 대국으로 뒤늦게 눈떴지만 기술혁명이 몰고 올 파장은 이미 잘 알려졌다. 대표적으로 MIT의 에릭 브린욜프슨(Erik Brynjolfsson)과 앤드루 맥아피(Andrew McAfee)가 공저 출간한 『기계와의 전쟁』(*Race Against the Machine*, 2011)에서 인간이 패배할 위험을 경고했다.

기술 발전이 고용에 미치는 영향을 우려하는 사회적 불안은 오랜 역사를 지닌다. 19세기 초 러다이트(Luddites)*로 알려진 영국의 섬유 장인그룹은 자동화된 직기를 파괴하는 기계파괴운동을 일으켰다. 후세에 러다이트는 새로운 기술을 두려워하거나 반대하는 사람, 즉 구(舊)노동을 지칭하게 되었는데 여기에는 나름대로의 합당한 이유가 있다.

생산성을 획기적으로 높이는 기술 진보가 일자리를 위협할 수 있는 것은 앞서 "24. 기술혁명의 진실"에서 설명했듯이 케인즈가 말했던 유효수요의 부족 때문이다. 기술혁신으로 생산성이 100배 증가할 때 만약 사회적 수요, 즉 유효수요가 늘어나지 않는다면 노동자의 1/100만 남고 나머지는 모두 해고될 수밖에 없다.

그러나 한편 단지 유효수요의 문제가 아니라 기계가 사람을 필요 없게 하는 세상이 올 것이라는 주장이 설득력을 가지고 있으며 실제로 이 주장을 믿는 사람들도 많다. 그러나 이 주장에는 오류가 있다. 인류의 역사를 돌이켜볼 때 기술의 발전은 상업적 동기에서 비롯했다. 만약 기술발전이 새로운 인력에 대한 수요를 일으키는 대신 기존의 인력을 모두 대체한다면 자기파괴적인 결과를 초래하기 때문이다.

궁극적으로 기술 진보는 나라의 경제성장과 국민복지 수준의 잣대인 생산성을 높이는 동력이다. 긴 시야에서 볼 때 실질임금과 생산성은 높은 상관관계를 가질 뿐 아니라 "생산성→실질임금"의 인과관계도 성립한다. 이는 실질임금의 증가율과 생산성 증가율이 높은 상관관계를 가지는 정형화된 사실에서도 유추할 수 있다.

기술 진보가 노동을 대체함으로써 이룬 생산성 향상은 새로운 제품과 서비스를 창출해 노동수요를 증가하게 한다. 미국을 예로 들자면 1900년 노동인구의 41%가 농업에 종사했으나 100년 뒤인 현재는 2%에 불과하다. 1900년 당시에는 상상할 수도 없었을 의료, 금융서비스, 정보기술, 제조업, 사회간접자본, 주거건축, 가전제품, 여가 및 엔터테인먼트가 농업보다 훨씬 더 많은 노동자를 고용하고 있다.

노동경제학자 데이비드 오터(David Autor)에 따르면 녹색혁명*—1950년대 일어난 농업 부문의 폭발적인 생산성 향상—은 신체 및 인지 기술에 대한 요구와 인간의 삶까지 변화시켰다. 농업에 더 이상 많은 인력이 필요 없게 되자 여성도 고용시장에 뛰어들면서 고용률이 상승했으며 사람들의 노동시간이 줄어든 대신 여가시간은 늘어났다. 출산율이 하락하는 인구구조 변화도 뒤따랐다. 이 모든 것이 생산성 향상으로 가능하게 되었다.

산업화된 나라 모두에서 공통적으로 농업, 제조업의 고용비율이 줄어드는 대신 서비스업의 고용비율은 증가하는 추세가 일어난다. 산업별 고용비율이 바뀌는 것은 무엇보다도 기술 진보의 속도가 산업별로 다르기 때문이다. 산업화에 성공한 나라에서 기술 진보는 농업, 제조업, 서비스업의 순으로 일어났으며 그에 따라 고용도 농업에서 제조업으로 다시 서비스업으로 이동했다.

그러나 산업 간 고용의 이동이 원활하지 않을 때 실업이 발생하게 되는데 이 실업을 구조적 실업이라고 한다. 경기순환에 따라 변동하는 경기적 실업은 확장적 통화 및 재정정책을 통해 총수요를 관리함으로써 대응할 수 있으나 구조적 실업은 이와 같은 거시정책으로는 치유될 수 없다. 더욱이 구조적 실업이 장기화될 때 구직을 단념하고 고용시장에서 이탈, 비경제활동인구로 편입되는 실망실업자가 늘어나 경제활동참가율이 감소하는 요인으로 작용한다.

한편, 국제무역에서 교역 상대국 산업의 기술 진보는 자국 산업의 고용에 부정적 영향을 미치는 요인이다. 미국의 러스트 벨트와 한국판 러스트 벨트는 수출시장에서 중국에 밀린 수출제조업이 밀집한 지역에서 생겨났다.

앞서 말한 대로 기술 진보는 고용을 창출한다. 한국을 포함한 OECD 회원국의 경제활동참가율—15~64세 인구 가운데 고용되었거나 일자리를 찾는 경제활동인구비율—이 시간대에 따라 증가하는 추이는 "생산성→실질임금→고용"의 인과관계를 시사한다. 즉, 기술 진보가 한편으로는 노동을 대체하지만 또 다른 한편으로는 새로운 노동수요를 이끌어내 더 많은 고용을 창출하는 데 기여한 것이다.

다만 예외적으로 미국의 경제활동참가율은 2000년대에 들어와 감소하는 모습을 보인다. 경제활동참가율만이 아니라 인구에서 차지하는 취업자비율인 고용률도 마찬가지로 감소하고 있다. 20년 가까이 진행된 미국 고용패턴의 변화는 현재 학계의 주된 관심사다.

미국의 경제활동참가율이 하락하는 현상을 놓고 학계는 무역과 함께 로봇의 도입과 같은 자동화를 핵심요인으로 들었다. 이 밖에도 중년세대의 약물 중독, 청년세대의 여가 선호, 최저임금 등도 작지만 유의미한 영향을 미친 것으로 지적된다. 과연 미국이 겪는 고용의 이상

징후가 앞으로 글로벌 경제가 당면할 전조인지 여부는 관심을 가지고 볼 일이다.

❀❀❀

푸야오(Fuyao Glass Industry Group Co. Ltd.)는 중국 최대의 유리 생산 기업이다. 이 회사의 창업자는 지방정부의 한 유리공장을 인수하면서 창업에 뛰어들어 현재 세계 5위의 자동차용 유리를 생산하는 기업의 CEO가 되었다. 〈미국의 공장〉(American Factory, 2019)은 2014년 미국 오하이오주 데이튼(Dayton)시 외곽에 2008년 GM이 폐쇄했던 공장에 푸야오 글래스 아메리카(Fuyao Glass America Inc.)가 들어서면서 시작하는 다큐멘터리 필름이다.

GM이 철수하면서 1만 개의 일자리가 없어지고 2천 가구가 실직했던 이곳에 푸야오 아메리카는 모두에게 큰 희망을 안겨주었다. 그러나 시간이 지나면서 이들은 서로 다른 세상에서 살고 있음을 깨닫는다. 미국인 노동자들은 GM 시절 받던 급료의 절반도 안 되는 박봉과 열악한 근로조건을 불평한다. 한편, 높은 강도의 노동에 익숙하고 가족도 동반하지 않고 본사에서 온 200명의 중국인 숙련기술자들과 경영진은 노조를 만들겠다는 이들을 이해하지 못한다. 노조 결성은 좌절되었고 주도했던 노동자들은 해고당했다. 이 회사를 적자에서 벗어나게 한 것은 로봇이었다.

자동화(Automation)는 고용과 관련해 가장 많이 검색되는 단어다. 『기계와의 전쟁』과 같이 미래를 예측하는 다수 서적과 언론 기고문은 기계가 인간을 대체한다는 섬뜩한 경고의 메시지를 보내고 있다. 누차 강조했듯이 자동화는 노동을 대체해 생산성을 높이지만 동시에 새로운 노동수요를 창출하는 보완성을 속성으로 가진다. 즉, 컴퓨터가 일상적이고 정형화된 업무를 수행하는 노동을 대체할 수 있다. 그러나 동시에 컴퓨터는 문제해결능력, 적응력 및 창조성이 요구되는 노동의 비교우위를 더욱 크게 한다. 그러므로 비록 자동화의 영역이 급속히 확장되고 있으나 유연성, 판단 및 상식이 요구되는 작업에서 인간을 대체하기는 여전히 어렵다.

정보기술(IT)과 은행업이 고용 간 보완성은 널리 알려진 사례다. 한 연구에 따르면 미국에서 1995~2010년 사이에 ATM의 보급이 4배 증가했지만 은행 직원은 더 늘어났다(Bessen, 2015). 지점당 은행 직원이 1/3 이상 감소했음에도 불구하고 은행 지점수가 40% 이상 늘어났기 때문이다. 비용절감을 통해 ATM이 간접적으로 은행 직원을 늘린 것이다. IT는 은행 직원의 업무를 신용카드, 대출, 금융투자상품 판매 등 업무 다변화를 가능하게 했다.

〈파이낸셜타임즈〉는 인도의 콜카타 변두리 지역에서 460명의 젊은 여성들이 컴퓨터에 시각능력을 부여하는 컴퓨터 비전 알고리듬을 훈련하는 기사를 실었다(Murgia, 2019). 기술기업들이 AI 공급사슬을 만들어 인도, 케냐, 필리핀 등 저소득국가에서 수십만 명의 새로운 고용을 창출하고 있다. 통상 머신러닝모형에는 데이터가 백만 개 이상 들어가는데 그 가운데서도 각 데이터를 사람이 식별해주는 레이블링(Labeling)은 사람 손이 많이 가는 과정이다. 자율주행모델의 경우 고양이, 어린이, 집과 같은 기본적인 물체뿐 아니라 운전자의 얼굴표정, 눈의 깜빡임 등 피로도도 인식해야 하기 때문이다.

컴퓨터가 노동에 대한 전반적인 수요를 줄이지는 않았다. 줄어든 것은 중간층 일자리다. 대신 컴퓨터가 하기 어려운 비일상적인 업무가 늘어났지만 전문직 일자리만은 아니다. 식당의 서빙과 같이 상황에 따라 기민하게 대처해야 하는 수작업이 요구되는 일자리도 늘어났다. 그러나 수작업에 필요한 기술은 쉽게 습득 가능하기 때문에 낮은 임금의 직종이 대부분이다. 그 결과 녹색혁명과 달리 자동화는 소득의 양극화를 초래했다. 따지고 보면 미국 청년세대의 경제활동참가율이 낮아진 것도 저임금을 받고 허드렛일을 하기보다 부모 집에 얹혀 살면서 넷플릭스를 보거나 닌텐도게임을 하며 여가시간을 즐기는 것이 낫겠다는 판단에서 비롯한 것이다.

기계시대(The Machine Age)의 고용에 관한 선도적 연구자인 다론 아세모글루(Daron Acemoglu)는 공저자와 함께 자동화와 같은 기술 발전이 고용에 미치는 영향을 생산활동에 따르는 과제로 함축했다(Acemoglu and Restrepo, 2019). 자동화는 생산의 과제를 노동에서 자본으로 대체하는 변위효과(The displacement effect)를 가진다. 그러므로 자동화는 생산활동의 부가가치, 즉 GDP에서 차지하는 노동의 몫을 줄인다. 한편, 자동화는 노동이 비교우위를 갖는 새로운 과제를 창출함으로써 균형을 잡아준다. 새로운 과제는 자동화에 따른 생산성 향상을 포함해 노동에 대한 새로운 수요를 일으키는 복귀효과(The reinstatement effect)를 동반함으로써 반대로 노동의 몫을 높이기 때문이다. 쉽게 말하자면 자동화는 구(舊) 노동의 수요와 소득을 줄이는 대신 신(新) 노동의 수요와 소득을 늘리는 것이다.

이들의 연구는 1947~2017년 기간의 70년에 걸친 미국의 58개 산업을 분석한 공동연구에서 지난 30년에 그 앞의 40년과 다른 패턴이 일어났음을 보고했다. 노동의 변위효과가 복귀효과를 압도한 것이다. 그 요인으로 미약한 노동의 복귀효과와 낮은 생산성 증가를 들었다. 제조업을 중심으로 노동을 절약하는 자동화가 생산비용을 줄였을 뿐 생산성 개선이 경제 전체로 확산될 만큼 크게 일어나지 않은 것이다. 자동화와 낮은 생산성 증가가 구 노동을 대체할 만큼 신 노동을 창출하지 못했고 그 결과 노동의 몫은 정체되었다. "자동화→고용감소"의 인과관계가 일어난 것이다.

이들은 2020년 전미경제학회에서 프랑스 소재 기업별 데이터를 이용한 후속 연구를 통해 해당 산업의 선도기업들이 자동화를 주도하고 시장점유율이 높아짐에 따라 고용은 증가하는 대신 후행기업들의 고용은 줄어드는 요인으로 작용해 전체 산업의 고용이 감소하는 것을 확인했다(Acemoglu and Restrepo, 2020). 그렇다면 이 노동자들은 어떻게 되었을까? 네덜란드의 자료를 이용한 또 다른 연구는 자동화로 노동자의 임금은 정체되는 동시에 노동시간이 감소함에 따라 노동소득은 줄어들고 밀려난 노동자들은 사회보장제도에 의존한다(Bessen et al., 2020). 이들의 연구는 자동화가 비록 규격하지는 않지만 부단히 변위효과를 일으키며 뚜렷한 복귀효과는 나타나지 않고 있음을 보인다.

아세모글루는 고령화가 자동화를 이끈다는 인과관계를 실증분석을 통해 보이고 있다(Acemoglu and Restrepo, 2018). 관련 연구에 따르면 로봇과 같은 자동화는 일본, 독일, 한국 그리고 이들 나라보다는 그 정도가 덜하지만 미국 등 인구통계학적 변화가 크게 일어나는 산업국가에서 더 많이 진행되고 있다. 자동화는 고령화에 따라 상대적으로 희소해진 중년노동을 대체하고 있으며 중년노동에 대한 의존도가 높은 산업에서 더 크게 진전되고 있다.

자동화는 이윤을 추구하는 기업의 입장에서 볼 때 당연하다. 그러나 더 넓은 시야에서 고령화가 70년 전 녹색혁명을 계기로 시작된 것을 생각할 때 녹색혁명이라는 기술 진보는 자동화라는 또 다른 기술 진보를 낳았다. 경제가 경로의존적 행태를 보이며 진화하고 있으며 생산성이 진화의 동력으로 작용한 결과 "녹색혁명→고령화→자동화"의 인과관계가 일어난 것이다. 아세모글루는 기술 진보가 고령화에 반응한 것을 감안할 때 많은 사람들이 믿는 것처럼 고령화가 생산성에 미치는 부정적인 영향은 찾기 어렵다고 보고했다. 대신, 지적했듯이 자동화는 노동의 몫을 줄이는 결과를 초래했다. 관련 연구를 추적해보자면 "녹색혁명→고령화→자동화→고용감소"의 인과관계가 성립한다.

기계가 사람을 불필요하게 하는 세상이 아니라 덜 필요하게 하는 세상이 온 것이다. 사람이 덜 필요하게 된 세상이란 신노동에 대한 새로운 수요보다는 불필요해진 구노동을 더 많이 배출하는 세상을 말한다. 요컨대 자동화는 고용을 줄이고 분배를 악화하는 요인으로 작용했다. 우리 삶이 힘들어진 첫 번째 이유다. 한편 기술진보와 기술진보에 따른 인구학적 대응을 생각해보면 "녹색혁명→고령화→자동화→고용

감소→ 인구감소"의 인과관계가 일어날 것을 예고한다.

브린욜프슨와 맥아피가 연작으로 출간한 『제2기계시대』(The Second Machine Age, 2014)에서 글로벌 경제가 인공지능, 네트워크 통신 및 디지털화를 최대한 활용하는 스마트머신의 등장으로 도약의 기회가 왔음을 주장하였다. 저자들에 따르면 제2기계시대는 인지(認知) 과제를 자동화하는 시대이며 소프트웨어로 작동되는 기계가 사람을 대체한다. 제2기계시대에서는 소프트웨어가 대학생들의 과제를 교수보다 더 중립적이고 더 일관성 있으며 더 신속하게 평가한다. 한편 제1기계시대에서는 기계가 사람을 보완한다. 1차 기계시대와 달리 2차 기계시대에서는 기술 진보가 디지털경제 영역에서만 집중되었고 그 결과 생산성 증가는 일자리와 소득과 디커플링이 되었다. 1차 기계시대의 총아였으나 지금은 도산한 이스트만 코닥이 한때 14만5천 명의 대부분 중간층 일자리를 제공했으나 제2기계시대*의 총아 페이스북/인스타그램은 4천6백 명에 불과하다. 대신 슈퍼리치를 배출했다.

그럼에도 불구하고 저자들은 스마트머신이 일자리를 빼앗아갈 것이라는 러다이트의 주장을 부인한다. 제2기계시대에 걸맞은 교육시스템이 도입될 때 기계를 상대로 경쟁하는 대신 기계와 함께 경쟁할 수 있다고 믿기 때문이다. 상식적이지만 귀담아들어야할 내용이다.

매년 우리나라 출생아 수는 역대 최저기록을 경신하고 있다. 저출산은 그동안 정부가 쓴 천문학적 돈으로는 해결할 수 없는 현상이다. 경제학자들은 자동화를 인구학적 변화, 즉 고령화의 산물로 본다. 자동화를 주도하는 기술혁명이 사람이 기계를 상대로 경쟁하는 것이 아니라 기계와 함께 경쟁하는 시대를 열었다는 믿음을 가지기 위해서는 그 돈은 제2기계시대에 걸맞은 교육시스템을 구축하는 데 써야 한다.

28

디지털기술혁명과 자유주의의 퇴조

나는 위험하지 않아, 스카일러.
내가 그 위험이야.
_브레이킹 배드

아침에 일어나 AI에게 오늘 날씨가 어떤지 묻고 지난밤 뉴스를 듣는다. 식사하거나 독서할 때 어울릴 음악을 감상하도록 요청한다. 지하철에서 스마트폰으로 관심 있는 기사를 읽고 잠자리에 들기 전 넷플릭스에서 원예, 디자인, 추리드라마 시리즈를 시청한다. 필자의 하루 일과다.

디지털 비중개화(Digital Disintermediation)*는 스마트폰, 사물인터넷, 인공지능으로 구현되는 디지털기술의 시대에 소비자와 생산자가 중개인을 통하지 않고 직접 사고팔 수 있게 된 것을 말한다. 소비자는 자신이 원하는 것만 선택해 여가시간을 보낼 수 있으며 작가는 굳이 출판사를 찾을 필요가 없다. 좋은 아이디어가 어렵지 않게 성공으로 결실을 맺을 수 있는 세상이 되었다.

그러나 개인의 생활패턴까지 바꾼 디지털기술혁신에도 불구하고 생산성 증가는 10년 가까이 정체되고 있다. 인력난에 시달리는 일본과 미국에서도 실질임금은 오르지 않는 것은 생산성이 뒷받침되지 않기 때문이다. 기술혁명이 데이터로 반영되지 않는 생산성 역설을 어떻게 설명해야 할까?

전문가들은 생산성 역설을 글로벌 경제의 장기적 수요침체에서 혁신에 불리한 인구통계학적 변화(고령화), 과장된 기술혁명에 이르기까지 다양한 가설로 설명한다. 그 가운데 낙관론은 기술혁명이 글로벌 경제에 파급되는 시차의 존재를 든다. 기술 변혁이 클수록 경제 전반에 걸쳐 산업과 기업에 수용되기까지 더 많은 시간이 소요된다는 것이다. 그러므로 충분히 시간이 지나면 기술혁명은 자연스럽게 그 결실을 맺을 것이라고 본다.

그러나 이 낙관론이 정말 낙관적인지 여부는 잘 따져볼 문제다. 지식으로서 디지털기술은 얼마든 공유 가능하기 때문에 디지털 혁신은 손쉽게 전 세계로 확산될 수 있다. 그러나 이 기술은 사이언스 저널에 나오는 기초연구가 아니라 이윤을 추구하는 기업이 많은 돈을 투자해 연구개발한 지적재산이다. 2019년 3월 애플이 2년 여에 걸친 법적 다툼을 끝내고 퀄컴(Qualcomm)에 최소 45억 달러로 추정되는 로열티를 지급해 라이선스 계약을 체결한 것은 작은 예에 불과하다.

대신 혁신을 주도하는 소수 기업에 의해 뒤처진 다수 기업은 밀려났다. 4반세기 전 온라인서점에서 출발한 아마존은 130년 전통의 시어스(Sears)를 비롯한 유통기업들을 몰락시켰다. 21세기 국제무역의 패턴으로 자리잡은 GVC는 국제교역을 보다 지식집약적으로 전환하였고 그만큼 글로벌 경제는 디지털기술에 더 의존하게 되었다. 디지털기술 혁명은 산업 각 분야에서 소수 기술기업이 기존의 대기업을 굴복시켰다. 그것은 노동도 마찬가지다. 소수의 신 노동이 다수의 구 노동을 궁지로 몰아넣었다.

낙관론은 정체된 생산성 증가가 기술혁명의 과실이 소수 기업과 노동에 집중된 데 따른 결과라고 진단한다. 그렇다면 글로벌 경제가 활력을 되찾는 데 얼마나 시간이 필요한가. 세상의 이치가 경로의존적인 것을 생각해보면 그 시차는 매우 길 수도, 아니 어쩌면 요원할 수도 있다.

✿

인터넷은 사회구성원들이 유용한 정보와 사회정치적 이슈에 대한 자신의 생각을 공유하는 열린 초연결사회를 구축함으로써 민주화에 큰 기여를 할 것으로 당초 기대되었다. 소셜미디어는 초연결사회를 만드는 데 성공은 했으나 디지털민주화는 실패했다. 실패했다기보다는 처음부터 틀린 생각이었다.

사용자들이 다양한 의견을 제시하고 진지한 토론을 통해 컨센서스를 찾아감으로써 집단지성을 이끌어내도록 소셜미디어를 디자인하는 것은 처음부터 불가능했다. 수요자가 자신이 원하는 것만 선택할 수 있는 디지털 비중개화의 역기능 때문이다.

대신 이슈에 관해 사안의 복잡성을 따지지 않은 채 옳고 그름으로 가르고, 자신의 생각과 같은 사용자의 글에 '좋아요'를 눌러 믿음을 공고히 하고, 자신을 숨긴 채 자신과 동조하는 사용자들에 편승해 다른 생각을 가진 이들을 매도하는 장(場)이 되었다. 뉴스가 자신의 믿음에 힘을 실어준다고 판단되면 그 진위 여부를 살피지 않고 퍼 날랐다. 그것은 소셜미디어 기업이 돈을 버는 방법이기도 하다. 그러나 뒤늦게라도 이제 막을 수도 없다. 이미 되돌이킬 수는 없는 것을 소셜미디어 기업들이 풀어놓았기 때문이다.

백신이 자폐증을 일으킨다는 의학적으로 검증되지 않은 소문은 백신 공포를 불러일으켰고 안티백신은 페이스북과 유튜브 등 소셜미디어를 통해 미국과 유럽에서 확산되었다. 다시 안티백신은 왓츠앱을 통해 인도 전역으로 확산되었다. 소셜미디어가 가짜뉴스의 메신저 역할을 하면서 많은 어린이의 생명을 위협했다.

기술혁명이 가져온 불편한 진실—한 줌의 승자가 대부분을 챙겨가는—은 포퓰리즘 시대를 여는 데 크게 기여했다. 포퓰리즘은 그 이념적 스펙트럼이 다양해 딱히 하나로 정의할 수는 없지만 엘리트와 외국 세력으로부터 좌절당한 보통사람들이 있다는 믿음이 공통적으로 작용한다.

이제 포퓰리즘은 더 이상 글로벌 경제 주변부 국가들의 전유물이 아니며 중심부 국가에서 확고한 자리매김을 했다. 브렉시트와 트럼프가 당선된 2016년 포퓰리즘의 대승리는 세계정치지형을 바꾸어놓았다. 2019년 3월 포퓰리스트 후보가 패배한 슬로바키아 대선이 빅뉴스가 될 정도다.

칠레 출신의 경제학자 세바스티안 에드워드(Sebastian Edwards)는 미국 등 선진국의 신 포퓰리즘과 중남미 국가들의 구 포퓰리즘을 비교하고 확장적 재정정책, 자국산업 보호, 기존 제도에 대한 폄하 등 상당한 유사성이 있음을 밝혔다(Edwards, 2019). 그는 중남미 포퓰리즘이 주는 중요한 교훈은 언제나 나쁘게 끝이 났으며 특히 중산층과 저소득층 가구는 포퓰리즘 실험이 시작되었을 때보다 더 악화되었다고 강조했다.

이와 같은 사회 정치적 변화는 낙관론이 제기하는 시차가 단지 기술적인 문제 이상의 것임을 시사한다. 그리고 변화는 여기서 그치지 않았다.

※

자유민주주의(Liberal democracy) 질서에 기반한 자본주의는 20세기의 가장 큰 정치적 사건으로 기억될 사회주의체제와의 경쟁에서 승리함으로써 냉전시대를 종식했다. 이후 자유주의(또는 신자유주의) 이념은 한 나라 경제발전의 틀이 되었으며 1995년 세계무역기구(WTO)의 출범으로 그 절정기를 맞았다. 글로벌 경제의 기본 골격이 완성된 것이다.

그러나 자유주의의 두 요소인 자유무역과 능력주의(Meritocracy)는 글로벌 경제의 중심국 미국의 명암을 극명하게 드러냈다. 2001년 WTO에 가입한 중국으로부터 막대한 수입품이 쏟아져 들어와 경쟁력이 떨어지는 제조업이 밀집한 러스트 벨트가 전국으로 확대된 한편, 거대기술기업들이 탄생, 전 세계 산업구조조정을 주도하고 있다. 그리고 자유주의는 거기서 멈추었다. 중심국의 분배가 악화되고 저성장에서 갇히자 주변국들은 더 이상 성장의 이념으로 받아들이기 어렵게 된 것이다.

대신 비자유민주주의(Illiberal democracy)가 대안으로 부상했다. EU 회원국이기도 한 헝가리 오르반(Victor Orbán) 총리는 재선에 성공한 2014년 연설에서 "비자유주의 국가가 미래의 헝가리이며 자유주의의 기본원칙을 거부하지는 않되 자유주의 이념을 국가조직의 핵심요소로 삼지는 않겠다."는 발언을 했다. 그는 싱가포르, 중국과 같은 성공한 국가가 자유주의적 가치를 공유하지 않았으며 이들 나라 모두가 민주국가로 볼 수도 없다고 자신의 발언에 대한 근거를 들었다. 2018년 네타냐후 정부는 이스라엘을 유대인 국가로 선언하는 국민국가법을 새로이 제정했으며, 2019년 인도는 위헌이라는 반대를 무릅쓰고 무슬림 난민을 차별하는 이민법을 통과시켰다.

푸틴(Vladimir Putin) 러시아 대통령은 〈파이낸셜타임즈〉와의 인터뷰에서 종전 후 지배적인 서구(西歐)의 이데올로기였던 자유주의는 대중이 이민, 국경 개방, 다문화주의에 등을 돌리면서 수명을 다했다고 말했다. 미국의 트럼프, 헝가리의 오르반, 이태리의 스트롱맨 살비니(Matteo Salvini), 영국의 브렉시트는 자유주의가 끝났다는 종소리와 다름없다는 것이다. 그러나 인류 번영의 역사를 회고하건대 결코 비자유주의가 대안은 아니다. 단지 기존의 자유주의가 한계에 달했을 뿐이다.

중국은 대침체기에 선진국들이 허우적댈 때 단번에 G2로 도약하였다. 분명히 중국의 성공은 후발국에게 경제성장에 대한 새로운 롤모델을 제시했다. 과연 중국의 미래는 어떠할 것인가. 15년의 연구 끝에 출간된 『국가는 왜 실패하는가』(2012)의 저자들—아세모글루와 로빈슨—은 비관적이다. 중국의 현 정치경제제도가 그대로 유지되는 한 엘리트들이 자신의 이해에 상충되는 절대다수를 위한 혁신은 결코 수용하지 않을 것이며 따라서 중국의 성장은 지속될 수 없다고 전망했다.

그러나 반대의 시각도 있다. 의학자 출신의 니콜라스 라이트(Nicholas Wright)는 중국의 디지털 권위주의가 자유민주주의에 중대한 위협이라고 경고했다. 2018년 〈포린 어페어스〉의 기고문에서 그는 정부가 과거 어느 때보다 효과적으로 국민을 감시하고 통제할 수 있게 됨으로써 AI는 권위주의 국가들에게 냉전 종식 이후 처음으로 자유민주주의의 대안을 제공할 수 있게 되었다고 주장하였다(Wright, 2018). 리 카이푸(2018)도 중국이 AI 초강대국이 될 것으로 전망한다.

〈파이낸셜타임즈〉는 ZTE, Dahua, 차이나 텔레콤과 같은 중국의 기술기업들이 UN의 국제전기통신연합(ITU)이 주도하는 안면인식 및 비디오 모니터링, 도심 및 차량 감시에 적용될 새로운 국제표준을 다듬고 있다는 기사를 실었다(Gross et al., 2019). ITU에서 승인된 표준은 한국을 포함한 개도국 중심의 193개 회원국이 정책으로 채택한다. 중국은 일대일로 등을 통해 67개국에게 안면인식기술을 제공하는 것으로 알려지고 있다. 중국이 이처럼 적극적으로 나서는 데는 관련 시장을 선점하고자 하는 의도와 함께 여러 인종으로부터 많은 데이터를 확보할 수 있기 때문이다.

자유주의의 퇴조는 글로벌 경제에 자국우선주의를 퍼뜨렸고, 이웃나라를 희생하면서 자국 이익을 추구하는 근린궁핍화정책은 교역에 의존한 경제성장이 정체되는 결과를 초래했다. 더욱이 디지털기술혁명이 자유주의 자체를 위협한다면 낙관론이 제기하는 시차는 결코 낙관적으로만 볼 수 없다.

트럼프 대통령이 연준의 통화정책을 비판하자 연준의 독립성이 도마에 올랐다. 이것은 연준만의 문제는 아니다. 터키와 인도의 중앙은행도 마찬가지다. 2019년 4월 〈이코노미스트〉지는 중앙은행의 독립성을 커버스토리에 올리고 대거 교체될 유럽중앙은행(ECB)의 집행이사와 회원국 중앙은행 총재가 정치적으로 임용될 우려가 있다고 경고했다. 실제로 크리스틴 라가르드(Christine Lagarde) IMF 총재가 ECB 총재로 내정되었을 때 언론은 기대와 함께 우려를 제기했다. 이 엘리트 프랑스인은 미 연준의 파월 의장의 입장과 반대로 기후변화에 대응한 ECB의 역할을 강조한 것이다.

그러나 어떤 중앙은행도 미 연준의 위상에 견줄 수는 없다. 글로벌 금융위기 당시 연준은 세계의 최종대부자 역할을 수행, 국제금융질서를 지켰다. 주요 선진국뿐 아니라 우리나라를 포함한 14개국 중앙은행에 스왑라인을 제공했다. 과연 앞으로도 미 연준이 유사한 역할을 할 수 있을지는 매우 회의적이다. 그만큼 글로벌 경제는 위험해졌다.

낙관론이 제기하는 시차의 문제가 쉽게 극복될 가능성은 그리 많지 않은 것같이 보인다. 돌이켜보면 2017년 글로벌 경제의 성장랠리는 대침체기—정체된 생산성과 저성장 시기— 동안 일어난 일시적인 현상이었을 수 있다. 시차의 문제는 경제 그 자체보다는 경제를 움직이는 정치와, 정치를 움직이는 사회가 자유주의에 대한 확신을 가지지 못하는 데서 연유한다.

현재 진행되는 일련의 정치 사회적 변화는 글로벌 경제에 부정적인 파급효과를 미치게 하고 그 결과 "17. 혁신"에서 설명했듯이 윌리엄 보몰의 성장질병—혁신이 일어나고 있음에도 전체 경제에서 차지하는 비중이 낮아 경제성장이 정체된 상태—는 상당 기간 지속될 수 있는 것이다.

〈파이낸셜타임즈〉의 사이먼 쿠퍼(Simon Kuper)는 포퓰리즘의 시대에도 〈뉴욕타임즈〉, 〈워싱턴포스트〉, 〈파이낸셜타임즈〉, 〈가디언〉 등 주류 언론의 독자가 늘어나는 것은 대부분의 사람들이 자신의 정치적 성향과 오락물을 더 우선시하는 시대에 여전히 진실을 들으려 하는 사람들이 있다는 증거라고 위안했다. 작지만 희망을 가질 내용이다.

위험한 글로벌 시대를 항해하는 기술

우리 시대의 가장 큰 문제의 하나는
사고와 생각보다 감정을 더 중시하는 사람들이
우리를 지배한다는 것이다.
_철의 여인

❖❖❖

트럼프 대통령이 트윗한 것처럼 무역전쟁은 쉽게 이길 수 없다. 연준의
통화정책에서 읽을 수 있듯이 미중 무역전쟁은 미국 경제에 부메랑으
로 돌아오고 있다. 관련 연구보고서는 무역전쟁으로 인한 미국 기업과
소비자들의 피해를 구체적인 숫자로 제시하고 있다. 그러나 이 전쟁에
서 가장 큰 부수적 피해(Collateral damage)는 한국과 같이 대외의존도
가 높은 소규모개방경제가 입었다.

이 책을 읽은 독자는 비록 이 무역전쟁이 끝나도 글로벌 경제는
예전의 모습으로 돌아갈 것으로 기대하지는 않을 것이다. 2019년 말
도쿄에서 개최된 한 국제회의에서 중국 측 대표는 가까운 장래에 무역
협상이 타결되기는 불가능하다고 단언했다. 앞으로도 글로벌 경제는

무역전쟁2 또는 지역적 분쟁으로 끊임없이 고통받을 것으로 보인다. 미중 무역전쟁은 우리 삶의 미래 모습이 어떻게 펼쳐질지 미리 보여주었다.

민주주의와 자유주의—시대에 따라 그 내용은 변해왔지만—는 국가의 번영을 이끈 두 축이었다. 두 축은 시장경제와, 시장경제가 제대로 작동하는 제도를 만들어 희소한 자원을 적재적소에 배분하고 기술의 발전을 새로운 기회로 활용했다.

자유주의 질서 하에서 글로벌 경제는 번영했다. 오늘날 글로벌 경제의 중심부에 위치한 나라들은 19세기 후반 금본위제도와 자유무역이라는 그 당시의 국제규범을 준수하면서 성장했다. 마찬가지로 전후 미국이 주도한 브레튼우즈체제는 많은 나라들이 가난에서 벗어날 수 있게 했다. 그 가운데는 우리나라와 같이 선진국으로 진입한 나라도 있었다. 무엇보다도 브레튼우즈체제의 이념적 기초인 자유주의 질서는 20세기 가장 큰 사건이라 할 수 있는 사회주의체제를 무너뜨리고 진정한 글로벌 경제를 완성했다.

자유주의는 대공황과 같은 위기를 맞을 때도 있었지만 그때마다 시대의 모순을 극복하면서 진화해왔다. 현재 자유주의 위기는 글로벌 경제의 중심국에서 시작되었으며 그 결과 글로벌 경제를 이끄는 자유주의 질서가 위기에 맞닥뜨린 데 있다.

디지털혁명—가상화폐와 소셜미디어 그리고 기술혁명—은 분명 인류문명을 더 높은 수준으로 끌어올릴 기술 진보다. 그러나 이 기술 진보는 기존의 질서를 부정하는 속성을 가지고 있다. 가상화폐는 초

(超)국가를, 소셜미디어는 반(反)권위를, 기술혁명은 신(新)노동을 각각 지향하고 있기 때문이다. 그러므로 디지털혁명을 적절히 내부화하지 못한다면 자유주의는 더 큰 위기에 당면하게 된다.

〈파이낸셜타임즈〉 칼럼리스트 기디온 라크만(Gideon Rachman)은 「아시아의 전략적 질서가 죽어가고 있다」는 제목의 기고문에서 우리나라가 위치한 동아시아의 미래를 매우 부정적으로 전망했다(Rochman, 2019). 그는 사람이 생을 마칠 때 질병이나 부상으로 고통 받듯이 중국과 러시아의 독도 영공 침범, 한일 통상분쟁, 계속되는 북한의 미사일 발사와 같은 불길한 조짐이 일어나고 있으며 미국이 전략적 질서 대신 무역분쟁에 몰입한 데 그 요인이 있다고 진단했다.

라크만은 중국은 동아시아 안보시스템에서 더 이상 이차적인 역할을 수용하지 않을 것이라고 예측했다. 중국이 구체적으로 어떤 역할을 할지는 무역전쟁의 성패에 달렸으나 중국의 입장에서는 무역전쟁을 '존중과 핵심이익'을 잃지 않는다면 전략적 기회로 삼을 수 있다. 중국의 세계화 전략은 화평굴기(和平屈起)*, 그보다 더 방어적인 화해세계(和諧世界), 그리고 연경성권력강화를 통한 화평발전(和平發展) 등 여러 가지 모습으로 나타났다. 그러나 겉모습이 어떻든지 간에 적어도 시진핑 시대에 핵심이익이 본질인 것은 명백하며 그 대상과 범위도 다양해지고 있다. 이민규(2017)에 따르면 2016년 사드 배치 발표를 기점으로 한반도는 중국의 핵심이익 범주에서 거론되기 시작했다. 그러므로 라크만의 예측대로 앞으로 중국이 어떤 형태로든 동아시아 지역에서 미국의 공백을 메우려고 할 것은 자명하다.

지난 인류문명의 역사를 돌이켜볼 때 비록 한때 번영했으나 역사의 무대에서 사라진 나라는 수없이 많았지만 인류문명은 끊임없이 발전해왔다. 그렇다면 언제인지는 장담할 수 없으나 결국 자유주의는 자리를 되찾고 자유주의 질서는 회복될 것이다. 그러나 이 과정에서 쇠락하는 나라들이 번영하는 나라들보다 더 많을 것임은 자명하다.

지금까지의 논의를 종합할 때 필자의 짧은 생각은 자유주의와 자유주의 질서의 퇴조가 초래할 피해를 우리나라가 가장 크게 볼 가능성이다. 대외의존도와 지정학적 위험이 모두 높은 소규모개방경제이기 때문이다. 지난 70년 가까이 우리나라는 아시아 금융위기아 같은 큰 낭패를 본 적도 있었지만 자유주의 질서 안에서 우리에게 주어진 기회를 적극 활용하고 우리 앞에 놓인 도전을 슬기롭게 극복하면서 전진해왔다.

지금까지 한국 경제는 세 번의 위기를 맞았다. 1961년 당시 군사정부는 돈을 찍어 산업정책을 수행하는 한편 환율과 금리를 규제하는 혼합경제체제를 시행했으나 높은 인플레이션과 투자와 수출이 부진해 저성장을 면치 못했다. 1949년 한국을 방문해 한은법과 은행법의 토대를 만들었던 미 연준의 블룸필드(Arthur Bloomfield) 박사가 강조했던 물가안정과 재정건전성을 군사정부는 무시했다. 1965년 UN이 파견한 걸리(John Gurley), 쇼(Edward Shaw), 패트릭(Hugh Patrick) 등 당대 금융경제학자들이 한국을 방문해서 시장 기능강화, 물가인징을 위한 금융개혁을 강력히 요구하고 미국 정부는 이를 반영하지 않는다면 원조를 끊겠다는 통첩을 했다(박영철·콜, 1984). 이들의 요구를 수용한 후 비로소 우리나라는 고도성장의 기틀이 마련되었다.

1997년 아시아 금융위기 때 우리나라는 IMF로부터 구제금융을 받는 대신 경제개혁 조치를 시행했다. IMF체제 하에서 고금리 정책과 같은 논란이 있었지만 이 조치로 우리나라 경제는 시장경제로 이행하였고 21세기에 들어서 선진국 대열에 합류할 수 있었다. 2008년 글로벌 금융위기 당시 외환유동성 위기에 빠졌던 한국 경제는 한미 통화스왑으로 비로소 외환 안정을 회복했다.

그러나 자유주의 질서가 사라지는 시대에 우리에게 선택을 요구하고 그 선택에 따른 되돌이킬 수 없는 결과를 받아들여야 할 도전이 우리 앞에 기다리고 있다. 필자는 이 도전을 슬기롭게 극복할 선택지에 대해 이미 앞에서 제안하였다.

국가 간 지켜야 할 규범이 사라지고 나라와 나라 간 갈등이 고조되는 시대에서는 홉스의 리바이어던, 즉 힘의 논리를 앞세운 거대국가의 지대추구행태가 일어난다. 지정학적 위험이 고조될 때 우리나라는 서희(徐熙)의 외교담판을 본받아 이웃과 불필요한 갈등을 피해야 한다. 갈등은 우리가 가진 자원을 소모하게 할 뿐 아니라 또 다른 이웃들에게 즐거움을 선사한다. 지대추구의 기회를 제공할 수 있기 때문이다.

디지털혁명이라는 기술 진보가 화두가 되는 세상에서 새로운 시대에 걸맞은 교육의 중요성은 아무리 강조해도 지나치지 않는다. 우리 교육시스템이 신 노동을 제대로 길러내지 못한다면 그것은 곧 경제적 패배자를 양산하는 것에 다름없으며 그것이 초래할 갈등에 대해 굳이 설명할 필요는 없을 것이다.

세계에서 가장 낮은 출산율에 대한 사회적 우려가 높다. 그리고 그 우려는 지극히 옳다. 그러나 출산은 부모가 결정할 문제다. 저출산을 막기 위해 정부가 천문학적 예산을 투입하고 있음에도 불구하고 오히려 출산율은 하락하고 있다. 왜 부모들의 생각이 사회와 다른 것일까? 이 다름의 깊은 곳에는 정부 돈으로는 해결할 수 없는 무엇이 있다는 부모들의 회의가 자리잡고 있음이 분명하다. 그 회의는 무엇보다도 부모 눈에 비치는 자녀의 미래 삶에 대한 확신을 가지지 못하는 데 있다. 부모가 자녀의 미래를 확신하지 못하는 것은 앞으로 그 자녀가 살 미래에 대한 두려움 때문이며, 그 두려움의 근원은 자신의 자녀가 경쟁에서 낙오될 가능성에서 비롯한다. 그러므로 시대가 요구하는 인재를 길러낼 수 있도록 교육을 혁신할 때 비로소 회의를 확신으로 바꿀 수 있다.

산업구조 전환은 우리 경제의 선진화를 위해 반드시 이루어야 할 도전이다. 경제가 성숙하면 성장률이 하락하는 대신 안정적인 모습을 보인다. 자본집약적 제조업에서 지식집약적 서비스업으로 전환하기 때문이다. 우리 경제가 저성장으로 진입하였으나 여전히 글로벌 경제와 높은 동조화를 보이는 것은 제조업을 대체할 산업이 없기 때문이다. 산업구조 전환이 일어나지 않는다면 중국과 같은 후발국에 밀려 한국판 러스트 벨트는 확대될 수밖에 없다. 중국 수입품에 밀려 전국으로 확대된 미국의 러스트 벨트와의 차이는 미국에서는 지식집약적 고소득 직종의 일자리가 크게 늘어났으나 우리 경제에서는 아직 나타나고 있지 않다는 것이다.

공동시장은 우리 경제의 탈출구다. 소규모개방경제의 입장에서 공동시장은 높아진 지정학적 위험에 따른 보호무역주의를 극복할 효과적인 대안이기 때문이다. 더욱이 생산공정 단계별로 국제분업화된 글로벌 가치사슬이 21세기 국제교역의 패턴으로 정착한 사실을 고려하면 양자간 자유무역협정은 큰 도움이 되지 않는다.

필자의 제안이 특별한 것은 아니다. 한국 경제를 보는 전문가들의 진단은 세부적으로 차이가 있을 수 있으나 대체로 유사하다. 요컨대 진단과 처방은 이미 나왔지만 실행에 옮기지 못할 뿐이다. 사회구성원의 합의가 필요하기 때문이다. 제대로 된 합의를 이끌어낼지 여부는 구성원들이 올바른 선택을 할 것인지 여부에 달렸으며 그것은 다시 많은 사람들의 지혜를 모을 수 있을지 여부에 달렸다.

중지(衆智)를 모으는 것은 초연결시대의 주역인 보통사람들의 집단지성(集團知性)이 제대로 발휘될 수 있을 때 가능하다. 사회구성원들이 다양하고 독립적이며 분산된 지식을 공유할 때 비로소 집단지성은 제대로 작동할 수 있다.

그러나 구성원의 참여도가 떨어지고, 충분한 정보를 가지고 있지 못한 채 선동적인 시류(時流)에 휩쓸려 편승한다면 자칫 되돌이킬 수 없는 결과가 일어난다. 진부한 말이기는 하나 민주주의 사회에서 국가의 운명은 그 구성원 스스로 결정하는 것이며 그 결과에 대한 책임도 져야 한다. 이제 "그렇게 하지 마세요. 당신에게 불리한 일이 일어날 수 있습니다."라고 말해줄 선량한 이웃은 없다.

용어해설

G20 각 대륙 별 주요 선진국과 신흥국을 포함한 19개국 그리고 유럽연합(EU)으로 구성된 국제포럼. 국제금융안정성 증진과 관련된 정책을 논의하기 위해 1999년에 설립되었으며 2008년부터 G20는 글로벌 금융위기 극복을 위한 국제공조체제를 마련하고 정상회담을 개최해 주요 의제를 정기적으로 협의했다. 아시아는 한국, 중국, 일본, 인도, 인도네시아가 포함되었다. 그러나 2017년부터 국제공조체제가 의미를 잃으면서 존재감이 퇴색했다. 아르헨티나와 같이 외환위기를 겪고 있는 나라도 포함되었다.

경제활동참가율 해당 연령대의 전체 인구 가운데 일을 하거나 실업 상태에서 일자리를 찾는 사람들의 비율. 고용률과 유사한 개념이지만 고용률은 해당 연령대 인구 가운데 일을 하는 사람들의 비율을 말한다. 경제활동참가율이 높다는 것은 전체 인구 가운데 일을 하거나 일자리를 찾는 사람들의 비율이 높다는 의미다. 한편 실업률은 해당 연령대의 경제활동인구, 즉 일을 하거나 일자리를 찾는 인구 가운데 일자리를 찾는 사람들의 비율로 정의된다. 따라서 실업률이 높은 것은 취업인구 대비 실업인구의 비율이 높은 것을 의미한다.

국민소득의 흐름과 무역수지 국민소득의 흐름을 생각할 때 무역수지는 대내불균형을 반영하며 마치 동전의 양면과 같은 존재라는 시각. 무역수지를 국민소득의 전체 흐름에서 보자면 저축에서 투자를 차감한 값으로 정의된다. 그러므로 무역수지흑자는 흑자분만큼 저축이 투자보다 크기 때문인데이 흑자는 단지 환율로만 설명할 수는 없다. 저축과 투자에 영향을 미치는 매우 다양한 요인들이 존재하기 때문이다. 환율은 많은 요인의 하나일 뿐이다.

글로벌 가치사슬(Global value chain, GVC) 생산공정을 단계별로 분업화하는 국제무역패턴. 연구개발, 디자인, 생산, 유통, 마케팅 등 제품의 생산에서 판매, 애프터서비스에 이르기까지 생산활동을 단계별로 전문화된 기업들이 분업함으로써 생산이 늘어날수록 비용이 줄어드는 규모의 경제를 추구하는 데 목적이 있다. 전 세계 교역의 60~67%를 차지하는 것으로 추정된다. 운송비용이 감소하고 관세장벽이 낮아지면서 이와 같이 매우 정교한 국제 분업이 가능해지게 되었다. 특히 생산공정이 국제 분업화됨에 따라 서비스가 중요한 생산요소로 투입될 수 있게 되었다. 스마트폰과 그 운영체제(OS)를 생각하면 쉽게 이해될 수 있다. 다만 국제수지통계는 서비스의 최종 수출과 수입만을 기록하기 때문에 GVC에서 투입되는 서비스는 반영하지 않지만 금융 중개, IT 서비스 등 지식 집약 서비스 부문의 교역이 크게 증가한 것으로 추정된다.

글로벌 금융위기(The global financial crisis) 미국의 저신용 주택담보대출의 부실에서 촉발된 서브프라임 위기가 저신용 주택담보대출을 기초자산으로 한 각종 금융 및 파생상품의 동반 부실로 인하여 전 세계로 확산된 위기. 금융 글로벌화로 높아진 자본흐름 변동성 위험에 대응하기 위해 신흥국에서 안전자산에 대한 수요가 크게 증가했다. 희소해진 안전자산에 대응해 민간부문은 저신용 모기지상품을 기초로 고등급(AAA) 안전자산을 제조했으며 선진국을 중심으로 투자 대상으로 각광을 받았다. 글로벌 금융위기는 민간 부문이 제조한 안전자산의 위상을 대부분 잃어버리는 계기가 되었으며 글로벌 금융시장에 안전자산선호가 크게 대두되고 심각한 신용경색이 일어났다. 마치 은행이 예금자로부터 예금을 수취해 신용을 공급하듯이 자금을 단기로 조달해 장기에 투자하는 금융회사의 만기전환활동에 따른 금융회사 간 상호연결성은 닷컴버블 당시보다 그 위기의 정도와 폭이 훨씬 작용한 요인이 되었다.

글로벌 불균형(Global imbalances) 글로벌 경제의 수지불균형을 뜻하며 중심국 미국의 수지적자가 중국을 비롯한 신흥국의 과다한 저축에 따른 구조적인 문제라는 함의를 내포. 2005년 버냉키 당시 연준 이사는 중국을 중심으로 한 주변부 국가들의 과다한 저축이 글로벌 불균형의 요인이며 이 문제가 해소되지 않는 한 글로벌 불균형은 치유될 수 없다고 주장했다. 이후 과다한 저축의 문제에 대한 연구가 활발히 진행되면서 과다한 저축이 글로벌 실질금리를 낮추고 다시 글로벌 경제의 장기침체를 초래했다는 주장도 제기되었다.

금본위제(A gold standard) 금을 담보로 화폐를 발행하되 중앙은행이 약속한 금의 액면가를 유지하는 통화질서. 금이 곧 돈인 통화제도. 금본위제 하에서는 통화공급량이 금의 수요와 공급에 의해 내생적으로 결정된다. 물가가 상승하면, 즉 금값이 하락하면 금의 새로운 공급이 줄어들고 반대로 물가가 하락해 금값이 상승하면 금의 공급이 늘어나 물가변동에 따라 통화량이 자율적으로 조정된다. 한편 한 나라의 대외수지가 적자일 때 금의 유출이, 흑자일 때 금의 유입이 일어난다. 금의 유출입은 같은 크기의 통화량의 변동을 일으켜 적자국에서는 물가가 하락하고 흑자국에서는 물가가 상승해 대외수지는 균형으로 회귀한다. 이렇게 대내적으로 물가안정과 대외적으로 수지균형이 일어나는 금본위제의 자율조정 메커니즘이 제대로 작동함으로써 오랫동안 금본위제가 유지될 수 있었다. 1873년 금본위제도를 도입한 미국은 1차 대전 기간을 제외하고 1933년까지 금 1온스=$20.67의 액면가를 지켰다. 1918년 다시 금본위제도가 도입되었는데 이 기간은 금환본위제라고도 한다. 차이는 당시 금이 부족했기 때문에 미국의 달러화와 영국의 파운드화를 금과 같은 준비금으로 인정했다. 대공황은 금본위제도가 붕괴되는 결정적인 계기였다. 1928년 미국에서 일어난 공황은 확장적 통화정책 대신 각국이 금의 유출을 막기 위해 긴축통화정책을 수행한 결과 전 세계로 공황이 확산되었다. 1931년 중앙은행들이 파운드화를 금으로 교환하는 사태가 일어나자 금이 부족했던 영국은 금본위제를 폐기했으며 2년 뒤 디플레이션 압력에 시달린 미국도 금본위제를 폐기했다. 1936년 프랑스도 떠나면서 금본위제는 막을 내렸다. 금본위제를 일찍 폐기한 나라에서 조기에 경제가 회복되었다는 사실은 당시 금본위제가 디플레이션의 요인이었음을 시사한다.

나프타(North American Free Trade Agreement) 1994년 발효된 미국, 캐나다, 멕시코 3개국의 북미자유무역협정. 트럼프 정부가 들어서고 2018년 나프타는 새로운 자유무역협정인 USMCA로 대체되었다. 미국은 USMCA, 캐나다는 CUSMA, 멕시코는 T-MEC라고 각각 다른 명칭을 사용하기 때문에 자주 뉴 나프타로 통용된다. 2019년 12월 강화된 노동기준과 강제이행이 추가되었다.

녹색혁명(The Green Revolution) 1950년대에서 1960대 후반 동안 전 세계적으로 전파된 농업생산성 혁신. 3차 농업혁명이라고도 한다. 포드재단과 록펠러재단이 크게 기여하고 미국의 농학자 노먼 볼로그(Norman Borlaug)가 녹색혁명을 주도했으며 1970년 노벨평화상을 수상했다.

능력주의(Meritocracy) 능력에 따라 보상받는 원칙. 당초 사회계급이나 부(富)의 대물림이 아닌 개인의 재능, 노력과 성취에 따라 경제적·정치적 보상을 받는 정치시스템을 말하며 이 말이 실제로 조어된 것은 1950년대 들어와서다. 능력주의는 글로벌 경제 중심국의 주류 정치가 특정 정당에 관계없이 보편적으로 받아들이면서 심각한 분배의 격차를 초래했다. 헤이즈는 『엘리트의 황혼』(2012)에서 능력주의가 약속한 기회의 균등은 언제나 결과의 불평등에 의해 압도당한다는 능력주의 철칙(Iron Law of Meritocracy)을 주장했다.

대공황(The Great Depression) 1928년 미국 주가가 폭락하면서 시작해 전 세계로 파급된 공황. 안정화 정책수단으로서 통화재정정책에 대한 이해의 부족과 GDP, 실업률과 같은 거시경제 변수가 없었던 당시 정부들은 공황에 제대로 대응할 수 없었으며 금본위제는 디플레이션을 교역국으로 수출하는 경로가 되었다.

대압착(The Great Compression) 높은 임금 상승이 미 중산층 형성을 주도한 1940년대부터 1970년에 걸친 시기. 미 역사상 빈부 격차가 가장 낮았던 시기다. 경제사학자 클라우디아 골딘(Claudia Goldin)이 조어했다.

대완화(The Great Moderation) 1980년대 중반부터 선진국을 중심으로 경기순환의 변동성이 크게 완화된 현상을 이름. 평생 경기변동을 연구해온 스톡(James Stock)과 왓슨(Mark Watson)이 2002년 조어했다. 대완화의 대표적인 사례는 1990년부터 10년간 호황을 구가, 이 기간 동안 GDP가 40%가 증가한 미국 경제를 들 수 있다. 대완화의 요인으로서 중앙은행의 독립성과 준칙에 따른 통화정책, IT산업의 발전과 노동유연성 등이 지적되었다. 선진국이 경기변동에 민감한 제조업을 신흥국으로 넘기고 대신 IT 등 지식집약 산업으로의 산업구조전환이 중요한 기여를 한 것으로 평가된다.

대차대조표불황(A balance sheet recession) 부채가 많은 경제에서 불황의 요인이 부풀려진 자산과 부채에 있다는 가설. 돈을 빌려 자산을 취득할 때 자산가치가 오르면 자산에서 부채를 차감한 순자산은 증가하나 반대로 자산가치가 하락하면 순자산은 감소한다. 순자산의 감소는 소비에 대한 부(-)의 부(富)의 효과를 동반해 가계의 소비, 기업의 투자 등 지출이 위축된다. 한편 순자산의 감소에도 불구하고 갚을 돈은 여전히 남아 있기 때문에 재무구조를 개선하기 위해 또다시 허리띠를 졸라맨다. 따라서 부채가 많은 경제에서 "자산시장의 불황→실물경제의 불황"을 초래하며 다시 "실물경제의 불황→자산시장의 불황"을 초래, 악순환이 일어난다. 대차대조표불황 시에는 경제가 회복하는 데 소요되는 시간이 매우 더디다. 재무구조가 신속히 개선되기 어렵기 때문이다. 이 가설을 제기한 리차드 쿠(Koo)는 일본(1990~2006)을 대차대조표불황의 예로 들었다.

대침체(The Great Repression) 글로벌 금융위기 후 글로벌 경제가 회복하지 못하고 침체에 빠진 상태가 지속돼 대공황에 빗대는 의미로 인용. 언론은 모든 경기침체를 대침체라고 표현했으나 미국 경제의 공식적인 경기침체기인 2007년 12월부터 2009년 5월의 기간과 뒤이은 글로벌 경제의 침체는 그 이전의 경기침체와 비교할 수 없다. 미국 경제가 최장기 호황 기간에 들어선 2009년 6월부터 10년간 GDP는 20% 정도 증가했을 뿐이다. 글로벌 경제의 침체가 지속되자 경제학자들은 장기침체론(Secular stagnation)을 제기했다. 당초 장기침체는 1938년 한센(Alvin Hansen)이 대공황 이후 미국 경제의 향배에 대한 두려움에서 조어했다. 대침체에는 신흥국이 선진국의 안전자산을 축적하면서 일어난 경상수지흑자가 글로벌 경제의 과소 투자와 과잉 저축을 초래했다는 글로벌 불균형, 과잉 빚에 따른 총수요 부족, 악화된 분배, 생산성 침체, 생산성 혁신에 따른 정체 부문의 확대, 에이징, 그리고 최근의 무역전쟁 등 다양한 요인이 지적된다. 특히 전통적인 상충 관계 대신 실업률과 무관한 낮은 인플레이션율은 통화정책 무용론까지 제기시키고 있다.

도덕적 위험(Moral hazard)**과 역선택**(Adverse selection) 비대칭적 정보에서 일어나는 문제. 도덕적 위험은 사후적 문제다. 통상 자동차 외형은 보증수리를 해주지 않는 이유를 설명한다. 역선택은 사전적 문제다. 낮은 연령대층에게 자동차 종합보험을 제공하지 않거나 매우 비싼 이유다.

디지털 비중개화(Digital Disintermediation) 디지털기술의 확산으로 중개인 없이 수요자와 공급자 간 직거래가 일어나는 현상. 작가가 출판사 없이 온라인에서 직접 출판하거나 인터넷 플랫폼에서 P2P(peer to peer)대출이나 익명의 다수로부터 투자를 받는 크라우드펀딩을 예로 들 수 있다.

러다이트(Luddite) 19세기 초 기계파괴운동을 주도했던 영국의 섬유장인그룹. 새로운 기술을 두려워하거나 반대하는 사람들, 즉 구(舊)노동을 의미한다.

러스트 벨트(Rust Belt) 한때 산업 중심지였으나 탈공업화로 인해 인구감소와 주변 도시가 쇠락하는 지역. 1980년대 미국 중서부와 오대호 연안에서 시작했으며 2001년 중국이 WTO에 가입하면서 중국산 수입품이 쏟아져 들어오자 부가가치가 낮은 제조업 공동화가 일어나고 이것이 전국으로 확대되었다(http://chinashock.info/). 우리나라에서도 한때 수출 제조업의 기반이었으나 수출시장에서 중국에 밀려 쇠락한 한국판 러스트 벨트가 조어되었다.

롤즈(John Rawls)**의 정의론**(The Theory of Justice) 20세기 자유주의 철학자인 롤즈가 자유주의 입장에서 연구한 정의에 관한 이론을 집필한 책. 그는 정의를 공정한 절차에 따른 합의에서 찾았으며 그것을 첫째, 평등한 자유와 기회균등의 원칙과 둘째, 차등의 원칙으로 요약했다. 첫 번째 원칙은 인간의 기본권에 관한 것이며 두 번째 원칙은 기회균등의 원칙이 지켜지고 사회경제적 최약자에게 큰 혜택이 돌아갈 수 있다면 불평등이 정당화될 수 있다는 원칙이다. 왜냐하면 그 불평등은 사회적 최약자의 입장에서는 '더 큰 평등'을 의미하기 때문이다. 그는 제시한 원칙에 우선순위를 매겼다. 인간의 기본적인 자유가 더 큰 기회균등을 위해 희생될 수 없듯이, 기회균등이 '더 큰 평등', 즉 사회적 최약자에게 큰 혜택이 돌아가는 불평등을 위해 희생될 수 없다고 주장한다. 차등의 원칙은 작은 불평등도 사회경제적 최약자를 더 나쁘게 할 가능성을 제기한다. 자칫 차등의 원칙이 능력주의(Meritocracy)를 정당화하는 것처럼 보이지만 제시한 원칙의 우선순위를 고려할 때 사실 그는 소수가 많은 것을 챙기는 능력주의와 대치되는 입장이다.

리바이어던(Leviathan) 17세기 철학자 영국의 토마스 홉스(Thomas Hobbs)가 출간한 책의 제목. 당초 구약성서에 나오는 바다 괴물로서 강력한 국가권력을 의미한다. 자연 상태에서 만인의 만인에 대한 인간의 투쟁이 일어나 사람들은 자연 상태에서 가졌던 자유를 포기하는 대신 평화와 질서를 얻게 되었다. 이 과정에서 엄청난 권력을 가진 국가가 생겨났다는 것이 홉스의 사회계약설이다. 한편 거대기업은 역시 구약성서에 나오는 거대한 괴물인 베헤모스(Behemoth)에 비유되기도 한다. 홉스의 사회계약은 로크(John

Locke)에서 시작된 자유주의의 기원이 되었다. 로크는 국가가 피지배자인 사람들로부터 자신의 정당성에 대한 동의를 구해야 하며, 국가권력이 삶, 자유, 재산권과 같은 자연권이 침해당할 때 사람들은 그 권력을 쫓아낼 권리를 가진다고 주장했다.

리브라(Libra) 미국의 소셜미디어 페이스북 주도로 결제·블록체인·텔레콤·E-커머스·벤처캐피탈·비영리단체 등 28개 회원사가 운영하는 주요 통화 바스켓에 연동되는 스테이블코인. 2020년 출시되고 회원사도 100개까지 늘어날 예정이었으나 주요 중앙은행, 규제당국, 금융권으로부터 비판에 직면, 페이팔, 마스터카드, 이베이 등 7개사가 탈퇴했다. 예정대로 출범할 수 있을지는 불확실하나 페이스북의 월 사용자가 20억 명이 넘는 것을 감안하면 실현될 경우 엄청난 파급효과를 불러올 것으로 기대된다. 가령 통화가치가 불안정한 나라에서 리브라는 매우 효과적인 통화대체수단이 되기 때문이다.

만기전환(Maturity transformation) 금융의 핵심 활동인 금융중개 기능. 금융업은 단기로 자금을 조달하고 장기로 운영하는 만기전환활동을 수행한다. 은행이 불특정 다수로부터 요구불 예금을 수취해 대출 활동을 하거나 증권회사가 CP를 발행해 기업대출을 하는 것 등이다. (다만 보험의 경우 반대로 장기로 자금을 조달해 단기로 운영해 얻은 수익금이 가입자에게 돌려주는 보험금의 재원이 된다.) 한편 금융회사의 만기전환활동은 만기불일치 위험을 동반한다. 금융업이 다른 서비스업과 다른 점은 이 불일치 위험을 담보로 돈을 번다는 데 있다.

본원통화 통화지표 가운데 현금통화 및 중앙은행에 예치한 지급준비금을 합친 통화지표. 현금통화와 보통예금을 M1이라고 하며 상업은행이 창조한 신용을 포함한다. M1이 협의의 통화라면, M1에 은행의 수익성이 높은 정기예금, CD, 환매조건부채권과 같이 유동성이 높은 금융상품을 합친 통화지표인 M2는 광의의 통화라고 한다.

부가가치(Value added) 기업이 생산한 제품의 판매액에서 그 생산을 위해 다른 기업으로부터 사들인 중간 투입물의 매입비용을 차감한 순가치. 일정 기간 동안 한 나라 안에서 일어난 생산활동에 수반된 부가가치의 총합이 국내총생산(GDP)이다.

분산원장(Distributed ledger) 중앙집중적인 관리자나 중앙집중 데이터 저장소가 존재하지 않고 사용자간 네트워크상에서 데이터를 공유하는 기술. 블록체인은 분산원장을 구현하는 기술의 하나다.

브레튼우즈체제(Bretton Woods System) 2차 대전 종전 후 현재에 이르는 달러 중심의 국제통화체제. IMF, 세계은행과 지역개발은행, 가트에서 WTO에 이르는 무역기구는 브레튼우즈체제를 구성하는 제도다. 금의 액면가를 금 1온스=$35로 유지하고 다른 선진국의 통화는 달러화에 고정하는 준(準)금본위제인 고정환율제도이다. 그러나 달러화의 가치가 하락해 더 이상 금의 액면가를 유지할 수 없게 되자 1971년 미국의 닉슨 대통령은 달러화를 금과 교환해주는 것을 중지함으로써 변동환율제도로 이행, 브레튼우즈 2를 열었다.

브렉시트(Brexit) 영국(Britain)의 EU 탈퇴(Exit)를 의미하는 합성어. 1973년 영국은 EU의 전신인 유럽경제공동체(EEC)에 가입했으나 2016년 6월 국민

투표에서 52% 대 48%로 브렉시트를 결정했다. 영국 국민이 브렉시트를 결정한 것은 EU 시민이라는 독일, 프랑스 국민들의 인식과 달리 영국의 자주권과 정체성이 EU에 의해 훼손되고 있다는 불안감과 이민에 대한 경계감이 작용한 것으로 평가된다. 리스본조약 제50조에 따르면 메이 전 총리가 탈퇴 절차에 돌입한 2년 후인 2019년 2월 말 브렉시트는 완료됐어야 했다. 그러나 영국 의회가 협상안을 계속 거부하면서 EU는 마감 기한을 연속 연기했다. 핵심 쟁점은 영국령인 북아일랜드와 아일랜드공화국 사이의 국경 설치를 부활하는 것을 막는 안전 장치인 백스톱(Backstop)이다. 백스톱은 북아일랜드 주민 간 종교적 갈등이 재연되는 것을 막고자 하는 데 목적이 있으며 EU 회원국인 아일랜드공화국이 강력히 요구하고 있다. 더욱이 백스톱은 영국과 EU 간 국경효과(물리적 국경이 설치될 때 출입국관리, 통관, 검역 등으로 인하여 무역의 흐름이 원활치 않게 되는 효과)를 극복하는 유용한 수단이기도 하다. 2019년 12월 '브렉시트 완수'(Get Brexit done)를 호소하며 조기총선의 승부수를 던진 보리스 존슨의 보수당이 승리, 비로소 브렉시트는 실현되었다. 질서 있는 브렉시트가 가능하게 된 것이다.

블록체인(A block chain) 분장원장 기술의 하나. 원장(元帳)은 자료가 저장된 블록으로 연결돼 있으며 각 블록에는 이전 블록에 저장된 데이터를 빠르게 검색 가능하나 재구성하기는 어렵게 수학 알고리즘으로 암호화된 코드와 타임스탬프, 거래 데이터가 저장된다. 나카모토 사토시(필명)가 개발한 공개 소프트웨어다. 블록체인 기술은 디지털 정보가 기록되고 모든 사용자들과 공유되나 편집은 불가능하게 하는 데 목적이 있다. 블록체인은 1990년대 초반 기술이 처음 선뵌 후 2009년 1월 비트코인이 등장하면서 운영체계로 사용되기 시작했다.

비용질병(Cost disease) 성장부문의 존재가 정체부문의 가격을 높인다는 경제이론. 오늘날 중산층은 30년 전과 달리 주택비, 교육비, 의료비, 각종 공과금에 시달리지만 소득 수준에 관계없이 대부분 전화기, 자동차, 가전제품은 쉽게 소유할 수 있다. 소득 수준이 높은 나라에서 물가도 비싼 이유는 생산성이 낮은 정체부문인 서비스 가격이 높기 때문이다. 헤어컷을 예로 들자면 예전이나 지금이나 생산성은 큰 변화가 없다. 그런데도 불구하고 헤어컷 비용이 오르는 것은 경제의 다른 편에서 반도체와 같이 더 성능이 우수한 제품을 더 저렴한 비용으로 생산할 수 있기 때문이다. 헤어컷의 수요가 사라지지 않는 한 헤어컷에 종사하는 인력이 반도체와 같은 다른 곳으로 떠나지 않게 하기 위해서는 그 가격이 올라야 한다. 비용질병이론에 따르면 가격 인상 속도는 반도체의 생산성 증가 속도의 추세와 같다.

삼자택이(三者擇二)**의 딜레마**(Trilemma) 양자택일의 딜레마(Dilemma)에서 파생되었으며 세 가지 선택 가능한 대안을 모두 취하는 것은 논리적으로 불가능하며 그 가운데 하나는 포기해야 한다는 뜻. 국제경제학에서 삼자택이는 ①자유로운 자본의 흐름, ②특정 환율 수준의 선택, ③고용과 물가안정을 위한 통화정책의 수행은 공존할 수 없으며, ①과 ②를 선택 시 ③을 포기해야 하고 ①과 ③을 선택 시 ②를 포기해야 하며 ②와 ③을 선택 시 ①을 포기해야 한다. 로드릭(Rodrik)은 『세계화의 역설』(2010)에서 ①초세계화, ②민주주의, ③국가권력 간에 삼자택이의 문제가 있음을 제기했다. 자국우선주의는 ②와 ③을 선택함으로써 ①과 갈등을 초래하게 된다. EU와 EU 내 공통화폐를 사용하는 유로존은 ①과 ②를 선택한 것이며 이 선택은 ③과 충돌을 야기하게 되는데, 다만 EU보다 유로존이 그 정도가 더 크다. 한편 남유럽 재정위기로 촉발되었던 유로존 위기는 ①유럽중앙은행(ECB)이 물가안정 기능만을 가질 뿐 주조권(최종대부자 기능)이 없고, ②은행 등에 대한 금융감독 기능을 각 회원국이 전담하며, ③회원국 간 재정 이전이 허용되지 않는 제도적 결함에서 비롯했다는 주장도 맥락을 같이한다. ①, ②, ③은 공동통화를 사용하는 회원국들의 자기책임원칙을 제도화한 것이지만 그것은 애당초 실현 불가능한 것이었다는 지적이다. 실제로 유로존 위기를 넘겼던 것은 사실상 ECB가 최종대부자 기능을 수행했기 때문이다. 2011년 통합금융감독기구(European System of Financial Supervision)가 출범하면서 ②를 부분적으로 보완했다.

스마일곡선(Smiling curve) 제품의 생산과정이 단계별로 세분되는 가치사슬에서 생산단계와 부가가치의 관계. 에이서 컴퓨터의 최고경영자 시(Shih)가 처음으로 소개했다. R&D와 디자인과 같은 생산 초기 단계와 마케팅, AS와 같은 최종 단계에서의 부가가치가 높고 실제 제품 생산과 같은 중간 단계의 부가가치는 낮다. 지식집약적 생산활동이 높은 부가가치를 창출하는 것과 일관성을 가진다.

스무트-홀리법(Smoot-Hawley Tariff Act) 대공황기인 1930년 미국의 후버 대통령 재임 때 상원의원과 하원의원의 이름을 본떠 제정된 관세법. 20,000개가 넘는 수입품에 관세를 부과했다. 이 관세의 부과와 교역상대국의 보복관세로 미국의 수출과 수입은 반 이상 감소했다. 스무트-홀리법이 세계경제의 대공황에 중요한 요인이 된 것으로 평가된다.

아세안(The Association of Southeast Asian Nations, ASEAN) 동남아시아국가연합이라고도 한다. 당초 공산주의에 대응하기 위해 1967년 창설되었으며 EU와 같은 정치경제통합을 추구하는 경제공동체다. RCEP는 1997년 아시아 금융위기를 계기로 협동포럼으로 만들어진 한중일을 포함한 아세안+3에

호주, 뉴질랜드, 인도가 추가되었다.

아시아 금융위기(The Asian financial crisis) 동아시아 외환위기를 말하며 글로벌 금융위기와 비교하기 위해 조어됨. 1997년 고성장을 구가하던 한국을 포함한 동아시아 국가들이 겪었던 외환위기를 말한다. 통상 외환위기는 지나친 소비에서 비롯하나 아시아 금융위기는 저축률이 높으나 투자율이 더 높아서 대외수지적자가 누적, 외채상환이 어려워져 일어났다. 이들 나라에서 과다한 신용과 같은 금융이 공통 요인으로 작용하고 있으며 근본적으로는 높은 투자율과 낮은 생산성, 즉 돈을 들여 과외수업을 열심히 받아도 성적은 오르지 않듯이 경제의 비효율성이 지적된다. 당시 많은 논란을 야기한 바와 같이 한국, 태국, 인도네시아는 IMF로부터 구제금융을 받는 대신 전면적인 대외개방과 시장경제체제로 이행했다. 그러나 한편 말레이시아는 IMF 구제금융을 받는 대신 자본통제를 단행했다. 위기에 대응한 정책 처방의 효과에 대한 후속 연구에 따르면 자본통제가 지대추구적 행태를 야기, 말레이시아 정책이 더 나았다는 증거는 없었다. 아시아 금융위기 후 글로벌 경제는 중심국과 주변국으로 통합되었다.

얼토당토않은 특권(Exorbitant privilege) 기축국으로서 미국이 누리는 특권을 빗대는 말. 당초 1960년대 프랑스 드골 대통령 시절 재무장관을 지냈던 고(故) 지스카르 데스탱이 미화 35달러를 찍어내는 비용은 영(零)에 다름없지만 금 1온스의 가치를 창출한다는 사실에서 조어한 것으로 알려진다. '얼토당토않은 특권'은 미국이 수출한 것보다 더 많이 수입할 수 있게 하기 때문에 기축국이 적자국이 될 것이라는 의미를 담고 있다. 그러나 '글로벌 불균형'이 시사하듯이 기축국 미국이 어떤 특권을 누리기에 고정환율제도가 아닌 변동환율제도에서도 그토록 막대한 규모의 대외적자가 가능한

지 의문이다. 이 의문에 경제학자들은 두 가지 답을 제시한다. 우선 저렴한 자금조달비용이다. 미국은 대외부채가 대외자산보다 훨씬 크기만 대외자산이 벌어들이는 수입이 대외부채에 지급되는 지출보다 많다. 이것은 마치 싼 금리로 예금을 수취한 은행이 대출로 이자수입을 버는 것과 같으며 미국을 세계의 은행가라고 부르는 이유다. 그러나 투자수지흑자가 무역수지 적자를 압도할 만큼 그 규모가 크지는 않다. 미국이 막대한 경상수지적자를 보고 있음에도 불구하고 달러화 가치가 크게 하락하지 않고 여전히 기축국의 위상을 가지는 타당한 이유로는 부족하다. 학자들은 누적 경상수지 적자에도 불구하고 미국의 대외자산에서 대외부채를 차감한 순대외자산이 상대적으로 안정적인 사실에 주목하고 글로벌 불균형에도 불구하고 국제경제를 안정적으로 만드는 암흑물질(Dark matter, 물리학 용어를 차용)이 있다고 보았다. 순대외자산은 경상수지에 따라 변동한다. 그러나 경상수지가 순대외자산의 유일한 변동 요인은 아니다. 대외자산과 대외부채의 가치가 변할 때 역시 순대외자산은 변동한다. 이 가치의 변동이 암흑물질에 해당한다. 기축국 미국이 흑자국에 미 국채와 같은 안전자산을 매각하고 대신 신흥국 주식과 같은 위험자산에 투자할 때 위험자산으로부터의 투자가치가 통상 안전자산보다 더 큰 것은 당연하다. 미국을 세계의 벤처자본가라고 부르는 이유다. 그러나 한편 글로벌 주식시장이 침체되고 안전자산선호가 일어날 때 달러화 가치가 크게 오르고 미국이 투자한 위험자산의 가치는 반대로 감소한다. 이때 미국 투자자들은 주식시장 침체 시 현지 투자자들의 투자손실을 덜어주게 된다. 이는 위험자산선호 시 위험프리미엄을 받고 안전자산선호 시 보험료를 지급하는 보험자와 같은 기능을 수행한다는 의미에서 미국을 글로벌 보험자라고 부른다. 얼토당토않은 특권은 미국이 갖는 세계의 은행가, 벤처자본가의 역할에서 찾을 수 있다.

역내포괄적경제동반자협정(Regional Comprehensive Economic Partnership, RCEP) 아세안 10 + (한중일)3개국과 인도, 호주, 뉴질랜드 16개국이 참여하는 자유무역협정. 협정이 시작된 지 7년 만에 2019년 11월 RCEP 정상회의에서 인도를 뺀 15개국이 협정문에 가서명을 했으며 일본은 인도 가입을 조건으로 한 발 물러섰다. RCEP은 관세를 내리고 비관세장벽을 낮추어 역내교역을 촉진하는 데 목적이 있다. 인도는 중국을 경계해 빠졌다. CPTPP와 달리 경제개방, 재적재산권, 노동 및 환경보호 등 별도의 국제규범이 마련되지 않는 낮은 수준의 무역협정이다.

연방준비제도(Federal Reserve System) 1913년에 창립된 미국의 중앙은행제도. 당초 중앙은행의 필요성을 놓고 18세기 말 건국의 아버지였던 반(反)연방주의자 토마스 제퍼슨과 연방주의자 알렉산더 해밀턴 사이에 논쟁이 벌어진 후 100년 이상 계속되었다. 논쟁의 핵심은 해밀턴의 강력한 연방정부와 제퍼슨 주도 하에 주(州)의 자치권을 존중하는 분권이었다. 연방준비제도 (연준, FED)는 금융위기를 극복하기 위한 필요성에서 설립되었다. 연준은 통화정책의 수행과 은행의 은행으로서 금융시스템의 안정을 책임지며 은행의 건전성과 소비자 보호를 위한 감독권도 가진다. 수도 워싱턴에 위치한 이사회는 7인의 이사로 구성되며 이사회 의장이 연준을 대표한다. 뉴욕, 보스턴, 샌프란시스코 등 전국 12개 지역연준이 있으며 지역연준총재는 이사회의 통화정책결정기구인 공개시장위원회 회의에 참석한다. 5인의 지역연준총재가 연 8회 열리는 회의에 투표권을 가지되 뉴욕연준총재를 제외한 나머지 총재들은 돌아가면서 통화정책결정에 참여한다. 실제 통화정책은 뉴욕연준에서 수행한다. 지역연준의 주주인 회원사 은행은 상업은행 전체의 38% 정도를 차지한다.

외환스왑(Foreign exchange swap) 현물 외환거래와 선물 외환거래가 동시에 일어나는 거래. 예를 들어 외은지점이 1000만 달러를 현물 환율로 국내은행에 매각하고 1주일 뒤 다시 사전에 약속한 환율—이를 선물 환율이라고 한다—로 다시 매입하는 거래다.

워싱턴 컨센서스(Washington Consensus) IMF, 세계은행 등 미국의 수도 워싱턴에 소재한 기관들이 위기에 빠진 개도국에 대해 제시하는 물가, 환율 등 거시경제의 안정, 무역과 금융을 포함한 경제개방, 시장기능 활성화 등의 경제개혁 패키지. 1989년 영국 출신의 존 윌리엄스가 처음 조어(造語)했다.

원죄(Original sin) 해외에서 자국 화폐로 돈을 빌릴 수 없는 신흥국의 처지를 이름. 국가경제 관리가 취약한 나라는 통화 및 재정정책이 방만한 경향이 있다. 이들 나라에서는 자국 통화로 표시된 부채의 실질가치가 인플레이션과 통화가치의 하락(즉 환율의 상승)으로 인하여 희석되기 때문에 해외투자자들은 그 나라 통화표시 채권에 투자하거나 자금을 빌려주기를 꺼린다. 이에 따라 장기자본시장도 존재하지 않거나 매우 취약한 모습을 보인다.

윌리엄 제닝 브라이언(William Jennings Brian) 미국 최초의 포퓰리스트로 알려진 1896년 민주당 대선후보. 민주당 전당대회에서 행한 그의 「황금십자가연설」(The Cross of Gold Speech)은 유튜브에서 들을 수 있는 미국 역사상 가장 강력한 정치연설로 평가된다. 가지지 못한 자를 대변했던 브라이언은 미국 최초의 포퓰리스트로 알려졌으며 인민당(The People's Party)의 지지를 받았다. 바로 그 이유로 민주당이 대선에서 고전했다는 주장도 있다. 실제로 맥킨리 암살 후 대통령직을 승계한 시오도어 루즈벨트(Theodore Roosevelt) 대통령부터 1933년 민주당 출신의 프랭클린 루즈벨트(FDR)가 대통령으로 취임하기 전까지 선출된 6명의 대통령 가운데 민주당 출신은 우드로 윌슨 (Woodrow Wilson)뿐이었다. FDR이 금본위제도를 폐지한 것은 가지지 못한 자 때문이 아니라 디플레이션 때문이었다.

유럽연합(EU) 영국이 탈퇴하면서 27개국으로 줄어든 유럽의 정치 및 경제 공 동체. 2018년 인구 5억1천만 명(전 세계 인구의 7.3%), GDP 18.8조 달러로 전 세계 GDP의 22%를 차지하며 명목 GDP로는 미국 다음, 구매력 기준으 로는 중국 다음이다. 그러나 영국을 제외하면 같은 해 4억5천만 명, 16.7조 달러로 감소했다. 24개 공식 언어가 있으며 기독교(71.6%) 가운데 가톨릭 (45.3%), 개신교, 동방정교회 등이 있으며 무슬림(1.8%)도 포함한다. 1951 년 6개국이 결성한 유럽석탄철강공동체(ECSC)에서 시작되었다. 1993년 마스트리히트조약으로 EU가 창설되었고 수차에 걸쳐 확장되었다. 2000 년대에 들어서 구 공산권국가들이 가입했다. 주요 기구로는 EU 회원국 국 민이 투표로 선출하는 유럽의회, 유럽이사회, 유럽위원회, 유럽사법재판소 등이 있다.

유럽중앙은행(European Central Bank, ECB) EU 회원국 가운데 공동통화 유로 (euro)를 사용하는 19개국 통화정책을 수행하는 중앙은행. 브렉시트를 결 정한 영국을 포함한 28개국 EU 회원국이 주주가 되어 1998년 설립되었다. 집행위원회, 행정위원회, 총평의회, 감사위원회 등 4개의 의사결정기구가 있다. 그 가운데 총재를 포함해 6인의 집행위원회는 통화정책을 결정하고, 행정위원회는 ECB와 유로존 19개국 중앙은행으로 구성된 유로시스템의 의사결정기구로서 통화정책을 집행하는 기구다. ECB 통화정책은 최종대 부자 기능이 명시되지 않고 단지 2% 이하의 목표 인플레이션대만 설정하 고 있다는 데에 다른 중앙은행과 차이가 있다. 그러나 유로존 위기 때 ECB

는 회원국 정부와 상업은행에 유동성을 대여하고, 국채시장에서 국채를 매입하고, 자산매입프로그램으로 양적완화를 가동, 사실상의 최종대부자 기능을 수행했다. 2013년 ECB는 유로존 은행에 대한 단일감독권을 가지게 되었다.

유로존(Eurozone) 공식적으로는 유로지역(Euro area)이라고 하며 EU 회원국 가운데 공동통화인 유로(euro)를 사용하는 19개국이 소재한 지역. 1999년 독일, 프랑스 등 11개국이 최초로 유로존을 만들었으며 2001년 그리스에서 2015년 리투아니아까지 8개국이 추가로 가입해 공동통화를 사용하는 국민은 3억4천만 명이 넘는다. 유로화에 대한 통화정책은 19개국 중앙은행 대신 프랑크푸르트에 소재한 유럽중앙은행(ECB)이 수행한다.

인공지능(Artificial intelligence, AI) 인간지능을 모방해 기계에 의해 구현되는 지능. 패턴이나 추론에 의존해서 컴퓨터시스템이 특정 과제를 수행하기 위한 통계학적 알고리듬인 머신러닝(Machine learning, ML)은 AI의 하위 영역이다. 즉, ML→AI이지만 AI↛ML이다. 한편 딥 러닝(Deep learning)은 ML의 하위 영역이지만 ML과 달리 사람에 의한 학습이 생략된 학습이다. 빅데이터는 대량 데이터를 처리하는 기술이며 ML은 빅데이터를 활용한 학습이다. 일찍이 학문 분야로서 AI와 ML은 1950년대 시작되었으나 컴퓨터 연산 능력이 확대되고 인터넷이 도입되고 충분한 데이터가 축적되면서 비로소 다양한 분야에 적용되기 시작했다. ML은 데이터를 수집하고 수집한 데이터로부터 정보를 분석하고 분석한 정보로부터 유용한 지식을 학습해서 과제를 수행하는 일련의 과정이다. 데이터를 이용해 사람이 학습을 시키기 때문에 노동집약적인 데이터 레이블링—자율주행의 경우 눈, 비, 행인 등—이 필요하다. ML은 데이터에 의존하는 속성을 가지기 때문에 유용한 데이터가 충분히 뒷받침되지 않는다면 제대로 과제를 수행할 수 없어 유지보수가 필수적이다. 1956년 스탠포드대학의 고(故) 존 메카시(John Macarthy)가 조어했다.

인플레이션 갭 완전고용을 이루는 GDP를 초과하는 총수요의 초과분을 말하며 디플레이션 갭은 반대로 완전고용 GDP에 미치지 못하는 총수요의 부족분.

자유주의(Liberalism) 자유, 피지배자의 동의, 법 앞의 평등과 같은 자유주의 사상을 최고의 가치로 삼는 이념. 이념으로서 자유주의는 귀족정치에 도전하고 자치를 지향한 18세기 후반 유럽의 계몽주의에서 출발했다. 홉스는 자유주의에 많은 영향을 미친 인물이다. 그는 사람들은 자연 상태에서 만인의 만인에 대한 투쟁이 일어나 자신을 보호받기 위해 제3자, 즉 국가에 자유를 양도한 것이라는 사회계약론을 주장했다. 자유주의는 국가가 계약을 이행하지 않았을 때 그 국가를 무너뜨릴 권리에 대한 논의에서 고전적 자유주의가 발전했다. 계몽주의 사상가 존 로크는 피지배자의 동의가 전제된 정부와 인간의 자연권—삶, 자유, 재산권, 관용과 같은—을 전파했다. 아담 스미스가 국부론을 출간한 해(1776년)와 미국이 독립한 해가 같은 것은 우연이 아니다. 후세에 들어서 시대 환경이 바뀌면서 양도한 자유와 보호받을 권리의 내용에 대한 다양한 논의는 시대정신으로서 자유주의가 진화하는 계기가 되었다. 19세기 여성 참정권 운동의 이념인 자유주의 페미니즘, 대공황시대의 경제정책을 제시한 케인즈 경제학, 자유주의가 사회정의를 추구해야 한다는 사회자유주의, 무정부자유주의 등이 있다.

제2기계시대(The Second Machine Age) MIT 경영대의 브린욜프슨과 맥아피가

2014년 공저한 『기계와의 경주』(2011)의 연작. 사람과 기계가 보완적이었던 제1기계시대, 즉 산업혁명과 달리 제2기계시대는 많은 인지과제가 자동화되어 사람이 소프트웨어로 작동되는 기계에 의해 대체된다.

주-대리인 문제(Principal agent problem) 주인과 그 주인의 대리인 간 정보의 비대칭성으로 인해 발생하는 문제. 주주와 전문경영인, 유권자와 유권자가 뽑은 대통령, 대통령과 대통령이 임명한 각료, 연금가입자와 연기금운용자 사이에 잠재적인 주-대리인 문제가 존재한다.

중국의 무역충격(The China trade shock) 고용 등 미 경제에서 2016년 미 대선에 이르기까지 광범위한 분야에서 무역이 초래한 부정적 파급효과를 분석한 국제 협업 연구프로젝트(http://chinashock.info/). 그동안 무역의 혜택보다 상대적으로 경시되었던 무역의 정치·경제·사회비용을 2001년 중국의 WTO 가입으로 급속히 늘어난 중국의 대미 수출을 중심으로 분석하고 있다.

중국제조2025(Made in China 2025) 2015년부터 3000억 달러의 예산을 투입해 중국 정부가 주도하는 산업고도화 계획. 의약품, 자동차, 항공기, 반도체, IT, 로봇공학 등 하이테크 분야에서 핵심 부품의 자국화 비율을 2020년 40%에서 2025년까지 70%로 높이는 데 목적이 있다. 중소기업을 중심으로 기술혁명을 산업화에 접목하고자 하는 독일의 산업4.0에 자극을 받아 추진하는 중국의 산업구조전환정책으로 볼 수 있다.

지식자본(Knowledge capital) 생산요소로서의 지식. 컴퓨터가 물적자본이라면 소프트웨어는 지식자본, 소프트웨어를 능숙하게 다루는 능력이 인적자본에 해당된다. 그러나 한편 지적재산권과 같이 다른 사람이 사용하는 것을 방지할 수 있는 배제 가능성이 있다. 당초 60년 전 케네스 애로우(Kenneth Arrow)는 지식의 축적이 R&D뿐 아니라 생산과정에서 발생하는 부산물, 즉 학습을 통한 학습으로 일어날 수도 있다고 보았다.

진성어음주의(The Real Bills Doctrine) "통화량→생산량"의 인과관계를 주장하는 화폐이론. "통화량→물가상승"의 인과관계를 제시하는 화폐수량설과 대조되는 개념이다.

채무불관용설(Debt intolerance hypothesis) 소득이 낮은 나라에서 GDP 대비 외채 비율과 같은 재무건전성지표가 선진국보다 우수한 것은 외채를 빌리기 어렵기 때문이라는 가설. 실제로 외채가 증가할 때 소득이 높은 나라와 달리 소득이 낮은 나라는 국가신용등급이 크게 하락하는 추세를 보이는 것에서 확인할 수 있다.

총요소생산성(Total factor productivity) 총생산요소 대비 총생산 비율이며 자본과 노동과 같은 물적, 인적 투입이 아닌 생산기술의 총생산에 대한 기여분으로 볼 수 있다. 총노동 대비 총생산, 즉 노동생산성과 구별하기 위한 개념이다. 기업, 산업, 나라경제의 성장을 가늠하는 가장 중요한 생산성 지표로 활용된다.

최종대부자 기능(Lender of Last Resort) 금융위기 시 금융시스템 안정을 위해 중앙은행이 긴급유동성을 지원하는 기능. 금융위기에 당면할 때 금융당국은 통상 두 가지 기능을 수행한다. 하나는 중앙은행의 최종대부자 기능과 또 다른 하나는 예금보호제도이다. 최종대부자 기능은 부실 금융회사를 구제해주기 위해 금융지원을 해주는 베일아웃(Bail out)과 다르다. 건전하나 유동성이 부족한 은행에 예금을 예치한 예금자가 선의의 피해를 보지 않기 위해 은행이 가지고 있는 자산을 담보로 긴급유동성을 고금리로 제공해준다. 그러나 서브프라임위기 당시 연준은 은행이 아닌 금융회사에도 최종대부자 기능을 제공해주었으며 우량자산이 아닌 독성자산도 담보로 인정해 많은 비판을 받았다.

케인즈의 미인대회 주식가격은 궁극적으로 주식투자자들 사이에 성립하는 내쉬균형—영화 〈뷰티풀 마인드〉의 주인공인 존 내쉬(John Nash) 이름을 본 떠 사람들이 경쟁자의 대응에 따라 최선의 선택을 하면서 더 이상 자신의 선택을 바꾸지 않는 상태를 말한다— 에 의해 결정된다는 케인즈의 주장, 사람들의 마음을 꿰뚫는 통찰력을 가진 인물이었던 케인즈는 주식투자로 크게 성공한 사람이다. 그는 『일반이론』에서 주식시장의 행태를 우승후보를 맞추는 사람에게 경품을 주는 가상의 미인대회에 비유했다. 우선 자신의 주관적 판단에 따라 후보를 선택하는 것은 의미가 없다. 그리고 미인을 맞추는 게임에 참가하는 다른 사람들이 어떤 미인을 선호할지를 생각해야 하는 것만으로도 충분치 않다. 그 다른 사람들이 어떤 사람들인가를 다시 생각해야 하기 때문이다. 결국 '다른 사람들이 생각하기에 다른 사람들은 어떤 후보를 미인으로 생각할지, 다른 사람들이 생각하기에 다른 사람들이 생각하기에 다른 사람들은 어떤 후보를 미인으로 생각할지, …'를 끝없이 생각해야 한다. 이렇듯 케인즈는 영화 〈뷰티풀 마인드〉의 주인공이었던 노벨상 수상자 고(故) 존 내시의 게임이론을 훨씬 오래전 적용해 투자자들의 심리에 따라 움직이는 주가 변동을 설명하였다. 2015년 행동경제학의 기여로 노벨상을 수상한 리처드 탈러(Richard Thaler)는 케인즈의 미인대회를 다음의 예를 들어 쉽게 설명하였다. 영(零)부터 100까지 숫자를 놓고 이 숫자를 생각하는 사람들의 평균적인 숫자의 2/3를 맞추는 게임을 생각하자. 중립적인 기대를 한다면 평균 숫자는 50일 것이다. 이때 50의 2/3인 33을 생각할 수 있을 것이다. 한편, 대부분 사람들이 33이라고 생각한다면 2/3인 22가 될 것이다. 그리고 다시 15가 된다. 이와 같은 연속적인 생각은 결국 숫자 영에서 멈추게 된다. 영(零)이 내시균형이며 우승자는 가장 먼저 영을 맞춘 사람이다. 오를 주식에 투자하기 위해서는 나중에 다른 투자자들이 더 가치 있다고 판단할 주식에 미리 투자해야 한다. 초과수익을 내기 위해서는 다른 투자자들이 언제 어떻게 마음을 바꿀지에 대한 자신만의 이론을 가지고 있어야 하는 것이다.

코인(Coin)**과 토큰**(Token) 코인은 자체 블록체인을 가지는 가상화폐. 토큰은 이더리움과 같은 기존 코인의 블록체인을 플랫폼으로 사용하나 혼용되는 경우도 많다. 테더는 토큰이지만 그 가치를 달러화와 같은 법화에 연동한 스테이블코인(A Stablecoin)이라고 부른다. 스테이블코인은 비트코인의 예에서 보듯이 높은 가격 변동성을 보이는 가상화폐시장에서 거래가 쉽게 일어나기 위한 목적에서 만들어졌다. 비트코인과 같은 가상화폐가 주식이라면 스테이블코인은 현금에 비유될 수 있다. 토큰은 사업프로젝트를 많은 사람으로부터 소규모 자금을 받는 크라우드펀딩의 형태인 ICO(Initial coin offering)를 통해 일반인에게 발행된다. 사업프로젝트는 사업계획서가 요약된 간단한 백서(a white paper)로 대신한다. ICO로 발행된 토큰은 토큰을 발행한 사업주의 사업프로젝트를 수행하는 데 사용된다. 사업프로젝트상 거래는 종이계약서가 아닌 스마트계약으로 실행된다. 스마트계약은 거래를 컴퓨터 코드로 확인하며 사물인터넷의 발전으로 가능하게 되었다.

트리핀 딜레마(Triffin dilemma) 한 나라의 통화가 기축통화로도 사용될 때 안전자산으로서의 희소성과 신뢰성 사이에 일어나는 상충 관계. 당초 트리핀 딜레마는 브레튼우즈 1, 즉 고정환율제도 시기 동안 국가통화로서 달러화가 고용과 물가안정과 같은 대내목표와 기축통화로서 금의 액면가 유지라는 대외목표가 상충하는 것을 의미한다. 한편 세계경제가 변동환율제도로 이행한 후 상충 관계는 글로벌 안전자산의 희소성과 신뢰의 상충 관계로 바뀌었다. 이 상충 관계는 국가 간 높은 자본이동성에서 비롯한다. 높은 자본이동성과 자본흐름의 변동성은 중국 등 신흥국을 중심으로 기축통화로서 보유외환, 즉 안전자산으로서 미국 국채와 같은 달러화 자산에 대한 높은 수요를 일으킨다. 안전자산에 대한 높은 수요는 미국이 구조적으로 적자를 보는 글로벌 불균형을 초래하고 글로벌 불균형은 기축통화로서 달러화의 가치가 하락하는 요인으로 작용해 기축통화로서의 신뢰가 훼손되는 결과를 초래한다. 즉, 한편으로는 안전자산에 대한 높은 수요에 따른 희소성과 그 수요가 초래하는 불균형에 따른 신뢰성의 상충 관계가 일어나게 된다.

팍스 아메리카나(Pax Americana) 제2차 대전 후 미국 주도로 평화를 유지한 세계질서를 말하며 팍스 로마나, 팍스 브리타니카 등 패권국가로서 미국을 비유. 팍스 아메리카나는 단지 미국의 국방력과 경제력과 같은 국력으로만 설명할 수는 없다. 열린 시장, 다자주의, 자유민주주의와 같은 규범을 중시하는 자유주의 질서가 글로벌 경제의 통합을 이끌어냈으며 국가 간 소득의 격차를 줄이는 데 큰 기여를 했다. 그러나 한편 21세기에 들어와 나라마다 불평등, 환경파괴와 같은 사회문제를 야기했다는 비판도 있다. 팍스 아메리카나는 네오콘이 국방, 외교정책을 주도하면서 점차 내부적 지지를 잃었으며 2016년 트럼프가 미국 대통령으로 당선되면서 그 의미가 쇠퇴하고 있다.

패스포팅(Passporting) 유럽경제지역(EEA) 소재 기업은 다른 EEA 국가에 별도 면허를 취득하지 않고서도 영업을 할 수 있는 권리. EEA는 EU 회원국과 EU 회원국이 아닌 아이슬란드, 노르웨이, 리히텐슈타인 등 3국으로 구성된 유럽자유무역연합(EFTA)이 상품, 서비스, 자본, 노동의 자유로운 이동을 보장하기 위한 유럽단일시장을 구축하기 위한 목적에서 1992년 결성되었다. 금융 패스포팅은 다국적 금융회사에게 매우 가치 있는 자산이다.

포괄적·점진적환태평양동반자협정(CPTPP) 당초 오바마 정부 시절 미국이 주도했으나 미국이 빠진 11개국으로 구성된 환태평양동반자협정의 후신. 2019년부터 발효된 다자간협정은 뉴나프타, EU에 이어 세 번째로 큰 자유무역지대. 오스트레일리아, 캐나다, 칠레, 일본, 말레이시아, 멕시코, 싱가포르, 베트남 등이 참여하고 있다. 전자상거래, 지적재산권, 노동 및 환경보호 등 매우 높은 수준의 국제규범이 적용된다.

포치(破七) 대미 위안화 환율이 미화 1달러 대비 7위안을 넘어서는 것.

포퓰리즘(Populism) 통일된 정의는 없으나 보통사람을 강조하고 엘리트와 대치되는 정치적 입장을 말한다. 이 용어는 19세기에 등장했으며 다양한 정치인, 정당 및 운동에 인용되었으나 스스로 포퓰리즘이라고 자처하는 경우는 별로 없었다.

화평굴기(和平屈起) 세계화에 적극 참여해 경제발전을 이루되 경제패권을 추구하지는 않겠다는 중국의 대외정책. 2003년 후진타오 집권 초기 천명한 중국의 대외정책이다. 화해세계(和諧世界)는 중국이 세계와 조화를 이루면서 발전하겠다는 대외정책을 의미하며 화평발전(和平發展)은 굴기(屈起)

가 내포하는 위협적인 의미를 화평굴기 대신 사용한 대외정책으로 2005년부터 사용되기도 했다. 그러나 외형적 포장이 어떻든 간에 중국의 대외정책기조는 일관되게 핵심 이익을 지키는 것이었다. 핵심 이익의 수호가 평화적 발전의 전제라는 명분을 취하고 중국의 영향력이 커짐에 따라 핵심 이익도 외연적으로 확대되고 있다고 전문가들은 분석하고 있다.

화폐국정설(Chartalism) 화폐는 국가권력에 의해 통용력을 갖게 되었다는 학설. 변호사가 법률 자문을 구하는 택시기사를 찾듯이 욕망의 이중적 일치의 문제를 해결하기 위해 화폐가 자발적으로 생겨난 것이 아니라 국가가 경제활동을 지시하려는 의도에서 비롯했다는 이론이다. 국가가 세금을 부과할 수 있는 권력이 법정화폐가 가치를 가지게 한다. 국가가 독점하는 주조권의 폐해, 즉 돈을 너무 적게 찍어낸다는 비판을 제기한 현대화폐이론(Modern Monetary Theory, MMT)은 화폐국정론에서 비롯한다.

환율제도와 통화정책 자본개방 하에서 환율과 통화정책의 선택에 수반되는 삼자택이(三者擇二) 또는 불가능한 삼위일체. 환율제도는 달러화나 유로화 또는 주요 교역국 통화바스켓에 대한 환율을 일정하게 유지하는 고정환율제도와 환율을 외환시장의 수요와 공급에 맡기는 자유변동환율제도로 구분되며, 그 사이에 외환당국의 시장개입 정도에 따른 다양한 스펙트럼이 있다. 이 밖에도 별도의 자국통화 없이 유로화와 같이 공동통화 또는 미국의 달러화를 사용하는 나라들도 있다. IMF에 따르면 2019년 4월 회원국 12.5%가 하드 페그(Hard peg), 즉 고정환율제도를, 34.4%가 변동환율제도를 시행하고 있다. 나머지는 소프트 페그(Soft peg)나 기타 범주에 포함된다. 어떤 환율제도를 채택할지, 즉 환율제도의 선택은 환율에 대한 인식에 달린 문제다. 경제주체의 미래에 대한 안정적 예측을 위해 환율을 약속으로 본다면 고정환율제도를 선호하게 된다. 한편 재원의 효율적인 배분을 중시하는 입장에서 환율을 가격으로 본다면 변동환율제도를 선택한다. 그러나 두 환율제도 모두 완벽한 것은 아니다. 고정환율제도에서 일어나는 외환위기는 지킬 수 없는 약속 때문이며 '보이지 않는 손'에 대한 믿음이 아무리 강하다고 하더라도 환율이 치솟는 자유낙하에 대한 공포를 수용할 나라는 없기 때문이다. 자본흐름이 자유로울 때 통화정책은 환율제도에 의해 제약을 받게 된다. 고정환율제도 하에서는 국내금리 수준이 해외금리에 의해 결정되기 때문에 중앙은행은 경기위축이나 과열에 대응해 금리를 조정하기 어렵다. 따라서 통화정책의 자율성을 위해서는 변동환율제도가 필요하다. 그러나 변동환율제도라고 해서 말 그대로 자유변동환율제도를 시행하는 나라는 별로 없다. 외환당국이 외환준비금을 가지고 있다는 것은 외환시장개입을 했거나 앞으로 하겠다는 의지로 볼 수 있기 때문이다.

참고문헌

기획재정부,『국채 2018』(2019).

김건우, "2017년 우리수출의 호조 요인 분석 — 빅4시장을 중심으로".『Trade Focus』15 (한국무역협회 국제무역연구원, 2018).

김도완 · 이상협, "산업별 노동생산성 변동요인분석",『조사통계월보』73(3) (한국은행, 2019).

김재철, "시진핑 체제의 외교정책: 기조, 주요정책, 그리고 평가",『2013 중국 정세보고』(국립외교원 중국연구센터, 2014).

박영철 · D. C. 콜,『한국의 금융발전: 1945-1980』(한국개발연구원, 1984).

이민규, "중국의 국가핵심이익 시기별 외연 확대 특징과 구체적인 이슈",『중소연구』41(1) (아태지역연구센터, 2017).

최창호 · 이종호 · 함건, "우리나라 기업의 생산성 격차 확대의 배경과 총생산성 및 임금격차에 대한 시사점",『BOK 이슈노트』2018-4 (한국은행, 2018).

통계청 · 금융감독원 · 한국은행, "2019년 가계금융복지조사 결과" (2019).

허정, "우리나라 제조기업의 생산성과 국제화전략",『경제서신』(한국경제학회, 2018). http://www.kea.ne.kr/news/economic-letter/2018/01.

Acemoglu, D. and P. Restrepo, "Demographics and Automation", *NBER WP* 24421 (2018).

Acemoglu, D. and P. Restrepo, "Automation and New Tasks: How Technology Displaces and Reinstates Labor", *Journal of Economic*

Perspectives 33(2) (2019).

Acemoglu, D. and P. Restrepo, "Competing with Robots: Firm-Level Evidence from France", 2020 AEA Conference, Sandiego, CA. U.S.A., 2020.

Acemoglu, D. and J. A. Robinson, *Why Nations Fail: The Origins of Power, Prosperity, and Poverty* (Crown Publishing Group, 2012).

Alesina, A. and E. Spolaore, *The Size of Nations* (MIT Press, 2003).

Amiti, M., S. J. Redding, and D. Weinstein. "The Impact of the 2018 Trade War on U.S. Prices and Welfare", *NBER WP* 25672 (2019).

Angell, N., *Story of Money* (Garden City Pub., 1929)/ Reprint (Kessinger Pub Co., 2003).

Baumol, W. and W. Bowen, "On the Performing Arts: The Anatomy of Their Economic Problems", *American Economic Review* 55(1/2) (1965).

Beattie. A., *False Economy: A Surprising Economic History of the World* (Riverhead, 2009).

Bergsten, C. F., "Two's Company", *Foreign Affairs*, September/October (2009).

Bessen, J., "Toil and Technology". *Finance and Development* 52(1) (IMF, 2015).

Bessen, J., M. Goos, A. Salomons, and W. van den Berge, "Automatic Reaction — What Happens to Workers at Firms that Automate?", 2020 AEA Conference, San Diego, CA. U.S.A. (2020).

Blanchard, O., "Public Debt and Low Interest Rates", *Amercian Economic Review* 109(4) (2019)

Brunnermeier, M., H., James, and J-P Landau, "The Digitalization of

Money", *NBER WP* 26300 (2019).

Cai, J. and S. Zheng, "Chinese Internet Users Hail 'Comrade Donald Trump' for Driving Reforms", *South China Morning Post*, November 22 (2019). https://www.scmp.com/news/china/diplomacy/article/3038751/chinese-internet-users-hail-comrade-donald-trump-driving.

Carney, M., "The Growing Challenges for Monetary Policy in the Current International Monetary and Financial System", Jackson Hole Symposium (2019).

Case, A. and A. Deaton, "Rising Morbidity and Mortality in Midlife among White Non-Hispanic Americans in the 21st Century", *Proceedings of the National Academy of Sciences of the United States of America* 112(49) (2015).

Case, A. and A. Deaton, "Mortality and Morbidity in the 21st Century", *Brookings papers on Economic Activity*, spring (2017).

Cerutti, E., G. Gopinath, and A. Mohommad, "The Impact of US-China Trade Tensions", *IMFBlog* (IMF, 2019). https://blogs.imf.org/2019/05/23/the-impact-of-us-china-trade-tensions/.

Cherif, R., F. Hasanov, and L. Wang, "Sharp Instrument: A Stab at Identifying the Causes of Economic Growth", *WP*/18/117 (IMF, 2018).

Colgan, J. D. and R. O. Keohane, "The Liberal Order Is Rigged Fix It Now or Watch It Wither", *Foreign Affairs*, May/June (2017).

Davis, B. and J. Hilsenrath, "How the China Shock, Deep and Swift, Spurred the Rise of Trump", *The Wall Street Journal*, August 11 (2016). https://www.wsj.com/articles/how-the-china-shock-deep-andswift-spurred-the-rise-of-trump-1470929543.

Dudley, "The Fed Shouldn't Enable Donald Trump", *Bloomberg* (2019). https://www.bloomberg.com/opinion/articles/2019-08-27/the-fed-shouldn-t-enable-donald-trump.

Edgerton, D., "Boris Johnson Might Break Up the U.K. That's a Good Thing", *The New York Times*, January 10 (2020). https://www.nytimes.com/2020/01/10/opinion/brexit-scotland-northern-ireland.html.

Edwards, S., "The New Old Populism", *Project Syndicate*, January (2019). https://www.project-syndicate.org/onpoint/the-new-old-populism-by-sebastian-edwards-2019-01?barrier=accesspaylog.

Eichengreen, B., *Exorbitant Privilege: The Rise and Fall of the Dollar and the Future of the International Monetary System* (Oxford University Press, 2010).

Ferguson, N., *The Square and the Tower: Networks and Power, from the Freemasons to Facebook* (Penguin, 2017).

Fordham, T., S. Kleinman, T. Lehto, E. Morse, E. Rahbari, J. Techau and M. Saunders, *Global Political Risk: The New Convergence Between Geopolitical and Vox Populi* (Citi, 2016).

Francois, J. and L. M. Baughman, *The Unintended Consequences of U.S. Steel Import Tariffs: A Quantification of the Impact During 2002* (CITAC Foundation, 2003).

Frankel, J., "The Currency Manipulation Game", *Project Syndicate*, August (2019). https://www.project-syndicate.org/commentary/america-china-currency-manipulation-by-jeffrey-frankel-2019-08.

Friedman, M. and A. J. Schwartz, *A Monetary History of the United States,*

1867-1960 (Princeton University Press, 1963).

Friedman, M. and A. J. Schwartz, *The Great Contraction, 1929-1933* (Princeton University Press, 2008).

Friedman, T., *The Golden Straitjacket* (Anchor Books, 2000).

Global Financial Stability Report, IMF, October (2017).

Global Value Chain Development Report 2017, The World Bank, WTO, IDE-JETRO, OECD, UIBE (2018).

Globalization in Transition: The Future of Trade and Value Chains, McKinsey Global Institute, January (2019).

Gopinath, G., E. Boz, C. Casas, F. J. Díez, P-O. Gourinchas and M, Plagborg-Møller, "Dominant Currency Paradigm", *NBER WP* 22943 (2016).

Gowen, A., "I'm Gonna Lose Everything", *Wahsington Post*, November 9 (2019). https://www.washingtonpost.com/nation/2019/11/09/im-gonna-lose-everything/?arc404=true.

Graeber, D., *Debt: The First 5000 Years* (Melville House, 2009).

Grant, J., *The Forgotten Depression 1921: The Crash that Cured Itself* (Simon & Schuster, 2014).

Greene, M., "This is a Currency War Donald Trump was Never Going to Win", *Financial Times*, August 15 (2019). https://www.ft.com/content/6f991538-be7d-11e9-9381-78bab8a70848.

Gross, A., M. Murgia, and Y. Yang, "Chinese Tech Groups Shaping UN Facial Recognition Standards", *Financial Times*, December 2 (2019). https://www.ft.com/content/c3555a3c-0d3e-11ea-b2d6-9bf4d1957a67.

Guilluy, C., *Twilight of the Elites: Prosperity, the Periphery, and the Future of France* (Yale University Press, 2019; 원서출판 2016).

Hausmann, R., J. Hwang, and D. Rodrik, "What You Export Matters", *Journal of Economic Growth* 12(1) (2007).

Hayes, C., *Twilight of the Elites* (Crown Publishing Group, 2012).

Helpman, E., *Globalization and Inequlality* (Havard Univeristy Press, 2018).

Henning, R. C., "Economic Crises and Institutions for Regional Economic Cooperation", *ADB Working Paper Series on Regional Economic Integration* No. 81 (2011).

Herrendorf, B., R. Rogerson, and Á. Valentinyi, "Growth and Structural Transformation", *NBER WP* 18996 (2013).

IMF DataMapper, General Government Gross Debt (2019). https://www.imf.org/external/datamapper/GGXWDG_NGDP@WEO/OEMDC/ADVEC/WEOWORLD.

Ingham, G., *The Nature of Money* (Polity, 2004) / 홍기빈 옮김, 『돈의 본성』 (삼천리, 2011).

Irwin, D., "The Smoot-Hawley Tariff: A Quantitative Assessment", *Review of Economics and Statistics* 80(2) (1998).

Jin, K., "The Trade War with America Is a Strategic Gift for China", *Financial Times*, January 3 (2019). https://www.ft.com/content/f79587da-0e7b-11e9-b2f2-f4c566a4fc5f.

Keohane, R. O., *After Hegemony: Cooperation and Discord in the World Political Economy* (Princeton University Press, 1984).

Keynes, J. M., *A Tract on Monetary Reform* (Macmillan, 1923).

Keynes, J. M., *The General Theory of Employment, Interest and Money* (Macmillan, 1936) / Reprint (Palgrave Macmillan, 2007).

Kim, K. and W. Oh, "The Baumol Diseases and the Korean Economy", *Emerging Markets Finance & Trade* 51 (2015).

Kindleberger, C., *The World in Depression 1929-1939* (University of California Press, 1973)

Krugman. P., "The Myth of Asia's Miracle", *Foreign Affairs*, November/ December (1994).

Lee, K-F., "The Real Threat of Artificial Intelligence", *The New York Times*, June 24 (2017). https://www.nytimes.com>artificial-intelligence-economic-inequality.

Lee, K-F., *AI Superpowers* (Houghton Mifflin Harcourt, 2018).

McAfee, A. and E. Brynjolfsson, *Race Against the Machine* (Digital Frontier Press, 2011).

McAfee, A. and E. Brynjolfsson, *The Second Machine Age: Work, Progress, and Prosperity in a Time of Brilliant Technologies* (W. W. Norton & Company, 2014).

Mead, W. R., "The Big Shift How American Democracy Fails Its Way to Success", *Foreign Affairs*, May/June (2018).

Munchau, V., "Now They See the Benefits of the Eurozone", November 3 (2008). https://www.ft.com/content/214a8c82-a8e4-11dd-a19a-000077b07658.

Murgia, M., "AI's New Workforce: The Data Labelling Industry Spreads Globally", *Finanical Times*, July 24 (2019). https://www.ft.com/content/56dde36c-aa40-11e9-984c-fac8325aaa04.

Nakamoto, S., "Bitcoin: A Peer-to-Peer Electronic Cash System" (2008).

National Security Strategy of the United States of America, White House,

December (2017).

Newman, J. and J. Bunge, "Farm Belt Bankruptcies Are Souring", *The Wall Street Journal*, February 6 (2019). https://www.wsj.com/articles/this-one-here-is-gonna-kick-my-buttfarm-belt-bankruptcies-are-soaring-11549468759.

North, D., *The Rise of the Western World: A New Economic History* (Cambridge University Press, 1973).

Perez, C., *Technological Revolutions and Financial Capital* (Edward Elgar, 2002).

Piketty, T., *Capitalism in the Twenty-First Century* (Harvard University Press, 2014; 원서출판 2013).

Posen, A. S., "The Post-American World Economy: Globalization in the Trump Era", *Foreign Affairs*, March/April (2018).

Posen, B. R., "The Rise of Illiberal Hegemony: Trump's Surprising Grand Strategy", *Foreign Affairs*, March/April (2018).

Rachman, G., "The Asian Strategy Order is Dying", *Financial Times*, August 5 (2019). https://www.ft.com/content/f4725b7e-b51e-11e9-8cb2-799a3a8cf37b.

Rajan, R., *Fault Lines: How Hidden Fractures Still Threaten the World Economy* (Princeton University Press, 2010).

Ramge, T. and V. Mayer-Schönberger, *Reinventing Capitalism in the Age of Big Data* (Basic Books, 2018).

Ramy, C., "Federal Prosecutors Launch Criminal Probe of Opioid Makers, Distributors", *The Wall Street Journal*, Novemeber 26 (2019). https://www.wsj.com/articles/federal-prosecutors-launch-criminal-probeof-opioid-makers-distributors-11574790494.

Reinhart, C. M. and K. S. Rogoff, *This Time Is Different: Eight Centuries of Financial Folly* (Princeton University Press, 2009).

Rey, H., "Dilemma not Trilemma: The Global Financial Cycle and Monetary Policy Independence", *Global Dimensions of Unconventional Monetary Policy*, Proceedings of the Federal Reserve Bank of Kansas City Jackson Hole Symposium (2013).

Rodrik, D., *The Globalization Paradox: Democracy and the Future of the World Economy* (Oxford University Press, 2011).

Romer, C., "World War I and the Postwar Depression: A Reinterpretation Based on Alternative Estimates of GNP", *Journal of Monetary Economics* 22(1) (1988).

Shiller, R., *Narrative Economics: How Stories Go Viral and Drive Major Economic Events* (Princeton University Press, 2019).

Smith, A., *An Inquiry into the Nature and Causes of the Wealth of Nations* (W. Strahan and T. Cadell, 1776)/ Reprint (ΜεταLibri, 2007). https://www.ibiblio.org/ml/libri/s/SmithA_WealthNations_p.pdf.

Smith, N., "The End of Labor: How to Protect Workers from the Rise of Robots", *The Atlantic*, January (2013).

Stoll, J. D., "Driverless Cars Are 90% Here. Another 90% Is Left to Go", *The Wall Street Journal*, 24 May (2019). https://www.wsj.com/articles/driverless-cars-are-90-here-theres-another-90-left-to-go-11558717322.

Svirydzenka, K., "Introducing a New Broad-based Index of Financial Development", *WP*/16/5 (IMF, 2016).

"The Death Curve — Tens of Thousands of Americans Die Each Year from Opioid Overdoses", *The Economist*, February 23 (2019). https://www.economist.com/briefing/2019/02/23/tens-of-thousands-of-americans-die-each-year-from-opioid-overdoses.

Volcker, P., *Keeping at It: The Quest for Sound Money and Good Government* (Public Affairs, 2018).

Wildau G., "China Banks Starved of Big Data as Mobile Payments Rise", *Financial Times*, August 29 (2016). https://www.ft.com/content/8d495ada-6b50-11e6-a0b1-d87a9fea034f.

World Economic Outlook, IMF, April (2012).

Wright, N., "How Artificial Intelligence Reshape the Global Order", *Foreign Affairs*, July 10 (2018).

Xing, Y., and N. Detert, "How the iPhone Widens the United States Trade Deficit with the People's Republic of China", Asian Development Bank Institute, *Working Paper Series* No 257 (2010).

Zoellick, R., "The Trade War's Winners Don't Include Us", September 4 (2019). https://www.wsj.com/articles/the-trade-wars-winners-dont-include-us-11567636887.